ポップス・ダイアリー 1987-91 目次

1987

1988

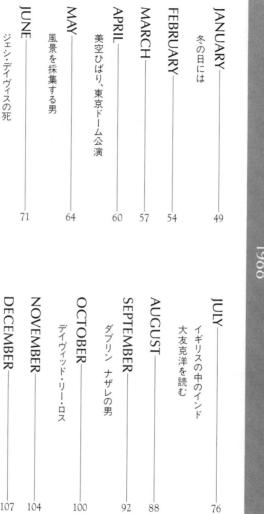

1989

1990

1991

カバー・扉写真／©文化学園ファッション情報センター

ポップス・ダイアリー　1987-91

筑摩書房

旧友の中山久民さんと『CDジャーナル』の田中明さんのすすめで、日記を連載しはじめたのは1987年の夏のことだった。ぼくはあまり行動的でもなければ、思索的でもないが、のんびりした定点観測にもそれなりの意味はあるという蜜のように甘い言葉に誘われたのが運のつきだった。日記だから毎日書くという当初の計画は3日で挫折し、毎月末の入稿日が来ると、手帳のページや取材ノートをくりながら記憶をたどる日々が続いた。そしてあっという間に5年の歳月が流れ、日記に関連した記事を加えて一冊の本が生まれることになった。振り返って見ると、連載をはじめたときは、ちょうどマドンナの日本初公演で、音楽雑誌よりも一般のマスコミのほうが大騒ぎしていたのだった。

POPS DIARY

POPS DIARY——1987

14 sun.

大阪球場でマドンナの「フーズ・ザット・ガール」ツアー、初日を見る。隣の席にいた白藤丈二さん「だんだん服を着ていくというのは、珍しいね」。めまぐるしく変わる衣装や振付をメモしていたので、ほんとに疲れた。ホテルの部屋で深夜までかかって朝日新聞にコンサート評を書く。

マドンナ

1

マドンナのコンサートである。なにはともあれ、視覚的な魅力から紹介しなくてはならない。「フーズ・ザット・ガール」ツアー初日の14日、一曲目「オープン・ユア・ハート」がはじまると、大阪球場を埋めた二万五千の観客の前に、彼女はいきなり黒の下着姿で登場した。セックス・シンボルと認められているのなら、その期待にこたえなければ、というわけである。三十五ドルを手にニューヨークに出て、下積みの苦労の後に成功をつかみ、アメリカン・ドリームを体現したマドンナらしい、

けなげなサービス精神、さめた演出と言うべきか。

コンサートは軽快なテンポで息つく暇もなく進行した。肉感的というより筋肉質にきたえられた体できびきびと踊りながら、マドンナは次々にヒット曲をうたい、めまぐるしく衣装を替える。ダンサーを交えてミュージカル風のシーンもある。おおらかで健康的な肉体に、巨大なステージが小さく見える。大小九基のヴィデオ・スクリーンに拡大された肌が、汗に濡れて美しく輝く。

舞台の白枠と中央のブラインドを使って、ステージ全体がスライド・スクリーンと化す。そこにマリリン・モンロー似の本人の写真や豹皮模様やヤシの木が映るたびに雰囲気が一変する。少女の妊娠を扱った歌で、モラルの順守を説くレーガン大統領のわけしり顔が皮肉っぽく映される、といったメッセージ色もちょっぴり。

激しいダンスを踊りながらだから、ヴォーカルは完璧とは言えない。しかし彼女にとっては、踊りや照明や効果まで、すべてを含めての表現だ。その意味ではこれはロック・コンサートというより、ヴィデオ・エイジのヒロインにふさわしい見事なショウというべきだろう。

次回主演映画『フーズ・ザット・ガール』に挿入される新曲が三曲披露されたが、その中ではラテン風のリズムを使った主題歌が光っていた。「パーティは何処に」でのヴィデオの簡単なトリックも楽しい。「リヴ・トゥ・テル」など数曲でのPAの不調が惜しまれる。

2

マドンナと他の女性シンガーとのいちばんの違いは、彼女が久々に登場したスターらしいスターで

あるという点だろう。

音楽ができる人は誰でもミュージシャンになれる。しかし誰もがスターになれるかというとそうではない。選ばれたごく少数の人間だけがスターになれるのだ。

はっきりいって、マドンナは、それほど美女とは思えない（歌手のなかではましなほうだが）。歌や踊りが特別うまいほうとも思えない（わが国のアイドルにくらべればましなほうだが）。にもかかわらず、マドンナはスターである。

昨年（一九八六年）には、ヌード・モデルやポルノ女優をやっていた過去が暴かれて、スキャンダルになったが、それがスキャンダルになるところがスターのスターたるゆえんだ。たとえば五輪真弓の過去のヌードを——もし、あったとしての話だが——誰が見たいと思うだろうか（五輪さん、ごめんね。悪気はないのよ）。ところがマドンナは、下積み時代にヌード・モデルのアルバイトをしていても不自然ではないだろう、と思わせる雰囲気をちゃんと持っている。その雰囲気は努力すれば得られるというようなものではない。

たとえば、出世作『ライク・ア・ヴァージン』のジャケットのポートレイトをじっくり眺めてみよう。

ラフにかきあげた髪。きつめにこちらをみつめるまなざし。わずかに開いた唇。あごのホクロ。ドレスにしめつけられておわん型にふっくら盛り上がった胸。その谷間にとまっている女王蜂のアクセサリー。BOY TOYの文字をあしらったベルトのバックル。顔の表情は、さあ、いつでもいらっしゃいと誘いかけているようでもあり、下手に手を出して、大やけどを負っても知らないわよと挑みか

かっているようでもある。彼女の歌にちなんでいえば、わたしはマテリアル・ガールだけど、それがどうしたっていうの、悪かったわね、そんな目で見ないでよ、と開き直っているようでもある。

一方、ジャケットを裏返すと、マドンナがソファー・ベッドに腰かけている。身にまとっているのは薄い黒のランジェリーだけ。細い肩ヒモはいまにもずり落ちて、豊かな胸をあらわにしそう。コケティッシュに脚を組んだマドンナは、おそらく目の前にいる誰かをみつめながら、靴を脱ごうとしている。安アパートかホテルの一室を思わせるみすぼらしい部屋。壁にかかった絵は傾いているし、ソファー・ベッドのマットはところどころほころびている。毒々しく挑みかかるような表の態度とはちがって、おびえて、男の顔色をうかがっているような、栄養が体のほうにいくのが精一杯で頭に回る分がなかったような表情だ。

片や上昇志向をむき出しにした悪女。こなた男にもてあそばれる薄幸の女。ジャケットの写真でこんなに効果的に演技できた女性シンガーがかつていただろうか。どちらの写真も、あまりにもステレオタイプな女性のイメージに作られているために、あたりまえにしか感じられないが、ではこういう女性が、そのへんにゴロゴロ転がっているかというと、決してそんなことはない。

ところでマドンナの登場は、アメリカの女性解放運動家たちをして、「運動を十年、後戻りさせた」となげかせたという。たしかに女らしさの強調にはフェミニズム登場以前の男女の役割分担の世界への回帰を思わせる面がないでもない。人気絶頂のさなかのショーン・ペンとの結婚式の派手な報道も、結婚によって主婦になり、幸せな家庭を築くという女性の結婚願望を大いにかきたてた。

「わたしの音楽は、休暇みたいなものよ。人々が、現実の憂いから離れ、悩みを忘れられるような、

マドンナ『ライク・ア・ヴァージン』ジャケットの表（上）と裏（下）

人々をはげますもの。いわば現実逃避」という言葉も、音楽に意識の変革のあかしを求めようとする女性たちの反感を買っているという。ショウ・ビジネスの中で作られる、わざとらしい女性らしさは、女性蔑視主義のあらわれであるという考えが、女性運動家の中には根強くあるからだ。

七〇年代後半、アメリカのセックス・シンボルの位置にいたリンダ・ロンシュタットは、冗談まじりでこういったことがある。「わたしたちは自動車もヘア・スタイルも洋服もみんな買いかえる、そんな経済のしくみに動かされている。男友達もそう扱っちゃいけないっていえる?」

アメリカの男性をあわてさせたであろうこの発言、南カリフォルニア流のレイドバックした生活態度が、彼女にこういわせたのかもしれない。が、それ以上に、男女関係に対するこのさめたまなざしには、女性が強くなって男性と対等の立場で意見をいうようになった時代の息吹きが強く感じられたものだ。

ニュー・ウェイヴの時代になると、この傾向はいっそう強まった。ロック・バンドで演奏したりうたったりする女性はどんどん増え、女ばかりのロック・バンドもそう珍しくない。誰もがあっけらかんと本音を歌にするようになり、男の欲望に添うような女性シンガーは、ほとんどいなくなってしまった。

マドンナは、ニュー・ウェイヴ末期、MTVが新しいショウ・ビジネスの窓口になった時代に登場してきた。音楽的にはニュー・ウェイヴの要素をそっくり受け入れながら、彼女のヴィジュアル・アプローチはニュー・ウェイヴのクールな態度と一八〇度ちがっていた。あるときは可愛い女、あるときは悪女、あるときはけなげな女、あるときはロマンティックな女。さまざまなイメージの女性を演

じ分けながら、女性の魅力を最大限にひき出すように彼女はつとめてきた。

彼女の姿勢は、女性と男性が対等の立場に立つのは大いにけっこう、でも、男女関係のロマンティシズムまで否定してしまう必要はないんじゃないの、という女性運動の変化に見合うものであったような気がする。リンダ・ロンシュタットが八〇年代に入って、東海岸に移住し、ドレス・アップしてスタンダードをうたったり、パット・ベネターが〃セックスを武器に使うのはやめよう〃とストイックな歌をうたったりしていることも、おそらく、そうした風潮とは無関係ではないだろう。

マドンナが、保守回帰的な女性像だけを演じているかといえば、けっしてそんなことはない。キャッシュをものさしにしてボーイフレンドを選りわけていく女性をコミカルに描いた逆説的な「マテリアル・ガール」には、ある意味では先のリンダ・ロンシュタットの発言よりきつい皮肉がこめられている。すべてを経験したあとで、もう一度ヴァージンのような気持ちになりましょうという「ライク・ア・ヴァージン」も、考えようによってはたいへん過激。マドンナの歌を聞いて、男に都合のいいロマンティシズムが戻ってきたなんて喜んでいるのは、とんでもないまちがいなのかもしれない。

16 tue.

TBSのKスタジオで、東京音楽祭アジア大会の出演者の取材。アンチェリー・チョンカデキッド（タイ）、レイモンド・ラウチェンコ（フィリピン）、アラン・タム（香港）、レスリー・チェン（香港）に少しずつ話を聞く。いずれもアメリカの音楽の強い影響を受けながら、自国語の歌で人気を集めている人たち、という点で、日本のニューミュージックの歌手とよく似た立場にいる。そのことに関して突っこんだ話ができなかったのが心残り。香港の二人に、一九九

七年の問題について質問すると、発言の影響の大きさを配慮したのか、公表できるような答えは得られなかった。

17 wed.

武道館で東京音楽祭アジア大会を見る。ソールド・アウトと聞いていたので、よかったなと思って行ったが、空席もあった。七カ国の参加者がそれぞれ一曲ずつうたい、途中で、オリンピックを控えた韓国のスペシャル・コーナー、香港の歌手と森進一の特別コーナーが挿入される構成。森進一、チョー・ヨンピル、アラン・タム、レスリー・チェンの四人による「冬のリヴィエラ」はさすがに豪華。森進一は「襟裳岬」の出来がよかった。

20 sat.

後楽園球場のマドンナのコンサートに行く。風雨で中止の発表。強行しても充分な舞台効果が得られないという理由だろうが、梅雨の時期に予備の日を設けないで野外公演のスケジュールを組んだことには、すっきりしないものを感じる。

26 fri.

赤坂見附の喫茶店で竹内まりやの取材。長年音楽の仕事をしていても、取材したことがない人は多い。彼女も取材するのは、はじめて。三年ぶりのアルバム『リクエスト』の話を聞く。

29 mon.

京王プラザ・ホテルのコーヒー・ハウスで、アルバム『ミド』を出した原みどりの取材。栃木から出てきたシンガー・ソングライターは、矢板努といい、この人といい、個性的な人がけっこういるのはどうしてだろう。

1 wed.

六本木プリンスでキュリオシティ・キルド・ザ・キャットの取材。イギリスでナンバー・ワン・アイドルの割には、意外にさめた目をもってるグループだった。行きたいところは、の質問に、メンバーそれぞれ、チベット、タイ、インド、ロシアとの答え。半分は冗談だろうな。

6 mon.

河出書房新社で俵万智の取材。イーグルス、浜田省吾、ユーミン、IMAなど、彼女の短歌には音楽がいっぱい出てくる。サザンオールスターズは昔から好きだそうだ。しかし、いつも音楽を聞いているわけではなく、たまに聞くから新鮮に響いて、歌ができるとのこと。ぼくのように四六時中音楽を聞いている人間には耳の痛い話。7月6日をサラダ記念日に選んだのは「なるべく何でもない日を、自分で記念日と呼べるような生き方ができたらと思って」とのこと。取材した時刻は、夜の8時を回っていたが、机の上には、彼女のサインを待っている『サラダ記念日』が山をなしていた。

7 tue.～**12** sun.

アルバム『旅路の果て』の発表にあわせてヨーロッパをツアー中のマリリオンの取材でパリ、チューリッヒ三泊五日の旅。時代遅れのプログレ・グループと思われがちなマリリオンだが、ヨーロッパでは前作『過ち色の記憶』が一八〇万枚も売れ、『旅路の果て』も各国でチャートの上位入りしており、パリの会場は六千人の超満員。英語嫌いのフランスのファン

が、マリリオンの複雑な歌を大合唱しているのに驚く。ステージはジェネシスからもう少しコンピューターを抜いて、照明を控え目にした感じ。こりゃ、完全にメインストリームのロックだわ、と思う。ヴォーカルのフィッシュは巨体をふるわせながら身軽に動く。バンドに入る前は木こりだった、と資料にあったので、ほんとうかと確かめたら、森林学をやってたんだけどね、と言われてしまった。

バンドのチームワークは、こんなに和気あいあいとしていていいのかしらと思うぐらい。移動のバスの中でも、冗談ばかり言って騒いでいる。スイスのチューリッヒ空港からフラウエンフェルトのオープン・エア・フェスティバル「アウト・イン・ザ・グリーン」の会場に向かうバスの中で、マネージャーがポーランドのグダンスク公演のテープをかけた。観客の歓声が熱い。「第二次大戦で殺されたユダヤ人にこの歌をささげます」というフィッシュの言葉に続いて「ホワイト・ロシアン」の演奏がはじまる。窓の外は美しい緑だ。

16 thu.

渋谷の電力館で小泉今日子のヴィデオ『ファンタァジェン』の試写を見る。アイドルのヴィデオとしては画期的な作品。李泰栄の映像が美しい。彼女自身は、アイドルと大人の女のはざまで大いに揺れているように見える。

17 fri.

赤坂のキャピトル東急でヒューイ・ルイスのインタヴュー。ヤッピーを皮肉った「ヒップ・トゥ・ビー・スクエア」(スクエアなのが流行)という曲のユーモアをアメリカのファンは、なかなかわかってくれないと言っていた。夜、TBSラジオの『ベスト・ヒット'87』の録音。ERIの「もう一度リング・マイ・ベル」などを選んでかける。

21 tue. 後楽園球場でヒューイ・ルイス&ザ・ニュースとブルース・ホーンスビー&ザ・レインジのジョイント・コンサート。ブルース・ホーンスビーの演奏はちょっと力み過ぎて、ふくらみが感じられなかったが、ジャズ的な即興を多く取り入れた演奏は意外だった。ヒューイ・ルイスは、これまで同様、そつのない楽しいステージ。タワー・オブ・パワーのホーン・セクションが入る曲と入らない曲では演奏のコクがまるでちがう。

26 sun. 日比谷野外音楽堂で小比類巻かほるのコンサート。脚を曲げたダンスに農耕民族の美しい伝統を感じる。

28 tue. 今年はじめてひぐらし蝉の声を聞く。ふつうはもっと秋に近くなってから出てくるのに、猛暑が続いて感覚がボケたのだろうか。そういえば、今年は、さるすべりの深紅の花も開花が早かった。ベランダのトロ箱で作っていたトマトの実が赤くなりかけると、すぐにムクドリがやってきて食べてしまう。これではいつまでたっても完熟トマトが食べられそうにない。

夏の音楽

一昔前まで、夏の音楽といえば、ビーチ・ボーイズだった。「オール・サマー・ロング」「ユア・サマー・ドリーム」「サーフィンUSA」など、タイトルを見るだけでもそこらじゅうナツーという曲が多かった。実際に夏という言葉が出てくる曲はそんなにたくさんないのだが、サーフィンの曲も、クルージングの曲も、なぜか舞台は夏だと思いこませる雰囲気

があった。

7月や8月といった特定の月が出てこないのは、ビーチ・ボーイズの育った南カリフォルニアは、一年のうち半分くらいが夏みたいなところだから、べつに何月でもよかったのだろう。実際にロサンゼルスに行った人はわかると思うが、あのへんは風土が人間をアバウトな気分にさせるところだ。その証拠にビーチ・ボーイズのブライアン・ウィルスンは、ろくすっぽサーフィンをやらないのに、サーフィンの歌を量産していた。

ママス&パパスの「夢のカリフォルニア」に、冬の寒い日に、ニューヨークの灰色の空と枯れ葉を見ていると、カリフォルニアは暖かいだろうなあという歌詞が出てくるが、アメリカ人にとっては、カリフォルニアやフロリダは、パネル・ヒーターとか赤外線コタツみたいな機能を持った州なのかもしれない。

同じ夏でも、ロサンゼルスと反対側のニューヨークに行くと、こんなにちがう、という例がラヴィン・スプーンフルの「サマー・イン・ザ・シティ」。あんまり暑いもんだから歩道を歩いていると、マッチの頭になったようだとか、ちっとも日陰がないように思うとか、うなじのところが汚れてアブラぎってくるとか、聞いてるかぎり、夏のニューヨークには行きたくないなあ、という気がしてくる。

もっとも、夜になれば、さあ女の子をみつけて踊りに行こう、暑くても大丈夫、一晩中ダンスしようと、てのひらを返したように元気が出てくる。女の子をみつけてダンスして、暑さがしのげるなら、エアコンはいらないんだけど……。

ちゃんと7月と月名まで御指名で出てくるビリー・ジョエルの「イタリアン・レストランで」は、

ニューヨークに多いイタリアン・レストランを舞台に、ひさしぶりに再会した男女が昔話にふけるというシチュエーション。当の男女が、昔の自分たちのことをブレンダとエディーと第三者のように呼んで話をすすめるところが、ああ、ふたりの関係は、ずっと前に終わったんだな、とわからせてくれる。ま、そのわりには、昔なじみのイタリアン・レストランの窓際の席で未練たらしくデイトしたりして何か下心ありそうだが、それはともかく、一九七五年の夏にこのカップルが結婚して失敗したのも、人をクレイジーにさせる夏の暑さのせいじゃなかったのかな、と思わせるのである。

7月といえば7月4日はアメリカの独立記念日。カントリーのウィリー・ネルソンは、この日、テキサスでジュライ・ザ・フォース・ピクニックという野外のビッグ・コンサートをやるのが恒例になっているが、今年も予定があるのだろうか。その独立記念日（インディペンデンス・デイ）が歌詞に出てくるのが、ザ・バンドの「怒りの涙」。ただし独立記念日にきみを抱いて歩いた、という歌詞は、思春期の娘に反抗（独立）された父親が、娘が子供だったころを回想しながらつぶやく言葉なので、季節感を求めるのは筋ちがいかもしれない。

独立記念日の歌では、ブルース・スプリングスティーンにもそのものずばり「独立の日」（インディペンデンス・デイ）という曲があり、これも家を出て行く息子と親父のやりとりの歌。アメリカでは夏に学校を卒業するので、独立記念日のころに家を出て行きやすいのだ。彼には「7月4日のアズベリー・パーク」という夏の思い出をうたった作品もあって、その中にガールフレンドと一緒にボードウォーク（板張り遊歩道）の下を笑いながら走るところが描かれている。この歌を作ったとき、当然、彼はドリフターズの「渚のボードウォーク」（アンダー・ザ・ボードウォーク）を意識していたに

ちがいない。ローリング・ストーンズやジョン・クーガー・メレンキャンプもカヴァーしているこの歌は、夏の海辺のボードウォークの光景を牧歌的にうたったものだ。あんまり暑いんで屋根のタールも溶けそうとか、クツの底が熱いとか、脚がファイアプルーフ（耐火性）だったらいいのにとか、これでもか、これでもかと暑さを強調しておいて、オレたちゃボードウォークの日陰で涼しくメイキング・ラヴするんだもんね、だって。なお、チャック・ベリーによれば「ボードウォークの下にいるのは、板のすきまから上を通る女性を覗こうとするエッチな男ばかりだぜ」とのこと。このあいだ海水浴という言葉を使ってオジン扱いされた私でした。

1987 AUGUST

5 wed.

六本木のハートランドで小比類巻かほるの取材。中学時代から自発的にアルバイトしたりしていただけあって、同世代のミュージシャンにくらべると、ずいぶんしっかり自分をみつめる目を持っている。「東京に出てくるときは、恐怖感がありました。人が冷たいとか、恐いところだとか、聞かされてましたから。肩肘はってたんですね。だから、はじめてのレコーディングでアメリカに行ったときは、なつかしいところに来たという感じがして、ほっとしたんです。子供のころからずっと三沢基地のそばで育ちましたから……。この夏のイベントで、沖縄に行ったときも、似てるなって思いました。沖縄の場合は、よそものが触れられない悲しみとか痛みとか、深いも

のがあるようですけど」

10 mon.

六本木ＷＡＶＥのレコーディング・スタジオで、ビル・ラズウェルの取材。香港から帰ったばかりで調子が悪いらしく、あまり突っ込んだ話は聞けなかった。ポール・サイモンのアルバム『グレイスランド』については「ポールの音楽は前から好きじゃない、バックの南アフリカのミュージシャンだけのレコードのほうがいい」、デイヴィッド・バーンとブライアン・イーノの『ブッシュ・オブ・ゴースト』は「ふたりがコラージュしたもので、アフリカ的な音楽だとは思わない」などと言っていた。

取材の後、一七歳のときにバディ・ホリーと一緒に飛行機事故で死んだメキシコ系アメリカ人ロックンロール歌手リッチー・バレンスの伝記映画『ラ・バンバ』の試写を見る。メキシコ系アメリカ人（チカノ）のロック・ミュージシャンは、カルロス・サンタナ、ロス・ロボス、クルザドスなど、カリフォルニアに数多い。以前スプリングスティーンのパロディ「ボーン・イン・イースト・ＬＡ」をやっていたチーチ&チョンのチーチもメキシコ系。リンダ・ロンシュタットのお父さんもメキシコ人の血をひいている。ロス・ロボスのうたうこの映画の主題歌「ラ・バンバ」は全米ナンバー・ワン・ヒットになってしまった。メキシコ系アメリカ人が置かれている立場は、ロサンゼルスを舞台にしたハードボイルドにもよく出てくる。

11 tue.

池袋西武のスタジオ２００で、韓国の林権澤（イム・クォンテク）監督の『キルソドム』『炎の女』の試写を見る。試写を見に来ていたのは数名だけ。

ロス・ロボス（写真・Donna Fuhrmann, ポリスター提供）

14 fri.

香港・台湾合作映画、アン・ホイ監督の『望郷』（一九八二）を見る。解放後のベトナムを訪れた日本人カメラマンが、ひとりの少女と知り合って現実の厳しさを知るという物語。香港ではこの映画の作られる前からベトナム人ボート・ピープルの漂着が大きな問題になっていた。政治的立場の左右を越えて説得力のある骨太な作品に仕上がっている。ただし、ところどころ出てくる日本語の会話は、意味不明のものが多かった。どうせアフレコでやるのだから、日本語のたんのうな人の助言を求めればよかったのに。主役の日本人カメラマンを演じた林子祥（リン・ツーシャン）は香港の人気シンガーで、日本でも『YMCA好知己』というアルバム（洋楽の広東語のカヴァーを集めたもの）が出たことがある。そのときはコミック・シンガーと思っていたが、シリアスな演技ができる人と知ってびっくり。

19 wed.

めずらしくニイニイゼミが近所の木で鳴いている。でも夜には秋の虫が窓辺で鳴きはじめた。夜中になると風が涼しい。

ボーイズ・オブ・サマー

先日、森高千里を取材したら、一九六九年生まれだといっていた。若いアイドルだから、一九六九年生まれであっても不思議ではない。もっと若い島田奈美や立花理佐や酒井法子は一九七一年生まれ。後藤久美子にいたっては一九七四年生まれだ。一九七四年といえば、石油ショックでトイレットペーパーの値段が一挙に暴騰し、近所のスーパーの棚からトイレットペーパーがかき消すように姿を消し

た年。そんな年に生まれるなんて、これはもうほとんど犯罪的なことではあるまいか、とまあ、日ごろから、アイドルの年齢を見るたびに、神経過敏症になって、あやしげな三段論法のもとに思考がスクラッチしがちなぼくとしては、森高千里の一九六九年にも「そうか。一九六九年かあ」と、しみじみするものを感じたのだった。

一九六九年といえば、ブライアン・アダムスの「想い出のサマー」に、この一九六九年の夏のことが出てくる。日本題は尾瀬がしゃくなげ色にたそがれるようなタイトルになっているが、この曲の原題は「サマー・オブ・'69」と、たいへんはっきりしている。こっちのタイトルのほうが明快でいいと思うのだが、レコード会社のディレクターは、'69が妙な意味に誤読されるのを恐れたのだろうか。

さて、一九六九年の夏に、この歌の主人公はどうしたかといえば、はじめて本物のギターを5ドル10セントで買って、指先のマメがつぶれて血がにじむまで練習している。5ドル10セントとはまたえらく安いギターである。当時のレートの1ドル360円で計算しても2000円に満たない。たぶん古道具屋のガラクタか質流れ品か香港製の通販のギターを買ったのだろう。でもって、学校の仲間とバンドを組んで練習したのだ。「その夏は永遠に続くように思われた」「ぼくの最良の日々だった」と歌には出てくる。その夏、バンドだけでなく、主人公はすばらしい恋もしたのである。

「永遠に続くような夏」の想い出は誰にもひとつやふたつはある。一九六九年の夏、ぼくは四国に住んでいた。暑い日が続く7月のある日、京都から数人の友達がやってきた。いまはない、スバルという四人乗りのフォルクスワーゲンをさらに小さくしたような車に乗って、ぼくらは夜中に室戸岬まで行った。途中でおなかがすいたので、誰も通らない夜明け前の国道にすわってささやかな晩餐会を開

いた。カンヅメとジュースだけのささやかなメニューが、そのときはルイ王朝の宮廷料理よりもぜいたくに思えた。室戸岬に向かう道路は、海岸線に沿って果てしなく曲がりくねり、どこまで行っても終わりそうになかった。いつのまにか空はすっかり明るくなり、エアコンのない車の中は蒸し風呂のようにうだっていた。カー・ラジオが、アポロ宇宙船の月面上陸のニュースを伝えていた。興奮してしゃべるアナウンサーの声を聞いたとき、ぼくらは宇宙船にでも乗っているかのような気分で、「やったア」と叫んだ。しかしそんな気分も長続きはしなかった。死にそうな暑さと単調なドライブに疲れたぼくらは、室戸岬でひたすら眠ったのだった。

ところで一九六九年の夏といえば、ウッドストック・フェスティバルがあった夏だ。このフェスティバルには約四〇万人もの若者が集まった。一九六九年の夏は、ロックにとって最良の夏、最も幸福な夏のひとつだった。ブライアン・アダムスの「想い出のサマー」の主人公も、ひょっとしたらウッドストックに関心を持ってギターを手にしたのかもしれない。

それから七年後のある夏の夜。イーグルスの「ホテル・カリフォルニア」で、砂漠のハイウェイを走っていた男は、疲れを感じて、通りかかったホテルに立寄る。彼はホテルの中庭で謎めいた美男美女が、思い出と忘却を求めて享楽的に踊り続ける光景を目撃する。急にのどのかわきをおぼえ、従業員にスピリッツ（蒸留酒）を注文するが「あいにく、当ホテルではそのスピリッツ（精神）は、一九六九年以来切らしておりまして」という返事が戻ってくる。一九六九年の夏に思い入れのある人間にとっては、ほろにがい言葉だ。

イーグルス時代にこの歌をうたっていたドン・ヘンリーの「ボーイズ・オブ・サマー」は、甘美な

夏の恋の想い出をつづったもの。この歌にはもうイーグルスの歌のような重さはない。

1987 SEPTEMBER

1 wed.

赤坂のサントリー・ホールの小ホールで大貫妙子のコンサート。このホールに入るのは、はじめて。お隣の大ホールでハービー・ハンコックのコンサートをやっていたので、そちらの会場も覗くと、入口でサラ金のパンフレットをくれた。内部は写真やテレビで見た印象よりモダンなインテリアだ。アコースティック・ジャズの大ホールでのコンサートは、ロックの大音響に慣れている身には、新鮮でもあり、物足りなくもあった。途中から抜けて入った小ホールは、ホテルの宴会場のような作り。こちらでも弦楽五重奏団のシンプルなバックでうたっていた。彼女の透明な歌声にはよく合っている。ときどきサックスで清水靖晃が加わる。大貫妙子は喧騒を避けて東京から引っ越したそうだ。客席で細野晴臣を見かける。

11 fri.

午後から千駄ヶ谷のビクター・スタジオで桑田佳祐の取材。その後、池袋西武スタジオ200で林権澤の『マンダラ』を見る。夜は中野サンプラザでスザンヌ・ヴェガのコンサート。深夜『マルチニックの少年』を見る。黒人少年の目を通して描いたフランス領マルチニック島の生活。まるで記録映画を見ているような淡々とした筆致で描かれた素晴らしい作品。監督は女性のユーザン・パルシー。

12 sat.

後楽園球場でマイケル・ジャクソン東京公演の初日。会場外のたいへんな人混みの中に、車でゲートに乗りつけてくる人がいる。誰かと思えば郷ひろみ。殺到するカメラマンと野次馬。押されてよろめく人たち。どういう感覚してるんだろう、まったく。公演終了後も、郷ひろみ夫妻は、あたかも自分のコンサートであったかのごとく、観客に手を振りながら退場していった。

ショーの進行はまだ完成されていないが、素晴らしいダンスをはじめ、マイケル・ジャクソンの才能はたいしたもの。ずいぶんマイクを離しているのに声が通るのを見て、意外に声量があることもわかった。かなりロックぽいのかと思っていたショーは、ブラック・ミュージックの伝統をたっぷり受け継いだもの。白人文化帝国のディズニーランドで、彼の映画『キャプテンEO』が長らくヒットを続けているのは、もっと驚いていいことなのかもしれない。

13 sun.

池袋西武のビストロ・ド・パリで、林権澤の取材。彼は韓国の映画界を代表する監督のひとり。今年9月のヴェネチア映画祭では新作『シバジ』に主演した姜受延が、主演女優賞を受賞している。

家に戻ってくると、留守番電話にどこかの新聞社から、ジャマイカのレゲエのスター、ピーター・トッシュが射殺されたので、連絡がほしいとの伝言。

年長の方をとらえて、初対面の印象をあれこれ言うのはいささか気がひけるが、韓国映画界を代表する監督のひとり林権澤氏は、物静かで温厚な紳士だった。

紳士といっても、温室育ちのとりすました紳士ではない。ひと目で辛酸をのり越えてきた苦労人とわかるおだやかさが言葉や身のこなしのはしばしから漂ってくる。

一九三六年、韓国の全羅南道長城に生まれたイム氏は、若いころは、韓国南端の大都市釜山でいろんな職を転々として過ごした後、ソウルで映画界に入った。最初から監督をめざしていたわけではなく、とにかく食べるために映画界に入ったというのが正直なところらしい。

とはいえ、子供のころから映画は好きで、韓国映画だけでなく、アメリカやヨーロッパの映画を数多く見た。特別影響を受けた映画はないが、あえて一本あげるとすれば、フェリーニの『道』だろうか、ということだった。

一九六二年には『豆満江よさらば』という映画で監督としてデビュー。当時は韓国映画の最盛期で、どんな映画を作っても観客が入った。氏もたちまち売れっ子監督になり、一九六四年には実に六本もの映画を監督するにいたった。ただし「そのころは自分で満足できる映画はなかなか作れなかった」といいささかおもはゆげだった。

七〇年代に入ると『証言』という作品が東映系で公開されたそうだが、ぼくは覚えていない。梶山

李之原作の『族譜』はNHKでも数年前に放送され、ぼくも見たことがある。これは、日本が朝鮮を侵略していた時代に、創氏改名（朝鮮人の姓名を日本風に変えるように日本総督府が強制した政策）をめぐって、ある地方のヤンパン（名士の家系）の当主と比較的良心的な日本人の下級役人との間に起こった友情と対立の物語で、人間の描き方も落ち着いた映像も一級品であった。ふだん映画関係の仕事に縁の薄いぼくが、わざわざ氏に会ってみたいと思ったのも、この映画を見ていたからだ。この作品で氏は韓国のアカデミー賞にあたる第17回大鐘賞を受賞。名実共にトップクラスの監督となった。ただし、いかなる理由か、この作品を見た人は「韓国では三千人ぐらいでしょう」と、氏はスタジオ200で行なわれた佐藤邦夫氏との対談で言葉少なげに語っていた。

そのスタジオ200が紹介している韓国映画特集で近年の作品が上映されるようになったのはここ数年のこと。九月には五本の作品によるイム監督特集が行なわれ、そのためヴェネチア映画祭（今年は氏の『シバジ』に主演した姜受延が主演女優賞を受賞した）から帰途東京に立ち寄った氏に会うことができたのだ。

氏の八六本の作品のうち、ぼくが見たのは『族譜』（'78）、『マンダラ』（'81）、『炎の娘』（'83）、『キルソドム』（'84）のわずか四本に過ぎないが、この四本を通じて強く印象に残ったのは、アイデンティティを希求する情熱のはげしさとでもいうべきものだった。作品にくりかえし現れるシャーマニズム、南北分断、対日関係などの問題は、他国に翻弄され続けてきた隣国をみつめるときに避けては通れないテーマなのだろう。

林　シャーマニズムは韓国の古代宗教ですが、この宗教が外国から来たキリスト教や仏教とちがうのはキリスト教や仏教が来世のこと、死後のことを考える宗教なのに対して、長生であるとか無病息災であるとか現在の生を大切にする宗教であるという点ですね。わたしはシャーマニズムが韓国社会に根強く生きていることに関心をひかれるんです。韓国にはいろんな神話がありますが、それもシャーマニズムによって解読できるのではないかと学者たちも考えはじめています。現在の韓国の近代化は、アメリカの援助と助言によって作り出されたものがほとんどです。その過程では、歴史を大切にするという感覚はあまりありませんでした。しかしこれからはもっと韓国独自のもの、古来からあるものを再発見して発展させる方法が出てくるのではないでしょうか。音楽でチョー・ヨンピルが「恨五百年」という民謡を現代化したり、サムルノリのような伝統に根ざしたグループが出てきたりしているのも、伝統を肯定的にとらえようとする動きだと思います。もっとも、こういう動きは、はじまったばかりですから、まだまだこれからだと思いますが。

『炎の娘』の主人公はソウルの雑誌編集者だが、幼くして別れた母が巫女であったことを探っていくうちに血を自覚、ついに自分もシャーマンとして生きる道を選ぶ。主人公がシャーマンを選ぶ設定がやや強引に思えたが、イム氏はあえて象徴的にそうさせたかったのかもしれない。

林　ラスト・シーンで主人公が「船が傾く」というせりふを言いますが、そこにいまの韓国社会が西洋文化のほうに傾きすぎているのではないかという意味をこめてあるんです。南北問題も、生涯を通

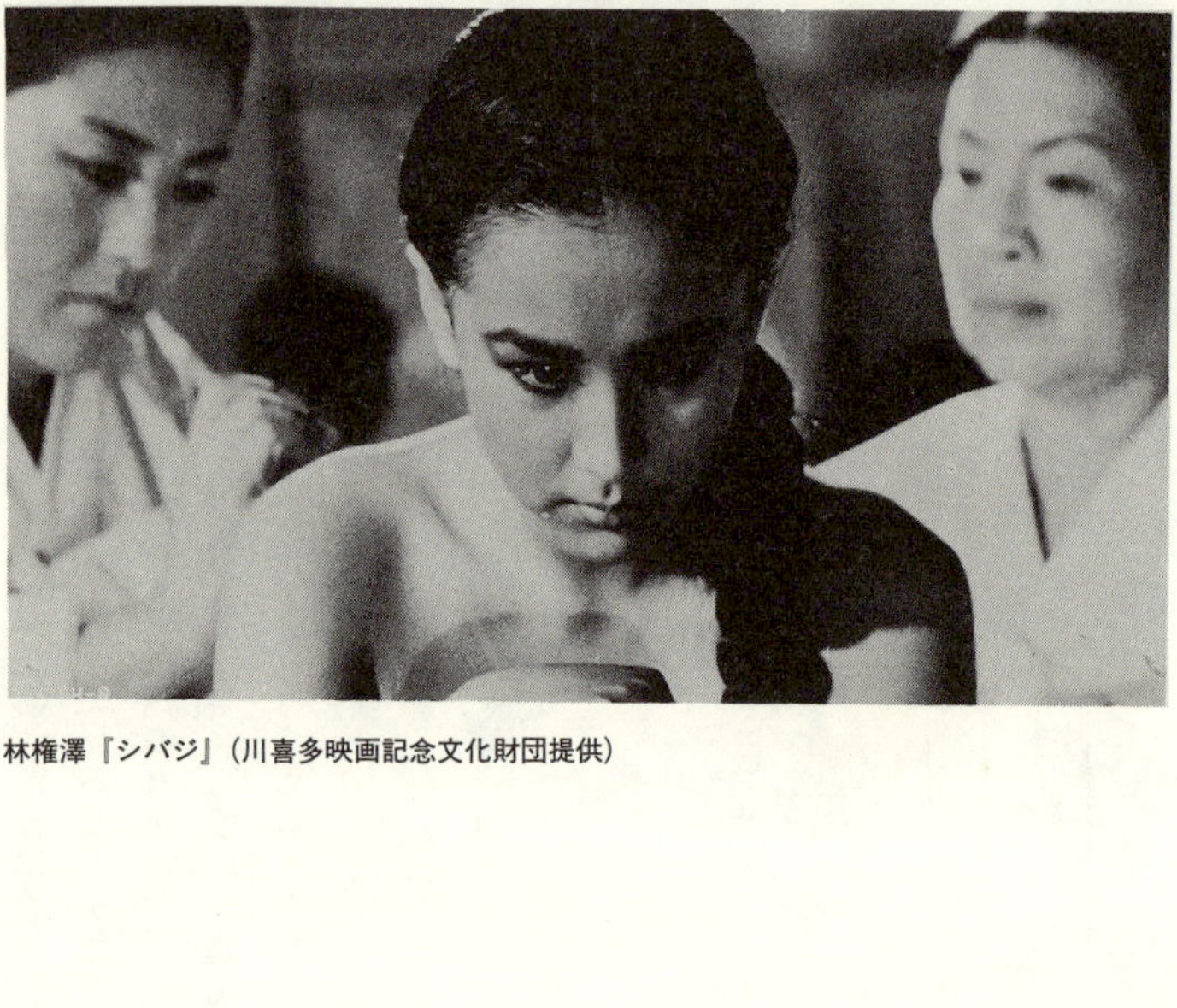

林権澤『シバジ』(川喜多映画記念文化財団提供)

して撮り続けていきたいテーマのひとつです。『キルソドム』で離散家族探しをテーマにしましたが、これも見方によっては、南と北の人間が会っていると置きかえて見ることができるでしょう。38度線はあくまで大国の代理戦争によって分断されているというのが私の考えです。私たちは日本の侵略、解放、南北戦争の混乱、4・19の学生革命などいろんな時期を体験してきた世代です。その世代の人間として、風景を撮るときも、自分の生きる国の素晴らしさをみつめるべきなんじゃないかと思って撮っています。

この言葉の最後の部分は、氏の映画で韓国の風景が実に美しく撮られているのが印象に残ったというぼくの感想に対する答である。その風景を見るためにだけでも『マンダラ』や『炎の娘』を見て損はしないと思う。

14 mon.

五反田の簡易保険ホールでボビー・ウーマックのコンサート。ボビー・ウーマックのあまりのエネルギーに驚く。客席で山下達郎の姿を見かける。

1987 OCTOBER

4 sun.

目覚ましがわりにセットしておいたFENから、ときどきヒューイ・ルイス&ザ・ニュースの「パワー・オブ・ラヴ」やピーター・ガブリエルの「ドント・ギヴ・アップ」などのレコードがブッ切りでかかる。最初、何の番組かわからなかったけど、よく聞けば、日曜日の朝の説教番組だ。

正確なところは覚えていないが（説教師の声で）……みなさん、神の愛の力を信じなさい（ここで突然）パワー・オブ・ラヴ（とヒューイ・ルイスの歌が入って）愛の力はあなたを苦しみから助け出してくれるでしょう。ですから（突然）ドント・ギヴ・アップ（とピーター・ガブリエルの歌が入って）あきらめないで神に祈りましょう……といった調子である。

夏にヒューイ・ルイスを取材したとき「ジェイコブズ・ラダー」（『FORE!』に収録）は、テレビやラジオで人気を持っている説教師のことをうたった歌だと言っていた。この歌には「機は熟した。私に金を送って、選ばれた人の仲間に加わり、一緒に歌をうたおう」としたり顔で説く説教師が登場する。アメリカでは今年、有名なテレビ説教師がセックスやお金のスキャンダルを起こしてよくニュース種になっている。ヒューイ・ルイスが今朝のFENの説教を聞いたら、苦笑することだろう。

7 wed.

今日はお月見だ。雲が多く、月はときどきしか姿を現わさない。ダンゴはすでに昨日食べてしまった。通信販売で買った七輪を玄関に出してサンマを焼く。炭の火力の調子がわからず、サンマを真っ黒にこがしてしまう。

友人からもらったマツタケを七輪で焼いて食べる。

12 mon.

EBISUスタジオの屋上で『ORE』新年号のために松任谷由実の取材。沢渡朔さんの撮影中、ラジカセからジャクソン・ブラウンの『レイト・フォー・ザ・スカイ』が流れていた。

14 wed.

バランスのとれたゴージャスを／松任谷由実インタヴュー

松任谷由実(ユーミン)はこの十数年間、毎年のようにベストセラー・アルバムを出し、最先端のステージをやり、アイドルに数多くのヒット曲を提供し、ポップス界のトップを走り続けてきた。野球でいえば三冠王をずっと取り続けてきたようなものだ。その間、ユーミンに匹敵するような活動をくりひろげてきたミュージシャンは、男女を問わず、誰一人としていない。これだけ流行がめまぐるしく変わるポップスの世界で、常にトップであり続けるとはどういうことなのか……。12月5日に二十一枚目のオリジナル・アルバム『ダイアモンドダストが消えぬまに』を出すユーミンに会って話を聞いてみた。

――新作の『ダイアモンドダストが消えぬまに』では、シャンパンの泡や、スキューバダイビングの気泡や、高層ビルの夜景など、つかのま光り輝いて消えるものの美しさがうまく描かれていますね。

松任谷　今年のはじめに博多でワイン・バーに行ったんです。その店はマニアックな人が集まるとこ

ろでね。そこでシャンパン博士みたいな人と知り合って話したのがきっかけで、シャンパンがいいなと思うようになったの。シャンパンも、ドン・ペリニョンのような上質のものになると、泡がきめこまかくキラキラキラっと光って、宝石みたいで、めちゃくちゃきれいなんですよ。それを見て、ダイアモンドダストが立ってますね、と誰かがいった言葉がすごく印象に残ってね。アルバム制作に入って、四曲ぐらい書いたときに、作っている歌の世界とその言葉が重なってきたんです。

――日本人は昔からつかのま輝くものに心情を仮託してきたという伝統がありますね。

松任谷　……。もののあわれですね。それは前から意識してます。だから『リインカーネーション』のアルバムを出したときに、永遠の輪廻《りんね》みたいなものをテーマにしたわけです。わたしは、洋楽的に聞こえるポップスをやってるけど、すごく日本人だと思ってるし、日本語の文化から派生した感性で音楽を作っているので、人から見ると、ストレンジな音楽をやってるように見えるみたいね。

――活動歴が長いと、アルバム出すたびに新しいものを出すのがだんだん難しくなることはないですか。

松任谷　それが老舗の恐怖というものでしょうね（笑）。一寸先は闇ですよ。いいものが出てきて当然と思われているだけにつらいですけど、それだけに、もう、自分の快感のためにどんどんやるようになってるんですね。

――歌の主人公は、ユーミン自身より若い女性が多いですね。

松任谷　高校最後ぐらいからOLのはじめぐらいの狭いジェネレーションを主人公にしてますね。その年代の時期というのは、年上の人には自分がいちばん輝いてた時期だし、真っただ中にいる人はそ

のときのリアリティがあるし、まだその手前にいる人にはあこがれや不安がある——そういう時期なんですね。

——歌の中で、現在の自分に即した形でもう少し自己表現をしてみたい、と思うようなことはないんですか。

松任谷　村上春樹が『ノルウェイの森』を書いたような感じで？　わたしは村上さんのもフィクションだと思うのね。ただ、自分が意図しなかったところで、作り手の生理みたいなものを聞き手が汲み取ってたりすることはあるでしょうけど……。『ロマンシング・ストーン　秘宝の谷』という映画がありますね。『インディ・ジョーンズの冒険』みたいだけど、同じ冒険映画でもハーレクイン・ロマンス的な女の映画なんです。キャサリン・ターナー扮するヒロインがロマンス小説のベストセラー作家という設定でね。砂漠で悪漢に追われて銃で撃ち殺して泣くシーンではじまるんだけど、それは小説の中の話で、次のシーンでは作家の彼女が泣きながらその小説のタイプを打ってるの。その感じが、歌を作ってると、すごくよくわかります。

——歌の世界はリッチなイメージのものばかりですが、どうしてなんですか。

松任谷　イヤミになっちゃうけど、それしか書けないんですよ（笑）。貧乏の経験がないから、貧乏がわからない（笑）。

——七〇年代から八〇年代にかけて、日本が経済的に豊かになってきたのを、歌で先取りしてきたようなところがある？

松任谷　先取りというんじゃないけど、デビューしたころはごく一部の人間が好きにぜいたくにやっ

てるという感じを歌にしていたから、歌の世界と聞き手の生活感のギャップがあったと思うんです。その後、ギャップが埋まったというか、わたしが『ミスリム』というアルバムを出したころに、〝中産階級サウンド〟といってたような世界があたりまえになってきた。今回のアルバムは、もう一度位置づけをハッキリするというのか……乱暴にいっちゃえば『ミスリム』を一九八七年版でやりたいというところもありますね。

――いまの日本の豊かさが今後もどんどん進むと思いますか。それとも終末観とか危機感のようなものがある？

松任谷　……うーん。それはわたしが生きてる間には起こらないような気がしますね。ただ、ファッションでもなんでも、ほんとにお洒落でリッチな人間は、もっと精神的なことに行くと思いますね。物を持ってるだけで自分のステータスを示せるような幻想からはとっくに離れてると思うんです。誰が着ても同じような白シャツを着てカッコよく見えるのがいい、というふうになってきてる。お金や物には限度があるけどイマジネーションに限度はないですから。だから自分の中でバランスのとれたゴージャスというのをやっていきたいと思いますね。

――日本や世界の情勢の変化が歌に反映してると自分では思いますか。

松任谷　ダンナがテレビで車の番組をやってるんだけど、ＢＭＷとかベンツとかアウディの特集をやるとグンと視聴率がはねあがるんですって。なぜそのクラスの外車に関心が高まってるかというと、家を買おうと思って何千万かお金をためていた人が、土地の高騰で買えなくなって、頭にきて、車でも買っちゃおうということになってるらしいの。そういうことの影響って、わたしの音楽にも出てく

ると思いますよ。

――土地の話はおもしろいような悲しいような現実という気がするけど。

松任谷　それが東京なんだ、日本なんだと思うと、ひとつの個性なんですね。

――それを変えたいと思ったことはないですか。

松任谷　ないですね。変えようとして何かをやることはないですね。楽しく作ったものが、結果、そうなることの快感というのはあるだろうけど……。残りたいとは思いますよ。わたしが死んでもスピリットが残ってほしい。たとえばロートレックの絵を見ると、世紀末のパリが見えるような気がするじゃないですか。そういうことをやりたいですね。

――ユーミンの歌を聞くと世紀末の日本が見えるように？

松任谷　そうありたいですね。

22 thu.

ホテル・ニューオータニでスターシップのグレース・スリックの取材。「UFOがもしアメリカやソ連に出てきたら、きっと軍隊が出動してまず撃ち落としてしまうでしょうね。家にいたとき、一度UFOらしいものを見たことがあって、みんなでベランダに出て、撃たないからはやくこっちにおいでと祈ったんだけど、よく見たら飛行機だった」

深夜シュレンドルフの『ブリキの太鼓』を見る。この映画を見るのは二度目だが、少しも飽きなかった。海から引き上げた牛の頭からよく太ったウナギがにゅるにゅると出てくる場面はほんとに不気味。「戦争で船が沈むと、太いウナギがいっぱい採れるんだ、わかるだろう」という漁師の言葉を聞

くと、ウナギを食べる気がしなくなる。先日郵便で回答した映画ベスト・テン・アンケートにこの作品も入れておけばよかった。そのアンケートには『アニマルハウス』を入れるのも忘れてしまった。

27 tue.

TBSラジオの録音終了後、スタッフ一同でアリスの元メンバー矢沢透が経営するという六本木の串焼きの店に行く。串焼きの中にウナギも出てきた。ちょっと固めだが、おいしく食べてしまった。

1987 NOVEMBER

1 sun.

『LEE』編集部の中沢まゆみさんが、一九八六年に中国雲南省を旅行したときに買ったカセット・テープを貸してくれた。ひとつは董文華の『十五的月亮』で、このタイトル曲は数年前の中越戦争のとき大ヒットした曲だとか。くねくねとたおやかな高音の女性ヴォーカルを聞いていると、美人の天女が耳もとでささやいているような錯覚に陥るが、漢字の歌詞から推測すると「静かな月夜にあなたのことを思います。あなたは辺境の地で祖国防衛のために血汗を惜しまないでいるのね」というようなことが歌われているようだ。日本歌曲の「薔薇花咲了」(「バラが咲いた」)や「この広い野原いっぱい」も含まれている。ステレオは「立体声」と表記されている。もう一本は施鴻鄂(男)と朱逢博(女)がデュエットする『故郷之路』というカセット。こちらには「巴比倫河」(「バイ・ザ・リバー・オブ・バビロン」)、「故郷之路」(「カントリー・ロード」)、「小黄鳥」

（「イエロー・バード」）、「契奎帯塔」（「チキチータ」）など世界各地のポップスが中国語と英語で歌われていてほほえましい。当時最も売れていたデュエットのカセットだそうだ。

2 mon.
電話でSF作家の鏡明さんにサイバーパンクの取材。武道館でエリック・クラプトンとロバート・クレイ・バンドのコンサート。クラプトンの演奏は、オープニングの「クロスロード」から最後まで、彼のグレーテスト・ヒッツみたいな選曲だった。休憩時間に会った渋谷陽一さん、ラジオの録音があるので途中で帰るから、「バッヂ」が聞けないよう、と残念そう。

4 wed.
CBS・ソニーでナタリー・アークエンジェルの取材。オースチンの『高慢と偏見』、エラスムスの『痴愚神礼讃』などが好きだそう。夜、フォノグラムの北沢孝さんと高円寺のペンギンハウスへ。ハウスバンドのめんめんに紹介される。

6 fri.
パール兄弟のサエキけんぞうさんにサイバーパンクと千葉の関係その他について電話インタヴュー。ウィリアム・ギブスンの『ニューロマンサー』はなかなか読破しにくいということで意見が一致する。竹下登、首相就任。

9 mon.
簡易保険ホールでフーターズのコンサート。マンドリンを効果的に使ったロック。ステージは予想以上にカッコよかった。ザ・バンドが若かったらこんなふうではないかという感想をいろんな人が持ったようだ。

10 tue.
御茶ノ水山の上ホテルで、すばる文学賞授賞式に出席。桑原一世（ぼくの同居人です）の『クロス・ロード』が受賞したので。タイトルはロバート・ジョンソンの同名のブルース（クラプトンもやっている）と関係があります。

フーターズ『ワン・ウェイ・ホーム』

16 mon.

不倫の名所として知られるという飯田橋のホテル・エドモントでフーターズの取材。彼らはしっかりマンドリンとフーターを持参していた。くそまじめな人たちだった。写真撮影のときに「テインテッド・ラヴ」を口ずさんでいた。写真撮影のために壁にテープで色紙をはったら、はがすときに壁紙が一緒にはがれてきて、取材者全員青ざめる。夜、中野サンプラザでエルヴィス・コステロのコンサート。ジェームス・バートンのギターに聞きほれる。

19 thu.

ネルソン・ジョージの『モータウン・ミュージック』の翻訳を読みはじめる。おもしろい。こんな詳しい本が出るとうれしいような困ったような気がすると藤田正さんが書いていたが、同感。日本人がアメリカのポップスについて書くときの取材能力の限界をまざまざと感じさせられる。夜、渋谷のDOVEで、ワーナー・パイオニアの名物ディレクター田中敏明さんが別セクションに異動するため、ささやかなパーティ。CBS・ソニーの野谷靖子さんが花束を贈呈。

21 sat.

庭の里芋四本から二十コあまりの里芋を収穫する。衣かつぎにして食べる。クリーミーでえもいわれぬおいしさ。大地に感謝。

24 tue.

レコード大賞の優秀アルバム賞審査。夜中からカゼ気味になり、以後、月末まで、お腹こわして、頭ぼんやりの日々が続く。

1987 DECEMBER

4 fri.

原宿のギャラリー360で吉田カツ新作展「38°C VERY DRY」のオープニング・パーティ。

6 sun.

夜の間に初雪薄く積もる。

家の前の建て売り住宅の土台工事現場で、バングラデシュ出身ではないかと思われるような風貌の青年が働いている。

14 mon.

雑誌『Q』12月号に、ストック・エイトキン・ウォーターマン（バナナラマ、デッド・オア・アライヴ、サマンサ・フォックスなどのプロデュース・チーム）のピーター・ウォーターマンと「パンプ・アップ・ザ・ヴォリューム」のヒットを出したマーズとの間で、サンプリングによるベースやドラム・パートの無断使用・盗用をめぐって訴訟がはじめられるというニュースがのっていた。メロディの盗用をめぐっては、これまでにもしばしば裁判が起こったが、サンプリングをめぐる裁判としては、これが史上はじめてだそう。安価なサンプリング機器の普及で、さまざまな音源（他人のレコードも含めて）から音を採集してコラージュすることが一般化した現在、どこまでの引用をよしとするかをめぐっては、今後わが国でも現実的な議論が必要だろう。でも『ドロボー歌謡曲（盗作ヒット曲リスト公表！）』（データハウス）というような本が出るほど、外国のポップスの引用の多いわが国では、先が思いやられそう。夜、新宿のシアターアップルでウィリー・コローンのコンサート。

15 tue.

武道館でモトリー・クルーのコンサート。「ワイルド・サイド」のドラム・ソロで、ドラマーが三六〇度回転しながらドラムをたたくシーンは、たしかにおもしろいが、

予想していたほどでもなかった。むしろドラマーがパンツを下げてお尻をペロッと見せるところのほうがこのグループのB級ぽさには合っている。アンコールの「ガールズ・ガールズ・ガールズ」では、十メートルはあろうかと思われる風船のバイクが登場。しかし、どういうわけか、演奏の途中で重さを支えきれなくなり、ぐにゃりとステージに寝てしまった。家に帰っても、耳鳴りが止まらない。

17 thu.

朝、震度4の地震で起こされる。韓国の大統領選挙の国民投票で、与党民主党の盧泰愚（ノ・テウ）が選ばれる。

18 fri.

『ミュージック・マガジン』の編集部で打ち合わせをしていたら、小倉エージさんがスー・レイのカセット・テープ『蘇内3』『有情天地』をプレゼントしてくれる。そこにやってきた藤田正さんもバッグからスー・レイの『新曲+精選』『1986』の二本のカセットを取り出す。それも借りてきて、まとめて聞く。どのカセットも、サウンドは日本のポップスとほぼ同じ水準で、歌が圧倒的にうまい。高音の声が魅力的だ。先にCBS・ソニーから出たアルバムと重複するのは「酒干倘賣無（チューカンタンメイボー）」一曲だけ。日本語ヴァージョンは、最初テンポをぐっとスローにして、五輪真弓の「恋人よ」のようなイントロ、途中からやたら早いロック調になるが、原曲はその中間のテンポ、原曲のほうがはるかに出来がいい。

21 mon.

新宿の厚生年金会館ホールで、矢野顕子のコンサートに途中から。窪田晴男、吉川忠栄、坂本龍一、高橋幸宏、小原礼という豪華メンバー。死ぬほどうまい。

22 tue.

勝鬨《かちどき》橋の庶民的な店にあんこう鍋を食べに出かける。店のおやじさんが言う。「今年はあんこうが高いんだ」「不漁なの？」とぼく。「ああ、少ないね」「あんこうって、

どこで採れるの。茨城のほう?」「三陸でも採れるし、あとは茨城に銚子だ」「おいしいねえ」「どこのあんこうが、いちばんおいしいか、知ってる?」「さあ……。三陸のかな」「東京湾の先のほうだよ」「は? そんなところでも採れるの」「採れるさ。大島のアンコ……」。おじやをたのんだら、おやじさんは、直接鍋に突っ込んだ親指をしゃぶって味加減をみた。「あんこう鍋でおじやを作ると甘くなるんだ。あ、さっき、しょんべんした後、手を洗うの忘れてた。ちょっとしょっぱくなるかな。ま、いいか。アハハハ」と言って笑ってる。こちらもつられて「アハハハ」と笑った。おいしいおじやだった。

ノーザン・スタイルのクリスマス

ビートルズの出身地の港町リヴァプールを舞台に、イギリス人の女のコが、ソ連から来た船員さんと恋におち、周囲や政府の猛反対をふりきってソ連に行ってしまうというイギリス映画『レター・トゥ・ブレジネフ』を見て驚いた。

何に驚いたかといえば、映画の中で使われている英語のなまりのすごさとガラの悪さ。ガラの悪い言葉が出てくるのは、労働者階級の女のコらしさを強調するために多少誇張してあるのだろうが、なまりのほうはいかんともしがたく、カタコトの英語なら聞きとれるという思いこみが、きれいさっぱり粉々に壊れてしまったのが残念を通り越して快感でさえあった。それはともかく、ビートルズがリヴァプールからロンドンに進出したとき、あいつらは田舎者だといわれたという話など思い出したの

である。

ビートルズといえば、彼らの曲の著作権を管理していたのは、かつてはノーザン・ソングスという会社だった。このノーザン(北の)という名前は、ロンドンを起点にすれば、リヴァプールがイングランドの北部に位置していることに由来している。

南北問題といえば、ふつう、南(第三世界の開発途上国)と北(欧米日などの先進国)の落差から生じる問題のことだが、イギリスで南北問題といえば立場は逆転する。ロンドンを中心とする豊かな南と、マンチェスター、リヴァプール、ニューカッスルなど貧しい北の問題なのである。

「過去十年間で、東北部における造船業の就業者数は三万一〇〇〇人から五七五〇人に激減、かつて三万六〇〇〇人いた炭鉱労働者が、今は一万六五〇〇人だ。二万二〇〇〇人の鉄鋼労働者も九九〇〇人に落ち込んだ」

約一年前の『ニューズウィーク』誌は、ハイテク産業や金融業で活況を呈する南部と比較しながら、北部の窮状を報告しているが、こういう状況を背景に、一九八四~五年にかけて、大規模な炭鉱ストライキが行なわれ、その中ではついに流血の惨事も起こった。スタイル・カウンシルが「ソウル・ディープ」という曲で、炭鉱ストの巻き添えで死んだタクシー運転手に援助の手をさしのべたのを覚えている人もいるだろう。

この10月に来日したクリス・レアも北部の出身。彼が生まれたミドルスブローは、リヴァプールとは反対側の海に面した小さな港町だが、この町にも失業の嵐が吹き荒れている。ニュー・アルバム『ダンシング・ウィズ・ストレンジャー』のトップに入っている「ジョイ・オブ・クリスマス」は、

クリス・レア『ダンシング・ウィズ・ストレンジャー』

失業者のあふれる町のクリスマスをうたった歌である。

「この歌はロマンティックでシニカルな歌だ。イギリスの北部のほとんどが直面している問題が背景になっている。働く工場の欠如とか、街の荒廃とか……。一方では古いものがどんどん壊され、新しいものが建てられているけど、他方では多くの人々が自分たちのよりどころを失って悲惨な状況に陥っている。その光景はシュールレアリスティックでさえある。昨年、故郷に帰ったときに目撃した光景をもとにこの歌を作ったんだ。クリスマス・ツリーの下に、その明るさの背後に、なんともいえないグレイなものが存在しているんだ」

電話インタヴューでクリス・レアはこの歌についてそんなことを語っていた。〝ノーザン・スタイルのクリスマス〟という歌詞がやけに突き刺さるクリスマス・ソングだ。

POPS DIARY

POPS DIARY——1988

3 sun.

近藤真彦の母の遺骨が墓から盗まれた、との新聞報道。彼は「愚か者」で昨年のレコード大賞をとったが、所属プロダクションのジャニーズ事務所には、昨年12月下旬「レコード大賞レースを辞退しなければ、遺骨を返さない」との脅迫状が送られてきたという。混乱を避けるため、発表が新年に持ち越された、と記事にある。

5 tue.

六本木のディスコ「トゥーリア」で、ダンス・フロアに照明器具が落下し、下敷になった三人が死亡、一四人が重軽傷を負う。

9 sat.

シンガー・ソングライター、尾崎豊が覚醒剤取締法違反（所持）の疑いで、昨年12月22日、東京・戸塚署に逮捕されたことが8日に発表された、と新聞報道。

11 mon.

神宮前にできたZAPATAというレストランに行く。「テックス・メックス・アンド・モア」と店のカードに書いてあるが、内装のイメージは必ずしもテキサスやメキシコを思わせるものではなく、青山あたりにならどこにでもありそうな店。メニューがやたら大きくて、まったく見にくい。値段の割には、料理がいまいち口にあわなかった。

家に帰ってから、この店のことが、昨日の朝日新聞に出ていたことを思い出した。それによればこ

の店は「スペース（空間）・プロデューサー、松井雅美が仕掛けた、最新の店である。場所の選択からナプキンのデザインまで、店の『すべて』を松井が凝りに凝って仕掛け、提供する。東京の一夜の『ハレ』の舞台だ」とあった。もしそのとおりなら、ぼくは「『ハレ』の舞台」に縁がない人間だと思った。

さらにその前日の朝日新聞では、田中康夫がこんなことを書いていた。「三井不動産系の地上げ業務を担当していた丸昌興産が経営母体のディスコ、トゥーリアで起きた事故は、まやかしのものトレンド・セッターたちの存在が徐々に終焉していくであろうことを正に暗示しています。芝浦の『タンゴ』等をプロデュースしてきた松井雅美氏、同じく『トゥーリア』等の山本コテツ氏（中略）らの空間プロデューサーに共通していたのは実体のないプレゼンテーションのうまさでした。サービスとは何かという点に関しての認識がまるで欠けていたこれらの人たちが今後、生き延びるには、お金はいっぱいあるけれど使い方を知らない地方の青年会議所会員タイプの経営者あたりを催眠術にかけてあげることしかありません」

ずいぶん思い切った意見だが、ZAPATAに関してなら、この意見に賛成してもいいと思った。田中康夫は、このあと、これから流行するであろうトレンドを列挙していた。おそらくジョークのつもりだろうが、そういうことを言うこと自体が「実体のないプレゼンテーション」になりはしないのだろうか。

23 sat.

ゲイリー・ハーマンの『ロックンロール・バビロン』の翻訳書を、訳者の中江昌彦さんが送ってくれた。スキャンダルから見たロック史とでもいうべき本だ。すでに知っ

ている記述が多いが、これだけまとまって読まされると圧巻。もちろん、ロックの歴史がこうしたスキャンダルだけでは語れないことも忘れないようにしたいと思う。もしこの本が覗き見趣味だけで読まれるとしたら不幸。夜ヴィデオで『ブルー・ベルベット』を見る。

25 mon.

書店で『新潮45』をパラパラと見ていたら「ロック・ミュージックは脳を破壊する」という記事があった。筆者は国際的なオペラ歌手として知られる岡村喬生である。傾聴すべきことが書いてあるかもしれないと思って読んでみた。しかしタイトルから想像されるような医学的、心理学的な分析があるわけではなく、「未開、非文明国の土人が出すようなビートの上の叫び」「音楽には松も竹も梅も、そしてその下にロックがあることを知らせることが必要だ」など、ロックに対する感情的な嫌悪をぶちまけた文章が連なっているだけだった。いったい岡村氏は、どんな感受性でもって「未開、非文明国の土人」というような粗雑で傲慢な物言いができるのだろうか。

28 thu.

渋谷パルコ劇場でジェシ・コリン・ヤングのコンサート。ずいぶん遅れて行ったので、「ゲット・トゥゲザー」など三曲しか聞けなかった。その後、東芝ＥＭＩのロビーわきの会議室で小原礼の取材。終わったのは、十一時過ぎ。隣の部屋ではまだ忌野清志郎の取材が続いている。ロビーのガラス越しに不夜城のようなアーク・ヒルズや森ビルが見える。家に帰って『ニューズウィーク』日本版の「さようなら『金ピカ』の80年代」という記事を読む。

ぼくはまだ冬のニューヨークには行ったことがないが、冬のニューヨークは寒いところらしい。行った人の話によると、寒いことは寒いが、凍てついた路面のマンホールから水蒸気がたちのぼっているのを見るのは、風情があってなかなかのものだという。

その話を聞いて以来、なるほどそれなら、冬の温泉町に出かけたようなものだろうと、ぼくは勝手な納得のしかたをしている。

一九六一年にはじめてこの街にやってきたボブ・ディランは、「ニューヨークを語る」という歌を作った。その中で彼は、行くあてもなく歩き回っていると、骨まで凍りそうになった、とうたっている。そういうことでは、温泉につかった後、ゆかた姿で街をふらつく、というようなことはできそうにない。タオルが凍って、カンテンのスティックになってしまうじゃないか（ニューヨークは温泉街じゃないってば!）。

その冬は、十七年ぶりの寒波が押し寄せた年だったらしいが、それにしては、さして寒く思わなかった、ともうたっているから、あまのじゃくな人だ。寒いのか寒くないのか、どっちかはっきりしてほしい。まあ、ディランは、北国のミネソタ育ちだから、少々の寒さには慣れていたのかもしれない。

ドリーム・アカデミーの「ライフ・イン・ア・ノーザン・タウン」にそれから二年後の冬の話が出てくる。

この歌は、イギリス北部の冬の光景をうたった歌。あたまのところで、救世軍のバンドが演奏していた、なんて歌詞が出てくるから、時は年末だろう。登場人物のひとりが昔を思い出して「一九六三年の冬は、世界が凍っちまうかと思った。ジョン・F・ケネディだろう、ビートルズだろう……」と語るところが出てくる。その年の11月、アメリカでは大統領のケネディが暗殺され、ビートルズはイギリスでビートルマニアと呼ばれる熱狂的な騒ぎを巻きおこしていた。

バングルスがカヴァーしてヒットした「冬の散歩道」は、サイモン&ガーファンクルの『ブックエンド』に収められていた曲。これは真冬の歌というより、冬になったばかりのころの歌。ここでも救世軍のバンドが出てくる。アメリカに俳句の季語のようなものがあるとすれば、この救世軍のバンドは、まっさきに冬の季語に選ばれそうだ。

他にもサイモン&ガーファンクルには冬関係の歌がけっこう多い。ニューヨークに住んでいると、冬の歌をうたいたくなる病気にでもかかるのだろうか。同じアルバムの「オールド・フレンド」も、冬の公園で、あてもなく時間をつぶす老人たちの歌。いやあ、近未来の老後の自分を見るようで（あなただって、笑ってばかりはいられませんよ）さびしいことこのうえない。もっと若々しい冬の公園の歌はないのか、若々しい冬の公園の歌は！

スザンヌ・ヴェガのデビュー・アルバムに入っている「冬の日には」は、冬の日の夕方に、ふたりで公園に行って、マレーネ・ディートリッヒやジェームス・ディーンの映画の主人公の気分になってみたり、かくれんぼをしたりする、という歌。そんなところでかくれんぼなどしなくても、もっと暖かいところでデートすればいいのに、と思うのは、年寄りのおせっかいであろう。若いふたりにとっ

ては、公園だろうが、北極だろうが、冥王星だろうが、液体ヘリウムの中だろうが、気持ちは暖かいのである。このふたりはロマンチックな「ウィンター・ワンダーランド」を口ずさみながら、手に手をとって雪の小径を散歩する。いいじゃありませんか、ほんと。雪は、すました大人を無邪気な子供に変える魔力を持っているような気がします。

1988 FEBRUAY

2 tue.

中野サンプラザで小原礼のコンサート。ショウ・アップの仕方には工夫の余地が残っているが、演奏は文句なしに素晴らしかった。一九七〇年代的な西海岸ロックの要素を今日的に再構成したような演奏だから、表面的な新しさはない。なのになぜかみずみずしい。音に厚みがある。日本のロック・コンサートで音楽的に興奮したのは久しぶりのことだ。

12 fri.

新雑誌『Par AVION』の事務所開きパーティの後、途中から武道館でブルーハーツのコンサート。ファンの熱気に圧倒される。これほどの熱っぽさは、客層はちがうが、矢沢永吉や吉田拓郎のコンサート以来。ブルーハーツの演奏にも、あっけらかんとしたさわやかさがあっておもしろかった。ヴォーカルの甲本ヒロトは、この日、四国の伊方原子力発電所の出力調整試験が行われたことに言及してから「チェルノブイリ」をうたった。

22 mon. 27 sat.

覚醒剤取締法違反で起訴されていた尾崎豊に、東京地裁で懲役一年六ヵ月、執行猶予三年の判決。地裁の前には、千人近いファンが傍聴券を求めて並んだそう。

中野サンプラザでトラブル・ファンクのコンサート。アメリカの首都ワシントンの黒人社会から生まれたファンク・ミュージックがゴーゴー。トラブル・ファンクはその人気グループだ。

彼らは最新作『トラブル・オーヴァー・ヒア：トラブル・オーヴァー・ゼア』では、ブーチー・コリンズをプロデューサーに起用して、ゴー・ゴーばかりでなく、ジョージ・クリントンらP・ファンク一派の音楽にも接近していたが、コンサートでは、圧倒的にゴー・ゴー・バンドらしさを発揮。二時間にわたって会場を興奮のるつぼに巻きこんだ。

ゴー・ゴーの演奏では、ドラムとパカッションのコンビがキープするラテン的なリズムが、その他の楽器やヴォーカルのファンク的な要素と融合される。そのためにファンク・ミュージック特有のクールな攻撃性が薄められ、演奏にゆったりとした人なつっこさが出てくる。

ライヴを見て確認できたのは、トラブル・ファンクがパーティ・バンドであるということだった。彼らの歌はほとんどラップに近いが、歌以外にも客席やメンバーに語りかける部分（単にかけ声的なものであったり、コーラスやハンド・クラッピングをうながすものだったりする）がたくさん織り込まれている。普通のロック・コンサートでも、そういう場面はよく見られるが、それがコンサートの大部分を占めるわけではない。ところがトラブル・ファンクのコンサートでは、客が一貫してバンド演奏をさいそくするよう求められる。その意味では、観客がいなければ、そしてその反応がなければ、彼

らの演奏は成り立たない。このやり方は、一歩まちがえれば、うそくさい「連帯」を強調したものになりかねないが、彼らは絶えずユーモアで盛り上がりを解体しながら、コンサートを進めるバランス感覚のよさをみせた。

最近のロック・コンサートは、演奏者の側で完結したショーを見せるものが増えている。これはおそらくヴィデオ時代に対応した結果で、たとえば去年のマドンナやマイケル・ジャクソンの公演が典型的。マドンナの公演では、ミュージカル的な要素を取り入れた振付や照明、マイケル・ジャクソンのコンサートでは、彼の素晴らしいムーン・ウォークやマジック・ショーが売り物だった。そのために当然、舞台装置も大がかりなものになる。大きな装置は、ショーを盛り上げる手段として効果的かもしれないが、装置が大きくなればなるほど、ミュージシャンがそれに拘束され、制約される要素もまた増える。こうした公演では、いくら観客席が騒いでも、完成されたショーが変わるわけではない。

マドンナやマイケル・ジャクソンのパフォーマンスが素晴らしかったことを否定するつもりはない。しかしすでに完成されたショーを見る楽しさとはまた別のものとして、トラブル・ファンクのようなステージの楽しさがあることもたしかだ。そこでは演奏が絶えずその場の空気を取り入れて微妙に変化していくのを味わう楽しみがある。お高く止まらないストリート・ミュージック的な感覚が息づいている。ワシントンのゴー・ゴー・ミュージックが、いまの音楽界に貢献できることがあるとすれば、この柔軟な姿勢ではないだろうか。金ピカの装置などひとつもなくても、トラブル・ファンクは素晴らしくホットなコンサートが行なえることを教えてくれる。

1 tue.

友部正人オフィスから送ってもらったライヴCD『はじめぼくはひとりだった』からの抜粋テープを聞いた。去年の9月に彼がやったコンサートの録音だ。彼が「大阪へやって来た」のような初期の曲をこんなに情熱をこめてうたうのを聞くのは久しぶりだった。聞いていると、去年、ある雑誌のインタヴューで、長渕剛がアマチュア時代に友部正人の「一本道」を聞いて衝撃を受けた、というような話をしていたのを思い出した。

16 wed.

アフリカのマリ共和国のスレイマン・シセ監督の映画『ひかり』を見る。映像が実に美しい。神話をもとにした映画らしく、父親が息子（主人公）を殺しにやってくる話と息子の遍歴の旅の話を、縦糸と横糸に織りなした物語である。途中、主人公を追いかけて一度だけ出てくる主人公の叔父さんは、その後どうなったのか。神話を知っている人には意味のあるシーンなのか、それとも説明不足なのか、最後までわからずじまい、という不思議なところもあった。

22 tue.

東京ドームでミック・ジャガーのコンサート。ローリング・ストーンズと一緒じゃないミック・ジャガーなんてと、あまり期待していなかったが、案の定、バンドは一流半。でも、ミック・ジャガーはエンターテイナーとしては一流だった。マドンナやマイケル・ジャクソンのようなステージの仕掛けがなくても少しも飽きなかった。もっとも、客席の中には、ぼくの前にすわった四人連れのように、ステージをあまり見ないで、スタンドのほうを振り返ってばかりいる

人たちもいた。「ギミ・シェルター」で、ミックは突然PAのミキシング席に現われてうたうというサービス精神を発揮したが、そこからステージに戻るまで、ファンにもみくちゃにされたのがこたえたのか、次の日はやらなかったそうだ。最近のソロ・アルバムの曲もレコードよりよかった。もちろん、それよりローリング・ストーンズの昔のアップ・テンポの曲の方がよかった。やっぱりローリング・ストーンズのメンバーと一緒のステージが見たかったな。

26 sat.

朝から雨。午後にはみぞれまじり。それでも狭い庭の木の蕾や芽には春の気配が押し寄せている。足もとの植木鉢に生えた小さなハコベを摘むと、ボウル一杯になった。ノラネコのオシッコがかかっているかもしれないので、よく水洗いしてから、ゆでて、ゴマをふりかけて食べた。柔らかくて、適当に歯ごたえもあって、ほのかな風味が口の中に広がっていく。

30 wed.

白夜書房から『This is サエキングダム』が送られてきた。パール兄弟のサエキけんぞうの「初のタレント本」で、中安亜津子さんが編集したもの。本人の経歴、趣味、マンガなどの他、交遊関係のあるミュージシャンのコメントなどで構成され、ていねいな正誤表がついている。

31 thu.

神田神保町の新世界レコードでソ連のロック・グループ、アクアリウムの『アクアリウム』(一九八七年)を買う。三十三歳のロック評論家でプロモーターでもあるモスクワ生まれのアルテーミー・トロイツキーの『バック・イン・ザ・USSR/ザ・トゥルー・ストーリー・オブ・ロック・イン・ロシア』(オムニバス・プレス。一九九一年に『ゴルバチョフはロックが好き?』という邦題で晶文社から翻訳が出た。三二七ページ参照)という本によれば、アクアリウムは、ボ

アクアリウム『アクアリウム』

ブ・ディラン、ルー・リード、ヴァン・モリスンなどの影響を受けた最初のバンドで、ソ連のロック・ファンが「ビートルズ、レッド・ツェッペリン、リック・ウェイクマン、シカゴ」のような音楽がロックだと思っていた時代に、常識を打ち破って、新しい扉を開いたグループだという。彼らの演奏は、二年前にアメリカのビッグ・タイムから出たソ連のロックのコンピレーション・アルバム『レッド・ウェイヴ』にも収められていた。その演奏のほうが、よりアグレッシヴだったが、ロイド・コールを思い出させる『アクアリウム』の静かな演奏も悪くはない。これは、グループ結成十五年目にしてはじめて国営のメロディアから出た公認のLP。メロディアからこういうレコードが出るのは「新しい風」だとトロイッキーは書いている。このアルバムは『デイ・オブ・ザ・シルヴァー』(一九八四)と『ディセンバー・チルドレン』(一九八六)の、二本のカセット・アルバムから編集されたもの。ライナー・ノートは有名な詩人のアンドレイ・ヴォズネンスキーが書いている。このアルバムのフォーク調の曲で印象的なヴァイオリンを弾いているアレクサンダー・クッスルはヴォルガ川で溺死したそうだ。

1988 APRIL

11 mon.

東京ドームで美空ひばり公演を見る。東京ドームは、気圧の差を利用して天井を支える構造なので、空気を逃がさないように入り口が回転扉になっている。そのため入退

場にかなり時間がかかり、七時の開演直前に会場に到着したら、まだ入場を待つ人の長い列が続いていた。並んでいるのは、ひばりの歌を聞いて育ったであろう中年以上の女性客が多い。

回転扉を抜けて中に入ると、一階スタンド後部の回廊に出る。その端に立って眺めると、眼下に観客で埋めつくされたすりばち形のスタンドのスロープが魚眼レンズで見たように広がる。グラウンド(アリーナ)席をめざして黙々とスタンドの階段を降りる人々の行列はいつ果てるとも知れない。おばさん客にまじって、巡礼者のように杖をついたお爺さんや息子に手を引かれたお婆さんたちが一歩一歩階段を降りていく姿も見える。すりばちの底のアリーナ席もまた米粒のような観客でびっしりと埋めつくされている。そのアリーナの客席をふたつに分けて、はるか彼方の舞台中央からまっすぐ細く一筋に長い花道が伸びている。

美空ひばりは、大腿骨骨頭壊死、肝臓炎などで、昨年の4月から休養を続けていたが、今回の公演は復帰コンサート。彼女はコンサート・タイトルの不死鳥をイメージさせる鳥の羽を豪勢にあしらった衣装を着て舞台にせりあがってきた。少女時代の声でうたう「悲しき口笛」を皮切りに初期のヒット曲が続く。「みなさま、本日はようこそお越しくださいました。私のこの再出発のステージに、こんなにたくさんのみなさまが来てくださいまして、ほんとうに幸せです。みなさまの愛にささえられて、ひばりはまた羽ばたくことができます」まったく型どおりのあいさつなのに、言葉に生命があるように聞こえる。ひばりの姿が遠すぎてよく見えない、こんな会場はいやだ、アレンジがちがいすぎる、などとこぼしていた後ろの席の中年女性連れが、ひばりが何かを言うたびに、「綺麗ねえー」「そうよー」「がんばってー」「ひばりちゃーん」などと黄色い声をあげる。「ひばりちゃんが死んだら私

も一緒に死にたいわ」「いやよ、私は死なないわ」「……」

ひばりの歌はライヴ・アルバムやヴィデオで予想していた以上にうまい。当然「東京キッド」「ひばりの佐渡情話」「お祭りマンボ」「リンゴ追分」など初期の作品におもしろいものが多い。しかし作品的にはおもしろくもなんともない一九七〇年代以降の歌でさえよく聞こえる。その意味では歌を聞いたのではなく、ひばりの声を聞いていたことになるのかもしれない。

彼女はまぎれもなく天才歌手だと思った。が、その天才が十年以上もうたうべき内実のある作品を持たないというのはどういうことなのだろうか。コンサートの間ずっとぼくの頭の中では「美空ひばりは美空ひばりのまま、瞬間冷凍あるいは真空パックして、そのまま生き延びさしてあげたほうが、ファンの人たちにも幸せだろうし、ひばりさん自身も、完成した自分の歌を維持して行く方向を考えているんだと思うんですよね」（コロムビア・レコードのディレクター中村一好の発言、本田靖春『「戦後」——美空ひばりとその時代』より）という思いやりのある意見が寂しくうずまいていた。

ところで東京ドームのコンサートの不満のひとつは音響だ。ぼくがすわったのはアリーナの中央よりやや後方、舞台に向かって花道の左側の席だったが、ひばりの声の残響が強くて、ときどき話声がひどく聞きにくくなる。オーケストラの演奏やコーラスは全体に静かだったが、これはひばりの声に重点を置いての処理だろう。一階スタンドにすわった知人によると、そこでは声が実によく聞こえたそうだから、この会場はすわる位置のちがいによって、ずいぶん音にばらつきが出るようだ。演奏者のちがいも大きい。ミック・ジャガーのときは、アリーナ中央やや右寄りのPA席の近くだったが、ヴォーカルに不満はなく、演奏がかなりこもって聞こえた。またBOØWYの解散コンサートをスタ

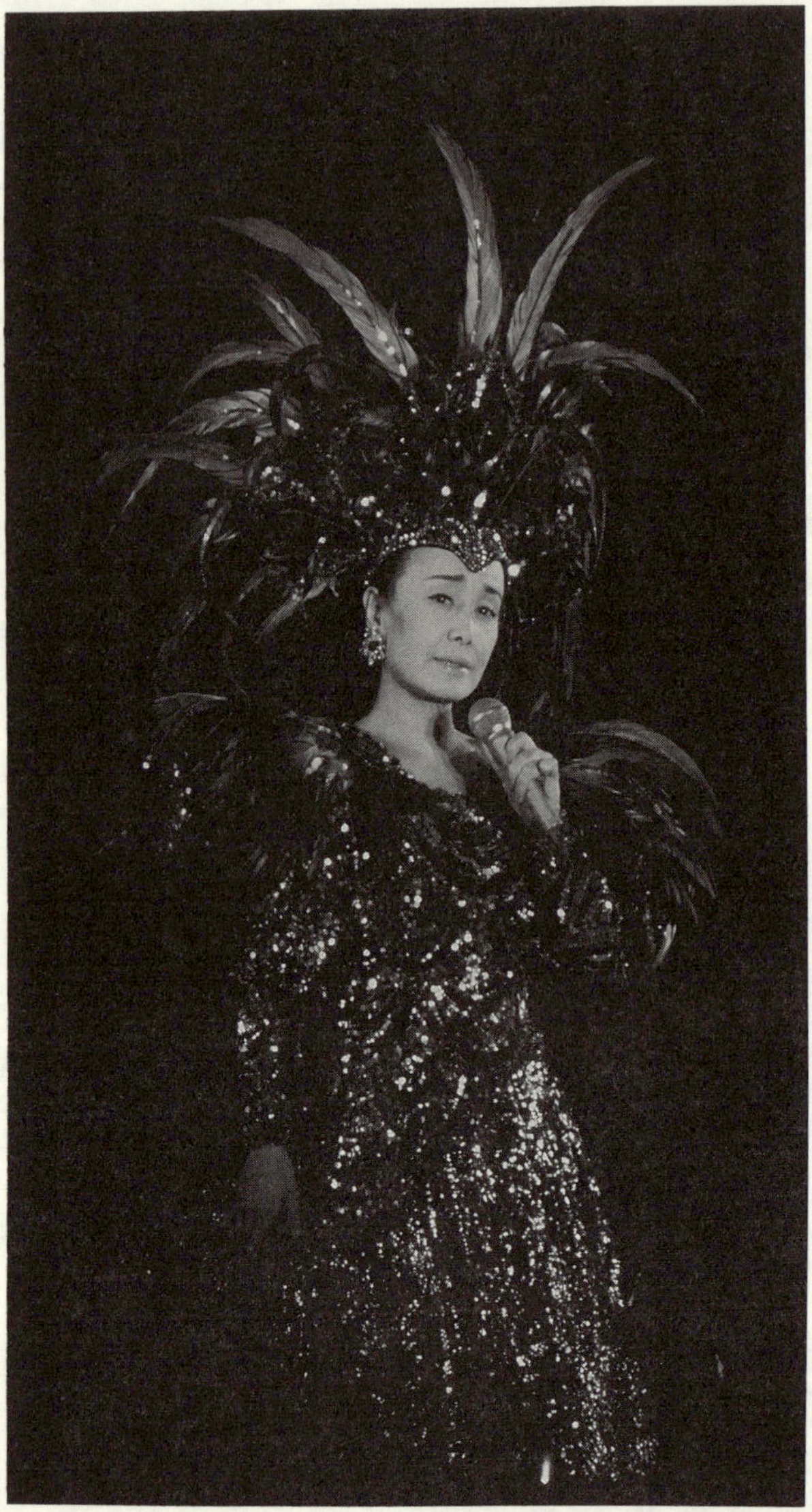

東京ドームでの美空ひばり（美空ひばり事務所提供）

ンドで聞いた知人は、音がこもって仕方がないとこぼしていた。

ともあれコンサートが終わりに近づくにつれて、会場の興奮は徐々にたかまってきた。最後のあいさつが終わったあと、ひばりが花道を歩きはじめると、ペンライトを狂おしく振っていたアリーナの観客は雪崩のように花道の回りに押し寄せてきた。椅子の上によじのぼった群集に隠れて、たちまちひばりの姿が見えなくなる。必死に背伸びして人垣のすきまからやっとその姿を覗き見る。嵐のような拍手と歓声の中を、ひばりはゆっくりと歩いていく。足どりはこころなしかあぶなげだが、最上級の微笑をたたえた顔は自信と喜びと、感謝にあふれている。こんな大仰なことをやって、ひばり以外の誰がここまで様になるだろうか、日本の歌手で他に思いつく人はいない。長い花道を歩き終えると、ひばりはまぶしい花火と白いスモークの中に消えていった。

1988 MAY

11 wed.

新橋の汐留の国鉄貨物駅の空き地にできたテント劇場PITで竜童組のコンサートを見る。家路を急ぐ通勤のサラリーマンの流れに逆らって、新橋駅から海側へ五分あまり歩くと、さびれた貨物駅の跡地に銀色のカマボコ型のテントが出現する。3月から6月10日まで、わずか三カ月間だけ、約三千人収容のこのテントはコンサート会場になる。『CDジャーナル』のこの号が出るころには、もとの空き地に戻っているのだろう。かつてプラットフォームだったところを

眺めながら、テントの入り口へと急ぎ足で歩いていると、夕闇の中で、意外に近くから船の汽笛の音が聞こえた。

13 fri.

原宿の「OH! GOD」に一日だけのボブ・グルーエンの写真展へ行く。ジョン・レノンやミック・ジャガーからパンク・ロッカーまで、海外の雑誌で見た写真の現物がたくさんある。ニューヨークのような街のハードなロック界で暮らしながら、彼のように人間くさい写真を撮り続けられる秘訣は何なのだろうか。

18 wed.

青山のCAYでソカ／カリプソのスター、アロウの七時半からのライヴを見る。住民の十人に一人が外国籍という港区の土地柄もあって、客は二〜三割が金髪碧眼の人たちだ。カリブ海一円からの寄せ集めメンバーによるバンドは、ソカばかりでなく、サルサ・ソカやレゲエ風のものなど、汎カリブ海的な音楽をやる。演奏に少々荒さが目立ったのは残念だが、その不満を忘れさせてくれたのが、アロウのパフォーマンスだった。バンドのメンバーによる歌が二曲続いた後、彼がステージに登場すると、一瞬ジェームス・ブラウンのショーでもはじまるのかという雰囲気で、空間がいきなり非日常に突入する。素晴らしい気迫と集中力だ。青のTシャツにキラキラ光る白と黒の派手なジャケット。うたってダンスしながら、眼を細めてニッコリ笑いを浮かべた顔は、セクシーで、しかも女性を喜ばせては苦しめるような薄情さもある。やくざで水っぽい伊達男を絵に描いたよう。その演技がぞくぞくするほど見事なので、本人の地ではないかと思えてくるほどだ。燃えている演歌の歌手や大衆演劇のスターには、よくこういうタイプの人がいる。ブラスを連れて客席を歩き回って退場するやり方まできまっていた。

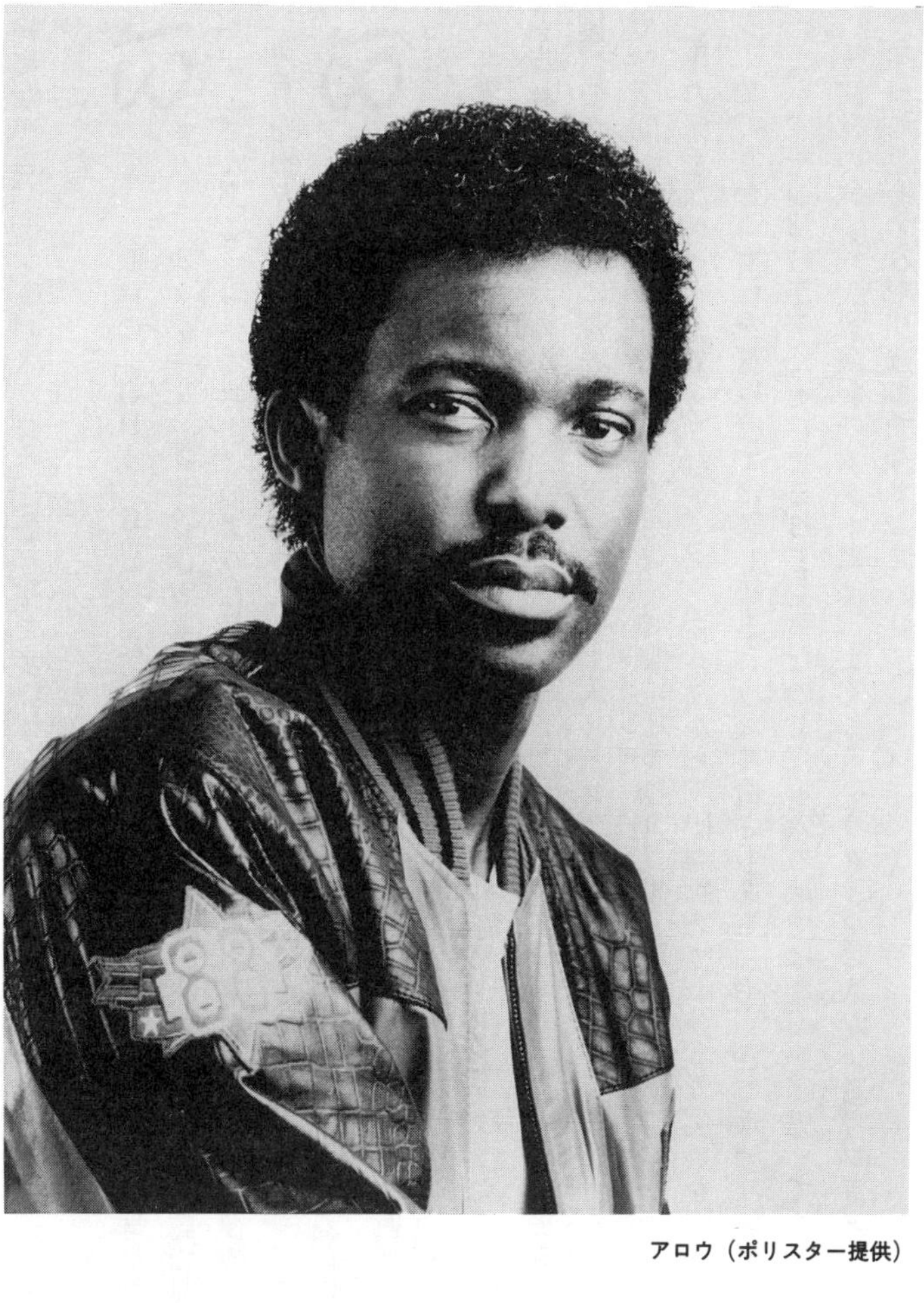

アロウ（ポリスター提供）

25 wed.

大塚まさじが『屋上のバンド』（ムーンライト ML0001）という五曲入りのミニ・アルバムを送ってくれた。彼がレコードを出すのは七年ぶりのこと。演奏者は屋上のバンドとなっている。かつてどちらかといえばアメリカン・ロック的な音楽をやっていた彼が、このアルバムではボサノヴァ・タッチの曲などもやっている。一聴すれば彼とわかる癖の強いヴォーカルは変わっていないが、歌にも演奏にも以前に較べると軽やかさが出てきた。去年は西岡恭蔵や岡林信康がインディーズでカセットを作った。今年は友部正人がやはりインディーズでライヴCDを出した。アーリー・ストリングス・バンドにいた今井忍が詩人の尾上文と結成したボーイ・ミーツ・ガールは、友部正人の語りを甘くポップにしたようなユーモラスでさわやかなミニ・アルバムをミディ・レコードから発表する。かつてフォークの興隆の一角をになった人たちの、それぞれのスタンスでの地に足がついた活動のニュースにふれる機会がふえてきた。

27 fri.

新宿のパワー・ステーションで、イギリスの新進バンド、ウェット・ウェット・ウェットのおひろめライヴ。ポール・ヤングをよりアイドルぽくしたようなヴォーカリスト、マーティ・ペローが人気のこのグループは、ビートルズの「ウィズ・ア・リトル・ヘルプ・フロム・マイ・フレンズ」のカヴァーがちょうどイギリスでナンバー・ワン・ヒットになったばかりだ。これは虐待児童のための相談電話「チャイルドライン」の基金集めのためのスーパースター・アルバムからのシングル・カット。

パワー・ステーションの客席は三層構造になっている。地下二階のアリーナがノン・アルコールのダンス・フロア。ステージが見えにくいところには九〇余のヴィデオ・モニターがあり、ミュージシ

ャンの演奏風景を映し出す。地下二階のバルコニーのテーブル席はコース料理の出るレストラン。ステージを見ながら食事ができるそうだ。さらにそれを見下す形でとりまくフロアがアルコールＯＫの立見席。

地下一階の入り口で飲み物引き換え用のコインをもらって中に入ると、ミニ・スカートの案内嬢がうろうろしているのがなぜかうれしい。背広姿のサラリーマン客がけっこういるのは、そのせいか、土地柄か、招待客か。はじめて訪れた会場に、おのぼりさんよろしく興奮して、うろうろ歩き回っていたので疲れが早い。トイレに入って冷たい水で手を洗ってホッと一息ついて顔を上げたら、洗面台の上の備えつけのモニターでマーティがニッコリ笑っていた。

風景を採集する男

西洋で変奇人といえば、妖精にとりつかれた人のことであり、中国の荘子に出てくる奇人といえば、自然に従う人のことである。ぼくの知人には鼻ヒゲをつけて南米を旅行した女性画家や、会社のエレベーターの中でオシッコをしたプロデューサーなどいろんな人がいるが、この人たちは何と呼べばいいのだろうか。

金井一郎さんという人がいる。はじめて会ったのは、何年も前のことだ。鼻ヒゲの女性画家から、手作りの中国料理をごちそうしてくれる奇特な人がいると聞いて、わが夫婦はさっそく出かけていった。指定された部屋に到着したときには、六畳にキッチンがついたその部屋は、彼の善意にあずかろ

うとする人たちで、すでに膝と膝がくっつきそうなほどこみ合っていた。

キッチンでかいがいしく働く金井さんは、男の趣味の料理の次元を越えて、ほとんど専業主夫だった。おいしい料理が次から次へと出てきた。遠くの親戚より近くの他人とはまさにこのことだと、ぼくは舌つづみを打ちながら納得した。しかしいまも覚えているのは、白玉団子の味だけだから、人にもてなしをするのはまことに無償の行為であるといわねばならない。

もうこれ以上一口も食べられない、まぶたも気持ちよく重くなってきたというときに、絶妙のタイミングで金井さんは部屋の明かりを消した。なんとまあよく気の回る人だろうと思ったが、布団は出てこなかった。そのかわりはじまったのが関東各地にある「ニセ富士」のかずかずのスライド上映だった。

どうやら彼には専業主夫の他に、あちこち歩き回って、風景を集める趣味もあるらしい。集めるといっても、植物や昆虫のように風景を採集して標本箱に入れるわけにはいかない。そこで彼の事務所には、十年以上にわたって定点観測された多摩丘陵の景観や、西新宿三井ビルのクリスマス・イルミネーションのスライドが山のように棲みつくことになった。

ぼくから見ると楽しい夢のような趣味に思えるが、毎日が五月晴れの日ばかりではない。おまけに昼日中から大の男が、「怪しげな」格好でカメラを持ってうろついているから、ほんとに怪しい男と間違えられる。職質を受けて説明に窮したことも一度や二度ではない。

知合いの知合いの知合いぐらいの動物学者に、農村地帯に棲む水鳥の研究をしている人がいた。観察で田畑を歩き回るため、ゴム長に麦藁帽子、首にカバンと双眼鏡とカメラをひっかけ、腰にタオル

をぶらさげたファッショナブルないでたちになる。それを見てトラクターに乗ったオッサンが声をかけた。

「そんなところで、何してるのかね」

その動物学者は世事にうとく、頭の中は水鳥に同化して、いま食ったタニシの味を考えていたところだった。突然話しかけられてもまともな返事ができない。

「あ、いや、ちょっと研究を」

とうやむやに答えて再び双眼鏡を構える。オッサンの脳裏には、庄助んちに先週入った空巣の記憶がむくむくと頭をもたげてくる。

「へえ。ケンキュウね。で、何やってんかね」

不審なまなざしを浴びて人間界に引き戻された学者氏は、胸をはって答える。

「サギをやってます」

学者氏のその後の運命については、ご想像におまかせしたい。

そういうオッサンやオバサンに出会ったときのために、金井さんは区役所が発行したＩＤカードというものを肌身離さず持っている。

去年の冬、『銀花』の新聞広告でたまたま金井一郎という名前を見つけた。銀行の振込用紙の記入例のようなありふれた名前なので、別人だろうと思っていたが、確かめてみたら白玉団子の金井さんだった。

雑誌には『翳り絵』と名づけられた彼の作品が紹介されていた。それは宮沢賢治の『銀河鉄道の

夜』を映像化した光の絵の写真だった。金井さんは、これまた十年以上も光の絵を作り続けていたのだった。一度原画を見せてもらったことがある。黒いラシャ紙には何千何万という小さな穴がうがたれていた。その穴を通る無数の光の粒子が干渉しあって、星空の交響曲が浮かびあがってくる。気の遠くなるような美しい作品群だった。銀河の白鳥とそれを捕ってたたんで袋にしまう男の絵には、風景を採集する金井さんの姿が重なって見えた。

ぼくはまだ彼の正確な職業を知らない。スモモ祭に連れていってくれたり、イチジクのワイン煮の瓶詰を持ってきてくれたりしても、金井さんはいたって口数が少ないから、なかなか正体がわからない。このぶんでは、まだ他に何かやっていることがあるんじゃないだろうか、とぼくは怪しんでいる。

1988 JUNE

3 fri.

新宿厚生年金会館ホールでスモーキー・ロビンソンのコンサート。数々の傑作ヒットを放ち、ロックンロール・ホール・オブ・フェイム入りし、今年のグラミー賞を受賞した大スターのコンサートにしては淋しいほど空席が目立つ。

日本人のストリングス・セクションがついたバンドの演奏は、リズムの立ち上がりがいまいちで、PAも不調。歌は「ウー・ベイビー・ベイビー」ではじまったが、お得意のファルセット・ヴォイスも、ときどきハスキーを通り越してガラガラに割れるのが気になり、最初はどうなることかと心配し

た。しかしだんだん調子が出てきて、声も予想していた以上に若々しい。

日本に来たのははじめてだから、みんなのリクエストがあればうたうよ、と気さくに言って、客席の声にこたえて数曲アカペラでうたう場面も。しかし、客席に来たファンの大半は、『クルージング』以降の、あるいはより最近の『ワン・ハートビート』以降のファンだから、いまひとつ盛り上がりには欠ける。「トラックス・オブ・マイ・ティアーズ」をうたう前には、映画『プラトーン』で、この歌が使われたことをたいへん名誉に思うと前置きした。ちなみに映画の中では、この歌はジェファソン・エアプレインの「ホワイト・ラビット」やマール・ハガードの「オーキー・フロム・ムスコーギー」と共に、初めての戦闘の後、主人公が基地の兵隊クラブでマリワナをやる場面に流れる。

長年一緒に曲を作ってきたギタリスト、マーヴィン・タープリンとふたりのコーナーでは故マーヴィン・ゲイにプレゼントした「アイル・ビー・ドッゴーン」「エイント・ザット・ペキュリアー」などをやった。

「マーヴィンはいまもぼくらの心の中に生きています」などという泣かせのせりふも板についている。アンコールは「ゴーイング・トゥ・ア・ゴー・ゴー」。ラテン系のリズムを使った曲が、ぼくの記憶していた以上にあったのが印象に残った。

ジェシ・デイヴィスの死

同業者の天辰保文さんから電話があった。「ジェシ・デイヴィスの死亡記事が新聞に載ってたらし

いよ」という電話だった。

まだそれほど歳でもないし、知名度からいって、物故者欄に載るとも思えず、新聞を探すときも半信半疑だった。しかしほんとに記事が小さく出ていた。

「ジェシー・デービス氏（米ギター奏者）カリフォルニア州ベニスのアパートで六月二二日、死亡しているのが発見された。四三歳。警察の調べでは麻薬によるショック死とみられる。一九六〇年にギタリストとして頭角を現し、ジョン・レノン、ボブ・ディラン、ウィリー・ネルソンら著名シンガーと共演。七一年、ジョージ・ハリスンのバングラデシュ救援コンサートに参加した」

ジェシ・デイヴィスはオクラホマの出身。父親はコマンチ、母親はカイオワと生粋のインディアン。ロサンゼルスに出てスタジオ・ミュージシャンとして活躍するかたわら、タジ・マハールのグループに参加。ロンドンでエリック・クラプトンやジョージ・ハリスンと知り合い、エリックの紹介でデビューした。

彼はライ・クーダーの兄のようなギターを弾き、ランディ・ニューマンの弟のような声で歌をうった。派手な飾りが少しもなく、人柄のよさがそのまま出た温かくてシブい音楽をやっていた。ドクター・ジョンやレオン・ラッセルの参加したセカンド・アルバムでは、サンフランシスコ沖のアルカトラス島にたてこもったインディアンたちに「アルカトラス」という歌を捧げていた。

彼のキャリアの中でもハイライトとなったのは、バングラデシュ救援コンサートへの出演だろう。その日体調のすぐれなかったエリック・クラプトンをサポートして、彼は素晴らしいギターを弾いた。

その彼も一九七三年に三枚目のアルバムを発表してから後は、あまり仕事に恵まれなかった。久し

ぶりに彼の名を聞いたのは、一年ほど前、やはり天辰保文さんからの電話だった。われわれはよく遊びで、〃こんなミュージシャンのライヴを見た〃競争をする。それまでぼくはタジ・マハールを見たことで優勢だったのが、ジェシ・デイヴィスを見たという彼の電話で形勢が逆転した。その日もジェシ・デイヴィスは、ロサンゼルス郊外のクラブで、相変わらずシブい演奏をやっていたそうだ。

23 thu.

九段のフェアモント・ホテルでライ・クーダーのインタヴュー。かつて桜の季節にこのホテルに泊まって以来、すっかりお気に入りになったらしいが、公園を見渡せるカフェテラスが工事中なのでガッカリしていた。このホテルのカフェテラスから見える桜は、ユーミンの「経る時」でもうたわれている。かつて喜納昌吉と共演し、最新アルバム『ゲット・リズム』で沖縄の音楽を取り入れているライは、喜納昌吉が月曜日に東京でライヴをやったばかりだと言うと、しきりに残念がっていた。

夜、朝日新聞文化部の篠崎弘さんからの電話で、RCサクセションの反原発ソング「ラヴ・ミー・テンダー」が発売中止になったことを教わる。前日の新聞に中止を知らせる広告が出ていたらしいが、このところ忙しさにかまけて新聞を見てなかったので、寝耳に水のニュースだった。事態は、レコード会社の東芝EMIからの中止理由の明快な説明がないままに、推移しそうとのこと（実際、この原稿を入稿した日までは、そのとおりになっている。親会社の東芝が原発を生産していることが、おそらく発売中止の理由だろうという推測はマスコミで報道された）。何はともあれ、レコード会社が自ら表現の自由を規制したことは、ポップス史の汚点として記憶されることになるだろう。

よくソ連や社会主義国には表現の自由がないと鬼の首を取ったように非難する人がいるが、もちろん当たっている部分もあるだろうが、こういう事件が起こると、日本では国家が直接規制に乗り出さずに、自主規制という形で真綿で首をしめるようにさまざまな規制が行われていることがよくわかる。管理がハードかソフトかのちがいこそあれ、足元はそうとうに危ないのではないか。なにしろ、靖国神社合祀裁判にみられるように、個人が死後の魂のよりどころを選ぶことさえ不自由なのだから。もしかしたらいまの日本にあるのは、国家と企業の表現の自由だけなのかもしれない、というのはオーバーだろうか。

30 thu.

電話をしながら何気なく窓の外を見ていたら、隣のアパートの敷地の青桐の木からひものようなものがぶらさがっている。雨に濡れて光っている枝と区別がつきにくいが、どうやら動いているようだ。よく見ると、青大将だった。ブロック塀に着地したときに体をまっすぐに伸ばしたら、体長一メートルを越えていた。こんな大きな蛇が子供たちやノラネコの目をのがれて、住宅街の中に生きているとは感激。双眼鏡を出してきて約十分ほどスネイク・ウォッチングで興奮する。

4 mon.

新宿厚生年金会館でヴァン・ダイク・パークスとディスカヴァー・アメリカ・オーケストラのコンサート。彼はロサンゼルス在住の作曲家、編曲家、プロデューサーで、自分のアルバムではアメリカの伝統的なポップやカリプソを紹介してきた。『ポパイ』『カジュアル・セックス』など映画音楽の仕事もけっこうやっている。コンサートでは『ディスカヴァー・アメリカ』のころのカリプソっぽい音楽をたっぷりやるのかと思ったら、『ジャンプ』のようなミュージカル的な音楽が多かった。フォスター、ベラクルス、ガーシュインなどの曲もやった。ぼくのまわりの客席には、マニアックに彼の音楽を追いかけているロック・ファンの人が多かったようだが、とてもきれいな演奏だったので、いわゆるポピュラー音楽のファンにもっとアピールする人だと思う。翻訳家の菅野彰子さんが送ってくれた『ビーチ・ボーイズ リアル・ストーリー』には、ドラッグ中毒になっていたビーチ・ボーイズのブライアン・ウィルソンと彼が一緒に仕事する場面が出てくる。

9 sat.

表参道のスパイラル・ホールで、イギリスからきたレゲエ・グループ、アスワドのライヴ。レゲエといえば思想性や政治性がつきまとっていた七〇年代のボブ・マーリーとはちがって、彼らのステージはあっけらかんと明るい。歌詞にメッセージ色がないわけではないが、それ以上に楽しませることに気を配ったステージだ。ジャマイカのレゲエ・グループより、イギリスから来るロックのグループとの共通性のほうを強く感じる。FM放送の聴取者招待で集まったファン

は、こぎれいな人たちが多く、会場も青山通りに女性用下着メーカーが作ったおしゃれなホール。途中で会場を抜けて、渋谷にできた新しいライヴ・スペースのクアトロでイヴォニ・ララとグルーポ・フンド・ジ・キンタルのサンバ・ショーに行く。ロンドンのレゲエから一転、これまたおしゃれなスポットで、ブラジルの下町から生まれた庶民の音楽が楽しまれているという不思議な光景に頭がくらつく。この夜、武道館ではボズ・スキャッグスのコンサートも行なわれていた。いったいここはどの国の街なんだろうか。

イギリスの中のインド

一九八〇年代に入ってからの東京のインド・レストランの増え方には驚くばかりだ。十数年前にインドにいってから、ぼくは夢にまでカレーを見るほどのカレー党になって、むこうで食べたようなカレーを食べさせる店はないかと探し回ったが、そのころは銀座のアショカやナイル、赤坂のタージ、九段のアジャンタぐらいしかみつからなかった。アジャンタは、武道館のコンサートが終わった後に、歩道橋を渡ってよくいったが、ちょっと出遅れるとコンサート帰りの客でいっぱいになり、おいしい匂いだけひくひくとかいで退散しなければならないことが多かった。その九段のアジャンタもいつのまにかなくなってしまった。

しかしよくしたもので、そのころから新しいレストランがどんどん増えはじめ、比較的カジュアルな値段でいろんな種類のカレーを味わえるようになった。戸川純の「隣りのインド人」の名唱も、イ

ンド・レストランのウッボッたる興隆と決して無関係ではあるまいなどと思ったのだが、どういうわけかそのころからぼくの夢の中にはカレーが現われなくなり、全インド・レストラン踏破の意気ごみも、風に吹かれて舞う紙屑のようにどこかに消えてしまった。

インド以外でおいしいカレーをはじめて食べたのはロンドンだった。かつてインドがイギリスの植民地だったために、ロンドンにはインドからの移民がたくさん住んでおり、インド・レストランの数は、いまの東京でさえ較べものにならないぐらい多いし、値段の割には味もいい。はじめてロンドンにいったときは、なんでこんなにインド人が多いのだ、ぼくはひょっとしてボンベイかデリーにまちがえて着いてしまったのではないかと思ったほど——というのは言い過ぎとしても、ビートルズの映画『ヘルプ』で、ロンドンの街に怪し気なインド人が出てくることが不条理でないことがそのときはじめてわかったのだった。

最近ロンドンの北西五〇キロあまりのハイウィコム（ハイワイコム？）市にあるマルチトーンというレコード会社が、イギリスに住んでいるインド人の（パキスタン国境のパンジャブ地方出身の）ディスコ・ミュージックを〝バングラ〟という名前で売り出している。どういう音楽かといえば、ぼくはインド音楽の知識が少ないから、とりあえずインドの娯楽映画の音楽にシンセサイザーやサンプリングを加えたようなものと形容することぐらいしかできないが、一九八〇年代に入って急速に勢力を広げつつある音楽らしい。

ところでインド系の人々がイギリスで置かれている立場は決してめぐまれたものではない。

「人種差別はイギリス社会の隅々に染み込んでいる。肌の黒い人々が差別を経験しないですむ地域は

ひとつとして存在していない」という報告は、一九八五年にカトリック系の調査で明らかにされたものだが、八六年のイギリス人種平等委員会の報告では「黒人の失業率は依然、白人の二倍の水準にあり、リバプールなど一部の地域では八〇パーセント」に達している。また、家を持たない有色市民の数は、白人の比ではないぐらい多い。そのため、スラム化した大都市の中心部では、いつ人種問題にからむ暴動が起こってもおかしくない状態が続いているという。八五年秋に起こったいくつかの暴動を調べた結果明らかになったのは、その主原因は「人種差別、失業、永年にわたる警察当局の人種差別と弾圧」などであったと『ブリタニカ国際年鑑』は報じているが、このぶんでは、脳天気にロンドンはカレーがうまいなどと言ってるわけにはいかなくなりそうだ。

モリッシーは、スミス解散後に発表したソロ・アルバム『VIVA HATE』の「プラットフォームのベンガル人」という歌で、靴底の高い銀の縁どりをしたロンドン・ブーツをはいたベンガル人のことをうたっている。ロック関係のミュージシャンで、イギリスのインド系住民のことを歌にしたのは、たぶん彼がはじめてだろう。「ここにいるかぎりきみの暮らしは楽じゃないよ」と彼はうたっている。

12 tue.

渋谷のクアトロでスティーヴ・コールマン&ファイヴ・エレメンツのライヴ。スティングの設立したパンジア・レーベルに所属し、最近はブランフォード・マルサリスにかわってスティングのツアーにも参加しているスティーヴ・コールマンは、ジャズ界の俊英だが、パンジアから発表したアルバム『SINE DIE』の音楽は、ジャズと呼んでほしくないと発言しているそうだ。この夜のステージも、メンバーのファッションは完全にニュー・ウェイヴ。演奏もアップ・テン

ポなものは、いわゆるジャズというより、ニュー・ウェイヴとファンク・バンドをかけ合わせたような演奏だった。

ファイヴ・エレメンツのヴォーカリスト、カサンドラ・ウィルソンは、バンブー・レーベルからスタンダード中心のアルバムを発表したばかりで、二日後、同じ会場でレーベルの説明会があり、プレス関係者を前に数曲うたった。そのときは、いわゆるジャズ・ヴォーカルの要素が半分ぐらいまじっている感じで、時間の制約などもあったのだろうが、どっちつかずの印象だった。スタンダードをうたう歌手になるなら、もっと徹底してほしい。ドレスもファイヴ・エレメンツのときに着てたもののほうが似合ってた。

18 mon.

あるところからいただいた御中元が、南アフリカ製品だった。南アフリカ製品は使いたくないので、そのむね説明して返送する。返したからといって、輸入されたものが南アフリカに戻るわけではないし、送ってくれた方の御好意にそむくようで困ったが、そのまま受け取るのもはばかられたので。

19 tue.

五反田の簡易保険ホールでウォーレン・ジヴォンのコンサート。客の入りが悪く、三分の一も埋まっていない。女性プレイヤー二人を含むバンドを率いての演奏は、力の入ったものだが、演出的な楽しさには乏しい。概して初期の作品のほうがよかったのがファンとしては少し淋しかった。

1

「ブギ・ウギ・ワルツ」「ワン・ダウン」「ロック」「ハイウェイスター」「ラウンド・アバウト・ミッドナイト」「ウィスキー・ゴーゴー」「さよならにっぽん」「ソー・ホワット」「ファイア・ボール」「イースト・オブ・ザ・サン、ウェスト・オブ・ザ・ムーン」「聖者が街にやって来る」「上を向いて歩こう」「童夢」「エレクトリック・バードランド」

都はるみ、ニール・ヤング、ジョー・ザヴィヌル、UB40、ヌスラット・ファテ・アリ・ハーン、美空ひばり、ヴェルディ、ストラヴィンスキー、レスリー・ゴーア、あがた森魚、テオドラキス、ニーノ・ロータ、レイ・チャールス、マイルス・デイヴィス、黛ジュン、スモーキー・ロビンソン、小林旭、マルコム・マクラレン、アート・オブ・ノイズ、三橋美智也、マニエス・デ・プラタ……。

最初のリストは、大友克洋の作品のタイトルから、音楽に関係ありそうなものをピック・アップしたもの。曲名を使ったものが多いが、だからといってコミックの中にタイトル曲が出てくるとは限らない。というより、出てこない場合のほうが多い。引用された音楽を知っている人にとっては、そこから何がしかのイメージが広がることもあるだろうが、音楽を知らなくてもコミックを読む楽しみが妨げられるわけではない。彼の作品の中では音楽は、風景やマシーン同様、作品を成立させるための背景のひとつにすぎない。ただし『さよならにっぽん』のマンハッタンにのしかかる白いクジラの表

紙から〈「さよならにっぽん」↓はっぴいえんどの曲名↓メンバーの大瀧詠一に「空飛ぶくじら」がある〉といった連想をすることは自由だ。

二番目のリストは『ホットドッグプレス増刊　AKIRA WORLD』に掲載されていた「大友克洋が好きなシンガー&ミュージシャン」のリストの一部。このあとも青江三奈やRCサクセションからレッド・ツェッペリンやベートーヴェンまで、数十人のリストが続いている。ジャンルは歌謡曲やロックからジャズやクラシック、はては民俗音楽までと幅広い。このリストも、大友克洋がいろんな音楽を聴いていることを教えてはくれるが、彼のコミックと音楽の結びつきを解き明かしてくれるわけではない。

2

ぼくの好きな大友克洋の作品に「East of The Sun, West of The Moon」という短編がある。フランク・シナトラ、サラ・ヴォーン、ルイ・アームストロングらの歌で知られるスタンダードからタイトルを借りたこの短編は、『美加登』という赤提灯の店の外を斜め上から見下すカットではじまる。

店の中では、酔いつぶれてカウンターに伏せっている初老の客がひとり。カウンターの中では、これまた初老のおばさんが、コックリコックリと居眠りしている。

そこに三人連れの若者が入ってくる。若者たちは少しも売れない下手なバンドのメンバー。『美加登』にやってきて派手に騒ぐだけ騒いで、お勘定はツケにして帰っていく。ツケにするのは健ちゃん

と呼ばれる初老の客も同様。

店をたたんだ後、おばさんは、健ちゃんに六五〇円、坊や達に千と七五〇円とつぶやきながら、二階の部屋で夢路をたどる。

ある日のこと、いつものように健ちゃんは居眠りし、若者たちは騒いで帰ろうとする。ところが、その日はおばさんが「あんた達もたまってるのよね〜〜〜」と声をかける。若者たちは当然青ざめる。三万五千四百円という金額を聞いて、ますます青ざめる。

しかしおばさんには別の相談があった。それは、ちゃんとしたステージでうたいたい、ついては若者たちに伴奏してほしい、そのかわりツケは帳消しにする、という願ってもない申し出だった。

そこで若者たちは〝ステップ・イン〟という地下の小さなライヴハウスを借りる。

そしていよいよ当日。渡された古い楽譜で練習しようとすると、なかなか難しくてコードが押さえられない。そうこうするうち、おばさんが招待した客が集まりはじめる。客のほとんどは、おばさんと同年代の老人で、その中には健ちゃんやレコード会社の社長などもいる。

幕があくと、演奏の下手な若者たちは、すっかりあがってしまってガタガタ。しかしおばさんは堂々としたもので「ブルームーン」「四月の想い出」「ダイナ」「ベルベット・フォグ」などを次々にうたっていく。

おしまいには、客席の老人たちがステージに上がって若者たちのかわりに「マイプレイヤー」の伴奏をつとめる。

老人たちは、〝大連スウィング・ボーイズ〟というバンドにいた往年のジャズメンであり、健ちゃ

んも見事なトランペットを聞かせる。そしておばさんは、彼らのかつての恋人のリリー松橋という歌手であったことが、客の口から若者たちに語られる。

うたい疲れたおばさんは、客席に降りてきて〝大連スウィング・ボーイズ〟の演奏を聞きながら居眠りをはじめる。

その顔に『美加登』のカウンターの中で居眠りしているおばさんの顔が重なる。そのシーンは、一瞬、ライヴハウスでの出来事は、すべておばさんの夢だったのかと思わせるようなところがある。

そこにまた三人組の若者たちがやってくる。おばさんはあくびをして彼らを迎える。カウンターの端では、例によって、健ちゃんがうつぶせになって眠っている。若者たちもまた音楽の話で騒ぎはじめる。

「そういやあんたら、またツケがたまっているよ」

おばさんは彼らに言うともなくつぶやく。

「そんなに儲かんないのかねえ、ロックバンドって……」

おばさんは若く華やかなりし日のことを思い浮かべてそう言っているのだろう。おばさんの後の棚には、記念写真の額が置いてある。その写真は先日ライヴハウスでやったリリー松橋のコンサートの出席者一同の写真だ。その写真の中のおばさんは、まだ椅子にすわったまま眠っている。

原稿を書くにあたって、この作品を読みなおしてみて驚いた。以前何度もページをめくったときは、完全に見落としていたカットが最初のページにあったのだ。

健ちゃんがカウンターに伏せている。カウンターの中では、おばさんが居眠りしている。後の棚に

やはり額が置いてある。その中に入っているのは、若かりし日のリリー松橋がマイクの前でうたっている写真なのである。

3

大友克洋のコミックから共通して受ける印象をひとつの言葉で表わさなければならないとすれば、ぼくは喪失感という言葉を選ぶだろう。彼のどんな作品をとってみても、主人公たちには、何かが終わり、何かが壊れてしまっているという感覚がつきまとっている。なかには、壊れたり終わったりしていることを知りながらも、それを認めたくない主人公たちもいる。たとえば「East of The Sun, West of The Moon」の『美加登』のおばさんは、ステージに立つことでやっと思い出を封印する。「East of The Sun, West of The Moon」は、起承転結のはっきりした、よくまとまった作品だが、中には物語の構成自体が壊れてしまっているように感じられる作品もある。

初期の大友克洋は、「East of The Sun, West of The Moon」の三人組のバンドのように、カッコつかない若者たちの物語をよく描いていた。

カッコつかない青春群像というのは、一九六〇年代の永島慎二や、一九七〇年代の山上たつひこの作品にみられるように、青年コミックの本流をなすテーマのひとつだ。一九七〇年代と八〇年代の境い目のころに大友克洋のいくつかの作品に出会ってぼくがまず思い浮かべたのも、山上たつひこの『喜劇新思想大系』だった。

『喜劇新思想大系』の主人公たちは、主に性的な妄想を抱いてはずっこけるという物語をくりかえす。

その妄想とずっこけ方の過激さにおいて彼らは一種のアウトロウである。しかも彼らは行為がほとんど何も報われない結果に終わっても、その境遇に充足している。ファンタジックな哄笑がそれを可能にしたのである。

『ショート・ピース』など、初期の短編集の大友克洋の作品にも、それに似た若者たちが登場する。大麻の繁る大麻境を求めて旅に出る三人組、ブルー・フィルム作りに熱中する高校生、夜中にマージャンをやるだけの若者たち（ちなみに「ROUND ABOUT MIDNIGHT」というこの作品の扉の絵は、トランペットを持ったマイルス・デイヴィスのミラーシェイドにマージャン・パイが反射しているというもの）などなど。

しかし山上たつひこに較べれば、よりリアルな筆運びや会話のせいか、大友克洋のコミックから湧いてくる笑いはいずれもカラカラに乾いている。主人公たちがアウトロウであることによって充足するというような状況は最初から存在しない。「犯す」で、女子高生をいちおう犯しながら、当の女子高生に馬鹿にされて屈辱を感じる主人公など、まるで救いがない。

喪失感は最近の『AKIRA』でも変わらない。この物語の第一ページにはこう記されている。「一九八二年十二月六日午後二時十七分　関東地区に新型爆弾が使用された」。物語の舞台ネオ東京そのものが、最初から壊れているのである。初期の作品との多少のちがいを探せば、ケイや金田のように、アウトロウ的立場にいる若者たちが、あらかじめ喪失したものを回復しようとする無意識の情熱にかられて行動をくりひろげる点だろうか。

大友克洋がなぜこうした喪失感にこだわるのかということより、喪失感を秘めた彼のコミックが、

一九八〇年代に入って、ますます多くの人々の注目を集めるにいたったことがぼくには気になる。SFのブームだから、精緻な描写や場面転換のスピード感がいいから、爆発するエネルギーがあるから、カプセルに閉じこめられた近未来の世界を象徴しているから、時代が大きな曲り角を迎えているときだから……さまざまな解釈が可能だが、それは多くの人がすでに語っている。

「音楽の面から大友克洋のコミックを読む」というテーマに即してひとつだけつけ加えておくなら、彼の作品が市民権を得はじめた時期が、パンク／ニュー・ウェイヴの時期と重なっていたことに興味をそそられる。といっても、彼の作品にパンク／ニュー・ウェイヴがでてくるというようなことではない。ロックの喪失感、終末感と深く結びついたパンク／ニュー・ウェイヴと彼のコミックの登場がほぼ同時期だったことに、ぼくは共振するものを感じたのだ。

大友克洋の作品にはしばしば見られることだが、『AKIRA』では、同時に起っている複数の事件を、映画のシーンの積み重ねのように連続して描き、物語を浮かび上がらせる手法がとられている。

できることなら、複数の事件を多重に濃縮して描き、読者が分離・還元しながら読める方法があればいいのだが、実際にそんなことは不可能なので、コミックではシーンをたたみかけるように並べ、読者はそれを順を追って読むことで、事件が同時に起っていることを理解するわけだ。同時に起っているふたつの事件（仮にAとBとする）を、ABと連ねた場合、ABそれぞれの最初のコマが同じ時刻を示しているから、Aが終わってBがはじまるとき（コミックではページの変わり目であることが多い）時間はいったん逆戻りし、Bの途中または最後でAの最後に追いつき、Bの後半または次のCという事件へとつながっていく。このディレイの感覚は、ダブやサンプリングによって意識にズレが生

じる感覚と近いところもある。

しかしある連続した時間の流れの中で、それぞれの時間の意識を持ったメンバーの演奏が出会ってシンコペーションを生む音楽とちがって、『AKIRA』のように時間をレンガのように重層的に積み重ねてゆくコミックではシンコペーションは起らない。そのあたりも彼のコミックが、シンコペーションを拒否してワイルドな「騒音」にたてこもるある種のパンク／ニュー・ウェイヴ音楽を思わせる理由かもしれない。

20 wed.

篠崎弘さんから『カセット・ショップへ行けば、アジアが見えてくる』（朝日新聞社）という本をいただく。ソウル、ホンコン、タイペイ、マニラ、バンコク、シンガポール、ジャカルタ、クアラルンプールを駆け足で回って調べたアジアのポップスの現況報告書。この種の音楽の案内書がなかっただけに、貴重なリポートだ。

1988 AUGUST

2 tue.

ヴァン・ダイク・パークスから絵ハガキが送られてきた。先月行なった取材の御礼が書いてある。取材したときに、なかなか芝居気のある人だと思ったが、御礼のハガキはいろんな人のところに送ってきたらしい。外国のミュージシャンを取材して、ていねいな連絡をも

らったのは、はじめてのことなので感激した。家宝にすることにしよう。われながら単純な性格だと思う。

5 fri.

長崎のテラプレインレコードから、休みの国の『フィ・ファーン』というアルバムが送られてきた。休みの国は、一九七〇年ごろに活動していたグループ。インディ・レーベルのURCにレコードを残して解散。中心人物の高橋照幸は、その後二枚のソロ・アルバムを発表している（うち一枚はカイゾク名義）。『フィ・ファーン』はURCから発表されるはずだったセカンド・アルバムの予定曲いくつかに、一九七四年の未発表ライヴを加えたもの。バックには木田高介、谷野ひとし、つのだひろなど、元のジャックスのメンバーが参加。ライヴの方には、永井充男（現竜童組）の名も見える。パフォーマーとしての休みの国には、いろいろ限界もあったが、高橋照幸の作る歌の観念性は、いまの水準から考えてもきわだっているといえるのではないだろうか。

11 thu.

武道館でストリート・スライダーズのコンサート。アルバムで聞くと、ローリング・ストーンズ・タイプの音楽だが、ライヴではけっこうけだるく、クールなパフォーマンス。ノリノリのコンサートを想像していったので、ちょっと肩すかしをくったような気がしたが、コブシをふりまわすだけのロック・コンサートより新鮮なところもある。客席も他のロック・コンサートにくらべると、さめた人が多くて、おとなしめ。ふだんはアンコールもやらないらしいが、この日は一曲やったのでトクしたような気分だった。帰り道は激しい雨で、すっかりずぶ濡れに。

20 sat.

ビーチ・ボーイズのブライアン・ウィルスンのソロ・アルバムをめぐって原稿を書く。

先月は『ビーチ・ボーイズ　リアル・ストーリー』という伝記の紹介を書いたし、どうもこの夏は、ビーチ・ボーイズがらみの仕事が多い。いつまでも子供のような精神を持ち続けているブライアン・ウィルスンと、それゆえに彼が招いた不幸のすさまじさ——『リアル・ストーリー』を読んでいると、彼が、いつまでたっても大人になれないぼくのような煮え切らない人間にかわって、はりつけになった殉教者のように見えてくる。それにしてもブライアン・ウィルスンのソロ・アルバムはよくできている。

22 mon.

東京ドームでバービー・ボーイズのコンサート。歯切れのいい演奏や歌と、動きで見せる部分がうまくかみあって、スポーティな楽しいライヴだった。家に帰って、手帳を落としたことに気づき、あおざめたが、あとのまつり、最近しょっちゅう忘れものをする。どうしてこんなにドジなんだろう。レコード会社など仕事先の電話番号メモが記入してあったので、不便なことこのうえない。

23 tue.

渋谷の西武百貨店のジョージア・オキーフの展覧会を見る。ジョニ・ミッチェルが彼女を尊敬していて、ニュー・メキシコの砂漠の町に住むオキーフを訪ねていったことがあったこともあって、前から気になる画家のひとりだった。今回展示されている作品は、数が少ないが、それでも何枚かの絵に封じこめられた激しい孤独な情熱に圧倒される。砂漠で拾ったラバの骨の絵のきれいなこと。そのあと友達と台湾料理の店に行って、ブタの心臓や耳をたらふく食べた。

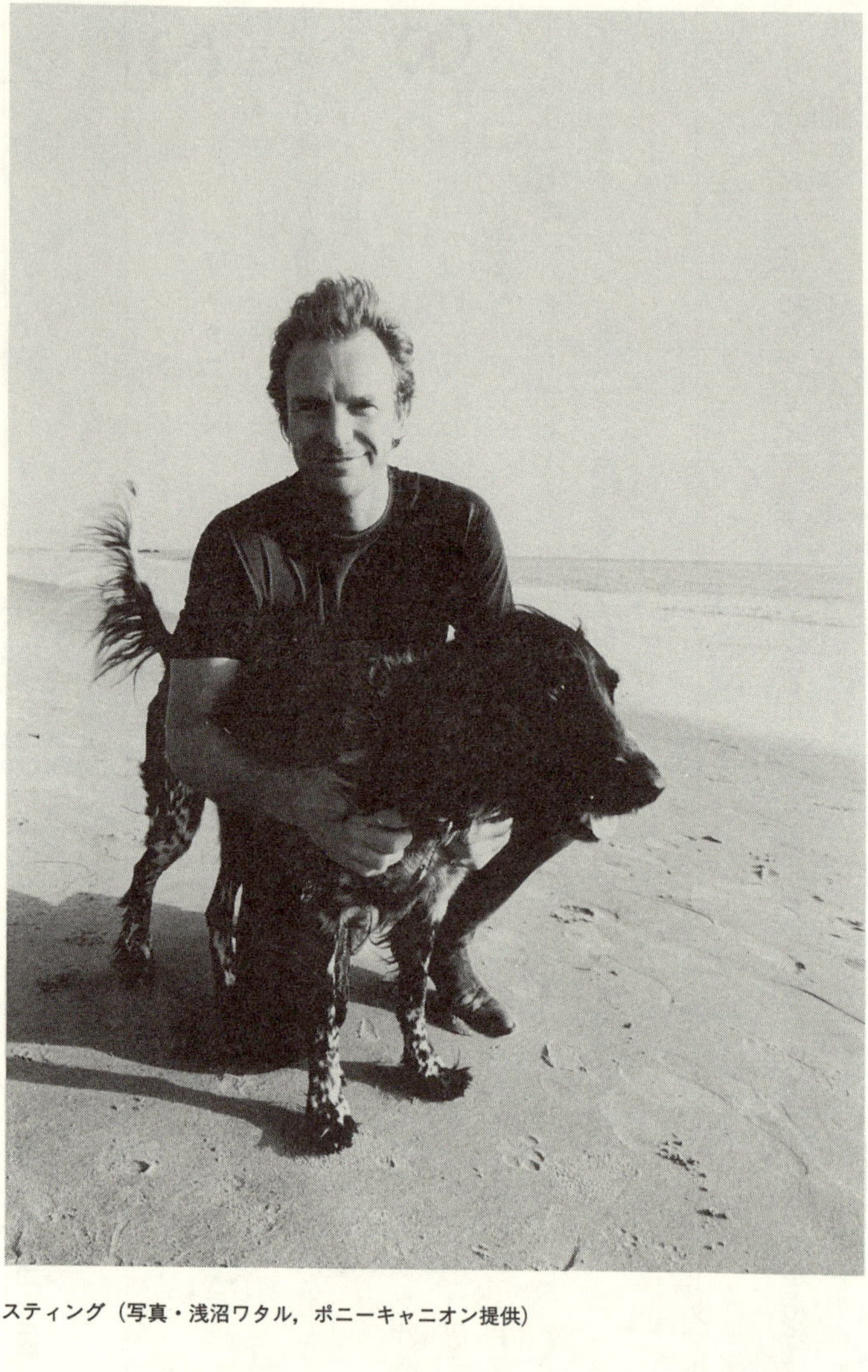

スティング（写真・浅沼ワタル，ポニーキャニオン提供）

2 fri.

ウェンブリー・スタジアムでアムネスティ・インターナショナル「ヒューマン・ライツ・ナウ」のコンサート。PAはひどかったが、スティングのステージが素晴らしかった。スプリングスティーンはちょっと力みすぎ。会場の外ではおびただしく散らかったゴミを掃除するために巨大な吸引口のついたトラックが徘徊している。騎馬警官が人混みをかきわけて進んでくる。下から見上げた馬の鼻の穴の大きさにおどろく。

3 sat.

ダブリンでホットハウス・フラワーズのコンサートを見る。地元のグループだけあって、約三万人のファンの熱狂ぶりがすさまじい。グループの演奏も、新人とは思えないスケールの大きさだ。ポーグス、ヴァン・モリスン、U2など、好きなアイルランド系ミュージシャンのリストにこのグループも永遠に加えることにしよう。仕事の合間に街をかけまわって、アイルランド出身の作家ジェームス・ジョイスゆかりの建物などを見物し、ギネスを味わう。

ダブリン

アイルランドの首都ダブリンに、グラフトン通りという南北わずか数百メートルの通りがある。通りの名前は、一八世紀に、当時のアイルランド総督の名にちなんでつけられた。かつてはトリニティ

大学とセント・スティーヴンス公園を結ぶ静かな住宅街だったが、一九世紀に入ってから店が増え、いまではダブリンで人気の高いショッピング・ストリートのひとつだ。

タイルが敷きつめられた遊歩道の両側に立ち並ぶ店の中には、服飾雑貨店のブラウン・トーマス、宝石店のワイアーズなど、古くから続いている老舗が少なくない。一八世紀の建物をそのまま改装して使っているショッピング・センターなどは、建物を見るだけでも楽しい。

また、ちょっと脇道にそれると、ジェームス・ジョイスの『ユリシーズ』に出てくるデイヴィ・バーンズをはじめ、ザ・ベイリー、マクダイド、ニアリーなど由緒あるパブが待っている。一日の終わりには、そんなパブで生のギネスを注文し、クリーミーな泡をゆったりとした気分で眺めて味わいたい。

通りの中ほどには、ビューウリーズ・オリエンタル・カフェという百年以上の歴史を持つコーヒー・ショップがある。この店の創業者ジョシュア・ビューウリーは、信教の自由を求めて一八世紀にイギリスからアイルランドにやってきたクエーカー教徒の子孫だった。コーヒー商を営んでいた彼は、客にサンプルで飲ませるコーヒーが好評なのに目をつけて、一八四二年、市内の別の通りにカフェを開いた。一九一六年にウェストモーランド通りに新しい店を作ったときは、オリエンタル風の外観と、馬車で乗りつける婦人客を入口でドアマンがうやうやしく迎える豪華さが人気を呼んだ。

グラフトン通りの店ができたのは一九二七年、「庭の千草」の作詞家として知られるトーマス・ムーアが通っていた学校の跡地に建てられた。その店が現在も続いているわけだが、古い時代の雰囲気は外観やステンド・グラスの窓に残っているだけで、かつてジェームス・ジョイスやフラン・オブラ

イエンが座ってコーヒーを飲んだ木製の大きな椅子は、近年の改装ですっかり取り払われてしまった。

しかしこの店は待ち合わせや語らいの場としていまも市民や観光客で賑わっている。買物や市内観光で疲れたときなど、この店にちょっと立ち寄って、大理石のテーブルで飲むカフェ・オレの味は格別だ。上の階には、ジェームス・ジョイス・ルームと名づけられたレストラン・ルームもあるが、この店でコーヒーを飲んでいたときには、彼も自分の名前がまさかレストランに使われるとは夢にも思わなかっただろう。

グラフトン通りの一帯は、ダブリンの音楽ビジネスの中心地でもある。アイルランド各地からやってきたミュージシャンがダブリンに来てまっさきにめざすのは、このグラフトン通りだ。パンク全盛の時代には、この通りにパンク・ファッションの若者たちがたむろして、買物に来た大人たちをおどろかせたという。

天気のいい日曜日の午後には、通りのあちこちで、ストリート・ミュージシャンが、コインを集めるために楽器ケースを前に置き、通行人を相手に演奏している。運がよければユーリアン・パイプやティン・ウィッスルでアイルランド民謡を演奏している光景を見ることもできるだろう。

まだインコンパラブル・ベンジーニ・ブラザースと名乗って、アイルランドのフォーク・ソングを演奏していたアマチュア時代のホットハウス・フラワーズも、このグラフトン通りで弾き語りをやっていた。ちょっとしたスクエア・ダンスをまじえた彼らの演奏は人気が高くて、集まるコインのおかげでおこづかいには困らなかったそうだ。

ホットハウス・フラワーズをみつけて紹介したのは、アイルランドのトップ・グループ、U2のボ

ホットハウス・フラワーズ『ピープル』

ーノだが、そのU2もアマチュア時代には、グラフトン通り近辺のパブで演奏していた。といっても、仕事はあまりなかったので、ビュウリーズ・カフェや通りのはずれにあるダンデライオン・マーケットのレコード店にたむろして、もっぱら世界一のバンドになることを夢みていたという。

15 thu.

ロンドンからの帰りの飛行機で知り合った人たちと一緒に中華料理を食べる。ひとりはブラジル出身でドイツ国籍を持ちイタリアに住んでいる。もうひとりのブラジル人はブラジルに住んでいる。ひとりはブラジル人でイタリアに住んでいる。ひとりはドイツ人でベルギーに住み、東京とロサンゼルスとブラッセルを往復して暮らしている。クラゲやナマコやエビの皿の上を日本語とポルトガル語とスペイン語と英語とドイツ語が飛び交って、ただでさえ外国語に弱い頭が破裂しそうだ。ドイツ人にどこにいるときにいちばん落ち着くかときいたら、ブラッセルだと言っていた。日本人のサラリーマンと一緒の仕事が多いせいか、しぐさや口調が妙に日本人ぽい。

27 tue.

浦安のディズニーランドの近くのシェラトン・ホテルで松任谷由実の取材。ディズニーランドの近くの埋立地には、シェラトン、ヒルトンなどいくつかのホテルが並んで立っているが、ヤシの木が植えられた道路や、だだっぴろい空間にホテルが立ち並ぶ光景は、アメリカの地方都市にでも来たよう。時間待ちの間、カフェテラスでメニューを見ていると、定食メニューに「侍」なんてのがあった。近くの席ではディズニーランド見物に来たと思われるOL風のグループが記念写真を撮りあっている。

29 thu.

フォーク・シンガーで、現在は翻訳やエッセイの仕事で活躍中の田中研二さんが来る。夜更けまで話していると、咲きはじめたキンモクセイの花の甘い香りが窓から流れこんできて部屋を満たす。

ナザレの男

去年、ポルトガルのナザレという町に行った。大西洋に面したこの海辺の小さな町は、夏にはリゾート客で混み合うが、ぼくが訪れた10月中旬には閑散としていた。それでも観光地なので、昼間はリスボンから何台もバスがやってきて、そのたびにひとかたまりの客を海岸通りに吐き出す。観光客は三々五々ちらばってケーブルカーで丘の上に登ったり、レストランで食事をしたり、砂浜を歩いたりして時間をつぶす。頃合を見はからってバスはふたたび客を呑みこんで去っていく。そして夕闇が迫るころ、後に残るのは、町の住民とぼくのように季節はずれの泊まり客だけになる。

ナザレはかつては漁村だった。いまも漁業をなりわいにしている男たちが、日のあたる浜辺で網の手入れをしていたりする。しかしあまりすることがないのか、手持ちぶさたな男たちの姿も目につく。昼も夜も彼らは立ち話をしたり、海岸通りをぶらぶら歩いたりして時間をつぶしている。

ある夜、レストランでイワシの塩焼きと安ワインに舌鼓を打っていると、海岸通りの街灯の下に男の姿が目に入った。ジャケットのポケットに両手を突っこんでぼんやり立ち、ときどき窓ガラス越しに、こちらにチラと視線を向ける。みつめ返すとうしろめたそうに目をそらすが、またしばらくする

とこちらを眺める。

観光収入のおかげで、漁から得られる収入は、かつてのようなありがたみを失った。といってそれにかわる仕事のあてがあるわけでもない。そして食後の気晴らしに東洋の果てからやってきて通り過ぎていく奇妙な日本人を眺めている。この男の境遇を勝手に想像しながら、ぼくは学生時代の自分の所在なさを思い出していた。あのころの自分は何になりたいという目標があったわけではない。学生運動やクラブ活動やアルバイトや遊びに精を出したわけではなく、もちろん熱心に勉強したわけでもなかった。毎日大学の近くの喫茶店に入って本を開けてみるのだが、身を入れて読んだ記憶もない。物思いにふけろうとしても、まとまったことが考えられなかった。自慢ではないが、ぼくは幼稚園のときすでに通知簿に集中力に欠けるという評価をもらっていた。栴檀は双葉より芳しいのである。そうしてコーヒーを飲みながら、ウェイトレスが店の大きな石炭ストーブをかきまわすのを見たり、風景や季節をあてもなく眺めたりしているうちに、学生時代は終わってしまった。

そんなぼくもいつしか時間にだけは追われる身になったころ、田中研二という人に出会った。そのころの彼は、ギターをかかえて旅から旅への生活を続けながら「そろそろ身をかためたほうがいい」と反語的に説教する歌をうたっているようなフォーク・シンガーだった。ヒット曲やベストセラーになるアルバムが相次いで、フォーク・シンガーあるいはシンガー・ソングライターが社会的に大きな注目を浴びはじめていたころのことだ。しかしどういうわけかその恩恵も彼の近くだけは避けて通っているように見えた。彼は自主制作レコードを作る費用を捻出するために、プロデューサーの友人と工事現場で働いてきたところだった。その夜、彼は、食うに困ったとき、少量の小麦粉で大きな蒸し

パンを作ろうとして、ふくらし粉をたくさん入れたが、かたずをのんで見守っていたのに、結局、そのパンは食いものにならなかった、というような話をして帰っていった。

最近ひさしぶりに彼に会った。その間に彼は翻訳家兼エッセイストに転身して、しばらくニュージーランドで暮らしていた。そこでバイク紀行の本を書くためにツーリングに出かけて、途中で乗っているバイクを盗まれた。盗難届を警察に出しに行ったときは、身分証明書がないので、別の警察でもらった駐車違反の書類を出したという。幸運にもバイクは発見され、彼はツーリングを再開することができた。その旅の話を彼は『バイクとキウィたち』という本にまとめた。バイク乗りでないとわからない専門用語ばかりの本とちがって、自然と人間の営みがキラキラする文体で描かれたエッセイ集だ。

若いころフォーク界の三原綱木と言われた彼の老け顔は、昔とほとんど変わっていなかった。ひさしぶりに会っているのに、昨日会ったばかりのような気がしてならなかった。老け顔の人の強みで、先行していた顔に歳がようやく追いついてきたのである。コットンのシャツにジーンズといういでたちの彼の背後には、時の残像が遠くまで尾をひいて伸びているのが見えるようだった。「いつまでたっても変わらないねえ、研二さんは」とぼくはなかば感嘆しながら言った。彼は「あれ、まだその服を着てるの。はじめて会ったときも着てたよね」と、昔バーゲンで買ったぼくの上着を見て言った。

彼はオーストラリアで新聞記者をやるために、この秋からまたしばらく日本を離れるそうだ。彼と話しているうちに、ぼくは自分がナザレの海岸通りの街灯の下の男になったような気がしてきた。

30 fri.

青山劇場で林英哲のコンサート。山下洋輔（ピアノ）と藤舎推峰（横笛）がゲスト参加。三人でやった演奏はビバップ風のジャズになってしまい、邦楽のリズムの間と洋楽的なリズムの出会いの難しさをあらためて感じる。太鼓の音は素晴らしいし、彼の音楽はアートとして完結している。

1988 OCTOBER

1 sat.

代々木オリンピック・プールでデイヴィッド・リー・ロスのコンサート。宙吊りのサーフ・ボードにまたがって、客席の頭上を「カリフォルニア・ガール」をうたいながら愛敬をふりまいて移動する姿に、大衆演劇の役者に近いサービス精神を感じる。

デイヴィッド・リー・ロス

デイヴィッド・リー・ロスはハード・ロック界きってのエンターテイナーだ。おしゃべりはサーカスやロデオの司会者ばりの口調だし、振る舞いにはピエロの笑いとハムレットのヒロイズムとカサノヴァのセクシーさがいりかわりたちかわり現れる。

ひねりのきいたギター・ソロを次々に披露するスティーヴ・ヴァイをはじめ、バンドのメンバーの

演奏も達者なもの。「ボトム・ライン」や「ナックルボーンズ」でハードにブッ飛ばすかと思えば、アコースティック・ギターを抱えてエヴァリー・ブラザースばりに「起きろよスージー」を合唱し、スティール・ドラムをたたいてカリビアン・ショーをくり広げる。

「パナマ」では、客席の真ん中にボクシング・リングを吊してその上で叫び、「カリフォルニア・ガール」では、リングからサーフボードのロープウェイに乗り移って、うたいながらステージに戻っていく。普通のロック・ミュージシャンなら、照れてできないようなことを、何のてらいもなくやってのける。そしてそんな道化ぶりをファンと陽気に笑いとばす。

子供のころ、彼が最初に好きになった歌手は、戦前のエンターテイナー、アル・ジョルスンだったという。その点からして、並のハード・ロック・ミュージシャンとの差は大きい。そういえば、ロック界ではロッド・スチュワートも、アル・ジョルスンの信奉者だった。

フランク・シナトラの「イージー・ストリート」と、ハード・ロック・スタンダードの「ユー・リアリー・ガット・ミー」と、ビーチ・ボーイズのヒット曲を同じステージでうたって、違和感のないのが彼だ。彼にとっては、ハード・ロックはティーンエージャー向けの特殊な音楽ではなく、アメリカの芸能の伝統を受け継ぐエンターテインメントなのだ。

彼とシナトラを同じ次元で語るなんてもってのほか、という人は、デビュー当時のシナトラがソックスをはいた女子学生の黄色い絶叫に歓迎されていたことを思い出そう。

郵便を整理しているとこんな手紙が出てきた。

「前略失礼いたします。

18 tue.

先般、私の歌手生活三十周年の記念パーティーを全日空ホテルにて十月三十一日に催すべく、ご案内を申し上げておりましたが、皇室のこのたびのご事情を鑑みて、とりやめることにいたしました。

右事情をご推察の上、なにとぞご了解くださいますよう、つつしんでお願い申し上げます。

一九八八年十月

五月みどり

株式会社第一クリエイション

代表取締役会長　岸部清」

天皇の病気は、自分には直接関係がないと思っていたが、こんなところから関係がやってきた。どっちみち、五月みどりのパーティーに行く暇はなかったから、欠席の返事を出しておいたのだけれど。

19 wed.

今日もまたこんな手紙が来た。

「拝啓

秋冷の候、皆様方にはお変わりなくご活躍のことと拝察致します。

さて先般、今月二十一日の弊社『東京本社創刊百周年記念パーティー』にご出席をたまわりますようご案内申し上げましたが、諸般の事情により取り止めさせていただくことと致しました。

後日、改めてご挨拶申し上げますが、とりあえずは私どもの意をお汲み取りいただき、ご無礼の段お許し下さいますようお願い申し上げます。

一層のご健勝、ご発展を心よりお祈り致します。　敬具

一九八八年十月

朝日新聞社　代表取締役社長

一柳東一郎」

日頃、明確・正確・公正な報道をむねとし、天皇の病気を理由にした行事の過剰自粛がどうのこうのという記事を載せている新聞社から送られてきた文書にしては、「諸般の事情」とはまた曖昧模糊として歯切れが悪い。これなら、五月みどりの会社の手紙のほうが、よほど事実関係がはっきりしてわかりやすい。天皇の病気見舞を理由にやめるなら、はっきりそう書けばいいではないか。なお、この中止に関しては、政・財界の大物や各国の外交官も集まるこのパーティーに、特定の政治団体からの抗議行動が予想されるので、公安関係から中止の要請があったのではないか、というウワサも流れているそうだ。

26 wed.

後楽園の東京ドームでスティングのコンサート。開演前、音楽がかかっているのはいつものロック・コンサートどおりだが、しきりにCMが挿入されるのはうるさくて仕方ない。お金を払って会場にやってきた人たちは、CMを聞くために集まっているわけではない。それなのに大音量でCMをむりやり聞かせるのは、暴力以外の何ものでもない。こういうことをやっている企業や広告代理店が「文化事業」をやっていると称して平気でいられる鈍感さが理解できない。どう考えてみても、企業のイメージ・ダウンになるだけのCMだと思うけど……。参考のためにあげておくと、CMされていたのは、三菱鉛筆、セゾンカード、ファミリーマート。

このコンサートを仕切った代理店は、スティング側に法外なギャラを払ったというウワサも流れている。真偽のほどは確かめられなかったが（単なるウワサであれば幸いだが）、そういった行為がコンサート入場料の高騰を招いているとすれば、ファンにとってはいい迷惑。

また、以前も書いたことだが、東京ドームでコンサートがやられるようになって半年が経過したのに、音響状態が悪いといわれている武道館にくらべても、いまだにはなはだしく音が悪い。スティングの演奏も、これでは魅力が半減する。音楽を聞かせるつもりなら、主催者もミュージシャンも会場も、もう少しやり方を考えてほしい。それとも東京ドームで行われるのはコンサートではなくイベントだから、音響の悪さはがまんしろということなのだろうか。スティングは大好きなミュージシャンだけに残念でならない。

1988 NOVEMBER

4 fri.

新宿のパワーステーションで高野寛のライヴ。エレクトロニクスの音とアコースティックな音が混在する時代にふさわしいカレッジ・ポップスという印象。最近の新人にしてはめずらしく歌がはっきり聞こえる。さわやかさが強く印象に残った。

5 sat.

友人の新聞記者後藤喜兵衛さんが世話人となってときどき開かれる渋谷おつな寿司セミナー、今回はマイアミの不動産を日本人に売っている会社の取締役が講師だとい

うので、『マイアミバイス』に何か関係あるかもしれないと思って出席する。その会社で扱っているのはプールなどの設備もついたコンドミニアム（マンション）だが、一五〇平方メートルぐらいの部屋が約三千万円だそう。ちなみにわが家に配られる新聞チラシの広告で三千万円で買えるマンションを探してみたら、近所で四〇平方メートルぐらいの部屋だった！　取締役氏の話では、この一年間に十数人の日本人客がマイアミのコンドミニアムを買ったそう！　それも、けっこう普通の人が買っているという！　といっても、日本人のリゾート感覚が国際的になってきたわけではないらしい。買ったコンドミニアムを自分用に使っている人は皆無。人に貸したりして、要するに投資用だとか。なんだか淋しい話です。

7 mon.

アメリカに取材旅行に出かけた天辰保文さんのリリーフで、六本木プリンス・ホテルでジョン・キャファティ&ザ・ビーバー・ブラウン・バンドの取材。長年ロックンロールひとすじでやってきているアメリカ東海岸のバンドで、シルベスター・スタローン関係の映画の音楽をよくやっている。メンバーの人のよさがたまらない。だからそれほどベストセラーを出しているわけでもないのに長続きするのだろう。四年前の大統領選挙で、レーガンがスプリングスティーンの名前を利用したことについてどう思うかと聞いたら、スプリングスティーンに聞いてくれと言われた。ごもっとも。

11 fri.

ワーナー映画の試写室で『イマジン／ジョン・レノン』を見る。ジョン・レノンが残した二〇〇時間を越えるフィルムやヴィデオをヨーコ・オノが提供。映画『ジス・イズ・エルビス』などのプロデュースで知られるデイヴィッド・ウォルパーが制作した伝記映画。ジョ

ン・レノンの発言と彼が親しかった人の発言だけを編集して、彼の生涯をたどれるようにしてある。ビートルズ時代の伝説的なシーン、アルバム『イマジン』の制作風景など音楽の場面ばかりでなく、ビートルズ時代のマネージャーのブライアン・エプスタインがステージを見守る姿、ジョンを救世主のように慕ってやってきたファンとのやりとりなど、めずらしいショットもふんだんに出てくる。時間の制約もあって、ジョン・レノンの内面深くにまで迫るというわけにはいかないが、彼の紹介映画としてはよくできていると思う。

23 wed.

TBSでレコード大賞の「金賞」審査会に出席。ロック部門の審査を担当した。ロック部門候補曲15曲の中から、ぼくはバービー・ボーイズの「使い放題テンダネス」、久保田利伸の「ユー・アー・マイン」、桑田佳祐の「いつか何処かで」、浜田麻里の「ハート・アンド・ソウル」を推薦したが、審査会の討議と投票の結果、長渕剛の「乾杯」、氷室京介の「ANGEL」、TMネットワークの「ビヨンド・ザ・タイム」、久保田利伸の「ユー・アー・マイン」が選ばれた。

25 fri.

白夜書房から『レコード・プロデューサーズ』のイギリス編の翻訳書が送られてきた。BBCがジョージ・マーチン（ビートルズ）、ロイ・トーマス・ベイカー（ピンク・フロイド）、ミッキー・モスト（ジェフ・ベック）、クリス・トーマス（セックス・ピストルズ）などのレコード・プロデューサーに行なったインタヴューをまとめたもの。数年前にイギリスで出たときからいろいろ参考にさせてもらっていた本だ。原書は大部なので、翻訳にあたって、イギリス編とアメリカ編に分けたらしい。ラジオ放送向けだから専門的な突っ込みはいまひとつのところもあるが、レコ

ーディング中のエピソードは読物としてはなかなかおもしろい。

28 mon.

英語で天気予報のはじまりを告げて、予報自体は日本語でする不思議なFM放送で音楽を聞きながら昼ごはんを食べていたら、窓の外でチーッ、チーッと聞き慣れない小鳥の鳴き声がする。ラジオのスイッチを止めてそっとのぞいて図鑑と照らし合わせると、シジュウカラだった。ほんとにいい声だ。ところがそこにムクドリが飛んできて、シジュウカラはどこかに行ってしまった。

1988 DECEMBER

2 fri.

千葉県浦安市にできたNKホールで松任谷由実のコンサート。地下鉄の浦安駅で降りたら、タクシー乗り場の前に長大な列。これじゃ、会場に着くころには、コンサートが終わっちゃうよとあせりまくって、たまたまそちらに行くという白ナンバーのお兄さんの車に心をこめて謝礼を払って乗せてもらって会場へ。

浦安市のディズニーランドのそばの埋立地にはホテルが林立する一角があり、NKホールもそこに建っている。ホールに着いたときはすでに日がとっぷりと暮れ、両側のホテルはクリスマスのイルミネーションで燦然と輝き、会場の前に立っただけでショーがはじまっているような気がして、美しさにはるばるやってきた苦労を忘れる。それだけでなく、円盤状の照明装置や舞台が上下左右に移動す

る今回のステージの楽しさも、これまでの彼女のショーの中でトップクラスに数えられるものだった。おなじみの弾き語りシーンは泣かせる話つきだし、スピルバーグのSFX映画をライヴにしたような照明も印象的。

問題は帰り道だった。ホテルに泊まるつもりの人（そういう若いカップルがたくさんいたようだ。ぶつぶつぶつ……）や車で来た人はいいだろうが、約七千人の観客をさして多くないバスで近くのJR舞浜駅（歩くと三〇分ぐらいかかりそうだ）までピストン運転で運ぶので、順番待ちがたいへん。都内に帰るには途中からさらに地下鉄などに乗り換えなければならない。長い一日だった。

5 mon.

翻訳していた伝記写真集『イマジン／ジョン・レノン』（河出書房新社）の校正がほぼ終わって、ほっとひと息。これは同名映画と並行して作られた本で、ジョン・レノンの生涯を多数のめずらしい写真と彼の言葉などでつづってある。

7 wed.

中野サンプラザでハード・ロック・グループ、ガンズ&ローゼスのコンサート。アメリカではデビュー・アルバム『アペタイト・フォー・ディストラクション』が五百万枚以上売れ、いまなおアルバム・チャートのトップ5以内にランクされている。

お行儀の悪いヘビメタ・バンドの典型のようにいわれるグループだが、ヴォーカルのアクセルやギターのスラッシュはけっこうインテリぽい。エアロスミスがラモーンズの曲を西海岸風にルーズにやっているようなところがあるといえば、その道のファンには雰囲気を想像してもらえるだろう。ステージに照明以外にゴテゴテしたものがいっさいないのも他のヘビメタと一味ちがう。ミニ・アルバムに収録されていたディランの「天国の扉」も、もちろんやった。もう少し演奏のリズムがタイトだっ

たらよかったんだけど、昔はエアロスミスもこんなもんだったしなあ……。前の席のお兄さんが演奏にあわせてタテノリで踊るたびに長髪がぼくの顔にふれて、くすぐったくてしょうがない。

11 sun. 東京ドームでマイケル・ジャクソンのコンサート。セットが変わり、新曲が増え、演奏のまとまりがよくなったが、ショー自体は前回とそれほど変わっていないように見受けられた。それでも「ビリー・ジーン」で、彼がひとりぽつんとスポットライトを浴びて踊るシーンが妙にせつなくて、映画としては何のまとまりもない『ムーンウォーカー』の彼の変身シーンや映像のスピード感ともども、忘れられなくなりそうだ。

13 tue. 中野サンプラザで高橋幸宏のコンサート。過剰なノリを排して、ストイックに抑制をきかせた前半の演奏が、彼の端正な音楽のよさを気持ちよく表現。ゲストで鈴木慶一が登場、ふたりでやってるビートニクスのコーナーも二曲あった。再編したサディスティック・ミカ・バンド（高橋幸宏もそのメンバー）のレコーディングを昨日取材したときに、ヴォーカルで参加する桐島かれんが、メンバーを「おじさまたち」と呼んでいたことを思い出して、ついしみじみする。

POPS DIARY

POPS DIARY——1989

7 sat.

いつものようにタイマーをつけたFENのニュースで目がさめたら、アメリカ関係の通常のニュース項目に続いて、天皇ヒロヒトが死んだというニュースが読みあげられた。その後ヒロヒトの短い紹介が続いて、あとはクラシック音楽。FENお得意のスポーツ中継もロック番組もなかった。どの局もクラシックや昭和の歴史や天皇の思い出ばかりなので、NHKラジオの英語教室を聞いていたら、突然臨時ニュースになって新しい元号の発表記者会見が闖入してきた。

ぼくとしても一人の老人の冥福を祈るのはやぶさかでないが、この日のマスコミ報道のあり方にはついていけないものを感じた。天皇や元号は好きな人が趣味で保存すればいい。そうでない人間にまで押しつけないでほしい。と思っているぼくのような人間は、あるいは少数派かもしれないが、天皇や元号の制度への疑問をおおむね排除する形で行なわれた追悼報道は、結果的には制度の遵守を国民に強制するキャンペーンと同じ効果を持ったのではないだろうか。夜、渋谷の街を歩いたとき、ネオンを消している店もあったが、センター街のあたりは、相変わらずにぎやかだった。なのにぼくの見たテレビのニュースは街の人出の少なさを明らかに誇張して放送していた。

8 sun.

天皇の死が芸能にどの程度の影響があったのか、とりあえずぼくに縁がありそうなコンサートのスケジュールを電話してたずねてみた。『シティロード』に掲載されていた東京近県のコンサートは、プリンセス・プリンセス、ダーク・ダックス、聖飢魔II、爆風スランプ、ケンジ&ザ・トリップス、ザ・無国籍ナイト（どくとる梅津、サンディー&サンセッツほか）、タンゴ89の七つ、タンゴ89は確かめなかったが、このうちコンサートを決行したのはダーク・ダックスだけで、あとは延期もしくは中止だった。スケジュール記載のなかったものでは、光ゲンジなどアイドル系のコンサートも延期になった。ロック系の主なライヴハウスで平常どおり営業したのは、新宿ロフト、ACB、アンティノック、代々木チョコレート・シティ、江古田マーキー、下北沢屋根裏、目黒鹿鳴館、高円寺ジロキチ、吉祥寺曼荼羅など。休業したのは新宿パワーステーション、ヘッドパワー、渋谷ラ・ママ、クアトロ、エッグマン、川崎クラブ・チッタなど。大手資本の入っている店は休み、インディ系のバンドの出演する店の多くは平常通りと、ほぼ予想通りの結果になった。夜、近所のレンタル・ヴィデオ店に行ったら、銭湯のような混み方だった。マルクス兄弟の『マルクス一番乗り』を借りてきて見る。途中、黒人バンドや女性歌手やダンサーが出て来て踊る場面が素晴らしい。クレジットがなかったが、太ったピアニストはファッツ・ウォーラーだろうか。

25 wed.

午前中、最高裁判所大法廷で開かれた「傍聴メモ制限訴訟」の口頭弁論を傍聴する。これは刑事裁判傍聴中にメモをとろうとして裁判長から禁止されたアメリカ人弁護士ローレンス・レペタが、知る権利の侵害、裁判公開原則違反などを理由に国を訴えている裁判の上告審。たまたま原告を知っていたので出席したのだが、はじめて最高裁判所に入って、法廷に立ち合う

職員や廷吏の多さに驚いた。建物のだだっぴろさにも驚いた。こういうことで権威づけを行なおうとしているのだとしたら、こっけいな話だし、維持のために使われている税金だって、ばかにならないのではないだろうかと思った。それにしても、裁判所に入るときに渡される傍聴券の「傍聴人心得」の三番「不体裁な行状をしないこと」というのは、どういう意味なんだろうか。「あなたは顔が不体裁だから退廷するように」と言われかねないな、と話していたら、友達がぼくの顔を見て、そうだなとうれしそうにあいづちを打った。

26 thu.

MZA有明でR.E.M.のコンサート、演奏は予想よりおとなしかったが、ギター、ベース、ドラムだけで(曲によってはサイド・ギターやキーボードが加わる)、ユニークなリズム・アンサンブルの可能性を模索する姿勢が、ありきたりなロック・バンドとは一味も二味もちがっていた。「世界の終わる日」という曲の演奏がとても印象に残った。ヴォーカルのマイケル・スタイプの動きは、トーキング・ヘッズのデイヴィッド・バーンをさらにもどかしくしたよう。彼が途中でパンツを脱ぎはじめたら、会場がどっとわいたが、パンツの下にタイツをはいていた。アンコールでそのタイツも脱ぎはじめたので、再び会場がどっとわいたが、その下にバミューダ風の見てくれのいいショート・パンツをはいていた。そしてさらに……と思ったが、明かりがついてコンサートは終わった。

『歴史は夜作られる』という映画がある。公開されたときぼくはまだ子供だった。その映画のポスターに悩ましげな美女の姿があったせいか、親に連れていってくれとせがむのもちがうような気がして、見ないうちに上映される映画は次の作品に変わってしまったので、いまだにどんな映画か知らないのだが、それでも『歴史は夜作られる』というタイトルは記憶に刻みこまれた。ポスターの美女のイメージや、大人がそのタイトルを口にするときの意味ありげな笑いが印象に残ったせいだろう。案の定、その後世間でも映画のほうは忘れ去られてしまったが、タイトルは一人歩きして使われている。

1月7日の夜、ぼくは渋谷に出かけた。センター街のあたりは、いつものように若い人たちで混雑していた。ぼくはWAVEに行ってライのCDを買った。ライというのは、八〇年代に入って急速に変貌をとげつつあるアルジェリアのポップスで、アラブ風メロディーの歌やパカッションやギターにコンピューター・リズムをからませたダンス音楽。アルジェリアではもちろんのこと、パリのアルジェリア移民の多い地区でよく聞かれている。

そのライのCDを買ったとき、WAVEのレジのカウンターは、行列を作って並ばなければならないほど混雑していた。店を出てから、本を探しに旭屋に行ったときも、人とすれちがうのがきゅうくつなほどだった。

店の入り口に立ってカウンターで客数を数えたわけではないので、いつもの1月の最初の土曜日に

くらべてどれぐらい人出が多いのか、少ないのか、あるいは平常どおりなのか、ぼくには判断できなかったが、すくなくとも、かなり少ないというような印象は受けなかった。街のネオンサインにしても、消えているところがあったが、けっこうにぎやかなところはにぎやかだったのである。

ところが後でテレビのニュースを見ていたら、どの局も、天皇が死んだので、街はふだんより静かで、人出も少なかったと放送していたので、あれっと思った。ある局のニュースなど、銀座のバー街のネオンが消えている光景を映して、こんな影響があったと強調していた。しかし考えてみれば、週休二日制が定着しはじめてこのかた、土曜日の夜の銀座のバー街は、それ以前とくらべればずいぶん静かになっていた。それに新年早々の土曜の夜に社用族が銀座のバーでいっせいに接待に精を出すとは思えない。そういう条件にはいっさいふれずに、国民はこんなに天皇の死を悲しんでいると報道するのはどう考えても強引というほかない。

1月26日にMZA有明で、飾り気はないが、イマジネーション豊かなライヴをやったR.E.M.は「カリフォルニア」という歌でこんなふうにうたっていた。「歴史は作られる。歴史は不当に見えるように作られる」(沼崎敦子訳)と。

4 sat.

東京ドームでプリンスの二度目の来日コンサート。ひとくちでいえば、ユーミンのショーの構成を多少ラフにして、強力なビートと歌とダンスを加えたよう。コンピューターのリズムを使いながら、それを上回る肉体のリズムを提示できるふところの広さは、天才的というしかない。キャットという女性ダンサーの踊りもすごい。コンサートが終わってから中川五郎さん、天辰保文さんと食事。遅れている原稿を気にして天辰さんとぼくは家に帰ったが、中川さんはいっさいの恐怖を克服して、泰然と夜のちまたに消えていった。うーむ。ふところが広い。

6 mon.

簡易保険ホールでアイルランドから来たホットハウス・フラワーズのコンサート。何もかも計算されつくされてないところが新鮮だったというむねのコンサート評を朝日新聞に書く。

ホットハウス・フラワーズ

緑と伝説の国アイルランドからやってきた新人ロック・グループ、ホットハウス・フラワーズの東京公演は、豊かな情感にひたる幸福を味わえたコンサートだった。

会場の照明が消え、聴衆の期待こもる会場のざわめきの中、ステージの薄やみにメンバーが現れ、

ゆったりと「ジ・オールダー・ウイ・ゲット」の演奏をはじめる。舞台装置は楽器だけ。それもシンセサイザーやドラム・マシーンがあるわけではない。ファッショナブルなメンバーがいるわけでもない。音楽を生かすも殺すもメンバー五人の呼吸と聴衆の反応がたよりの、いわば「古典的な」やり方で、彼らは六〇年代ソウルやゴスペルの影響を受けたロックを次々に演奏する。

スタイルとしてはすでに耳にタコができるほど聞いてきた種類の音楽だが、多数の新曲を含めた彼らの演奏はおどろくほどみずみずしい。テクニシャンぞろいでもないのに、音楽に豊かな表情と解放感がある。ロックの演奏に生命を与えるのは、スタイルの選択ではなく、ミュージシャンの肉体であることがよくわかる。特に注目したいのは、リアム・オメンレイのヴォーカルとピアノだ。彼のノドや指先からは、アイルランドの伝統音楽に通じる詩情と躍動感がほとばしり出て、内に秘めた情熱が会場の空気を気持ちよく共鳴させる。長い髪が優美に踊ってスポットライトに輝く様子も絵になる。

楽器や照明のコンピューター操作の普及につれて、最近のロック・コンサートでは、アドリブの長さからメンバーの動きまで、約束事がどんどん増える傾向にある。そうした演出のおもしろさを否定するつもりはないが、そもそもロックには、束縛や管理を嫌う気持ちもあったはずではなかったか。その意味でホットハウス・フラワーズのこの飾り気のないコンサートの魅力は、1月のR.E.M.の東京公演に続いて、システム化されすぎた現在のロック・コンサートのあり方に、再考を迫るいいきっかけになったかもしれない。

9 thu.

『セブンティーン』の新年会で、西洋銀座というホテルにはじめて足を踏み入れる。入り口に立っていたボーイさん二人にていねいにあいさつされてあがってしまい、通路の段差で思わずつまずく。前日の飲み過ぎで胃が荒れていて、おいしそうに並んでいる食べ物を見てもいっこうに食欲がわかない。くやしくてケーキを食べたら、胃がますますもやもやしてきた。ぼくの遺伝子はリッチなところに向かないようにプログラムされているのだろうか。

11 sat.

深夜の東京ローカル・テレビ番組のアマチュア・ロック・ミュージシャンのコンテストの審査員を引き受けるが、「平成名物TV」という番組名が好きでないので、一回かぎりで降ろさせてもらう。ナマ番組中、女の子が突然パンツを脱ぎはじめたら、司会者が「とんでもない」と怒っていた。放送の倫理規定を念頭に置いての発言かもしれないが、本気でそんなことを思っているのなら、ロック・バンドのコンテストの司会などやらないほうがいいのでは。

16 thu.

桑原一世と江戸川の埋立地を見物。地下鉄の駅前に臨海公園の地図があったのでバスで行ってみたら、まだ工事中で中に入れなかった。海が見たかったのだが見られず、江戸川を見て帰る。高速道路の脇を歩いているだけで、たちまちノドがいがらっぽくなる。

夕方、後藤喜兵衛・百合夫妻と一緒に門前仲町でとんかつを食べる。百合さんは持参のハシ箱からハシを取りだした。森林破壊につながる割りバシは使いたくないと思って、とのこと。店の名前は忘れたが、おじいさんが一人と店員さんが一人でやっている静かな洋食店で、とてもおいしくいただいた。その後、神楽坂の伊勢藤に行くが満員で入れず、表通りの和菓子屋でぜんざいを食べる。

後藤夫妻と別れてから吉田カツ・智恵子さん宅に行き、ドミニカとバハマで撮ってきた写真を見せ

てもらう。ドミニカでプリントした写真と、東京に戻ってからプリントした写真のあまりの色彩のちがいにびっくり。東京で現像したものは、日本の風景のようにウェットな色彩なのだ。国によって紫外線の量がちがうので、現像所がそれに合わせて薬品の配合を補正しているせいらしい。カラっとした南国の光の感覚を出したいときは、現地で現像してくるほうがよさそうだ。菅野敏幸・彰子さん、鮎川誠・シーナさんたちもやってきて深夜まで盛り上がったが、昼間埋立地を歩いた疲れが出て、眠くてたまらず、お先に失礼する。

20 mon.

『週刊文春』の図書館のページのエッセイを入稿。あまり知られていないおもしろいアジアの小説の紹介を四回に渡って書くつもり。

アジアの小説の面白味

1

数年前から『東京新聞』日曜版の「音楽を読む」というコラムで、音楽にゆかりのある小説や、本の中に出てくる音楽を紹介している。

連載をはじめてから、本探しに追われて好きな本をじっくり読む時間が減ったのはつらいところだが、乱読を続けるうち、以前は食わず嫌いだった種類の本も楽しんで読めるようになったのはありがたい。

アジアの国々の小説と出会えたのも、その仕事をはじめたおかげで、中でもおもしろかった本とし

て筆頭にあげたいのは、中国の銭鍾書の『結婚狂詩曲』（岩波文庫）だ。

中国の現代小説といえば、恋人たちが愛をささやく場面にも「四つの近代化」や「祖国の発展」の話がごめんやっしゃと割りこんできそうな先入観があって、これまであまり読む気が起こらなかった。しかし中国革命前夜に書かれたこの作品には、そうした「教育的」な匂いはみじんも感じられない。古今東西の書物からの引用を織りこんだユーモアたっぷりの語り口に魅せられて、笑い転げながら長さも忘れて読みふけった。

物語の舞台は一九三七～八年の中国。主人公の方鴻漸は、四年間のヨーロッパ留学を終えて、海路、中国に戻ってくる。

彼はヨーロッパでは、パリ、ロンドン、ベルリンと大学を移るばかりで、学業にさっぱり身が入らなかった。しかしそれでは両親や出資者に言い訳がたたない。そこでニューヨークのいかさま師から偽の学位証書をだまし取った。それを「いつわりも、ときには不道徳ではない」とプラトンや孔子の故事を引いて正当化し、これぞ近代中国外交史上珍しく交渉が成功した例のひとつと、一人で悦にいっているようないいかげんな男だ。とはいえ筋金入りの悪党というにもほど遠く、帰国後は、たよりないモラトリアム人間らしさを露呈するばかり。

日中戦争のあおりで、地方の名士だった父の一家は、難をのがれて上海にわび住まいの身となるが、主人公に窮状を救う才覚の持ちあわせがあるはずがなく、仕事も上の空だ。遊び回って恋愛すれば、女性に振り回される。招かれた宴席では、中華思想的に家柄や学識をひけらかす連中に付焼刃の教養をやりこめられ、ぐうの音も出ない。

ようやく湖南省の山奥の新設大学に教師の口をみつけて、苦労の長旅の末に赴任するが、そこでも学長に足もとを見られ、一年で追い出される。同僚の女教師との結婚生活も、上海のきびしい生活であえなく破局を迎える。

主人公は救いがたい俗物だが、周りの登場人物がまた、俗物根性に磨きをかけて黒光りしているような超俗物ぞろいなので、しまいには彼が愛すべき男に見えてくる。そればかりか、このふがいない男こそ、実は、西洋文化と中国文化の衝突の荒波に誰よりも激しくもまれているのではないか、と思えてくる。

故郷に錦を飾った主人公が「西洋文化の中国に与えた影響」について講演すべく母校の壇上に立ったときに、酒席に草稿を忘れてきたことに気づき、苦しまぎれにそれはアヘンと梅毒にとどめをさすと話して、ひんしゅくを買うエピソードも、アヘン戦争でイギリスが中国に対して行なった謀略の数々を知っていれば、単なる失態とは言えなくなってくる。

こういう小説とぼくがふだん聞いているロックとはまるで縁がなさそうだが、輸入文化が土着化して生まれた日本のロックと海外のそれとのギャップの深さについて長らく考えあぐねているせいか、時代や状況こそちがえ、東西文化の谷間で運命にもてあそばれる主人公の悩みには、身につまされるところが少なくない。

ところで、作品中、上海で主人公が友人のアパートを訪ねると、あちこちの部屋のラジオから流行歌の「春の恋歌」が流れてくるという話が出てくる。これがどんな歌なのかを聞いてみようと思って探しているが、いまだにわからない。

アメリカの同時期のポピュラー・ソングなら、レコードも文献も資料が多いが、この歌は、お隣の国で一世を風靡した（らしい）音楽なのに、いまでは聞くことも調べることも難しいというあたり、情報のかたよりと少なさをあらためて感じさせられる。

2

もし獣医であるあなたのもとにうら若き美女が現われ、わたしにはヘソが二つあるから手術してなおしてほしいとすがりついてきたら、あなたはどう返事するだろうか。

フィリピンのニック・ホワキンの『二つのヘソを持った女』（めこん）は、そんな意表をついたミステリ・タッチのエピソードから、読者を一気に物語の世界にひきずりこんでいく。

これまで日本に紹介されてきた東南アジアの小説は、独立戦争や建国のヒーローを描いた大河歴史小説、もしくは貧しい農村や都市スラムを舞台に、上流階級と庶民の対立を描く「社会派」の作品が多かった。

しかしこの『二つのヘソを持った女』は、どちらにもあてはまらない成熟した都市小説だ。

物語の舞台は、第二次世界大戦が終わって、平静を取り戻した香港。フィリピンの小説なのに、どうして香港が舞台なのか。それを説明するためには、フィリピンの歴史を少しさかのぼらなければならない。

一八九九年、フィリピンは、弱冠三十歳のアギナルド将軍に率いられて、スペインの長年の支配から独立した。ところが前年に米西戦争に勝ち、スペインとの交渉でフィリピンを手に入れたアメリカ

は独立を認めず、共和国政府は米軍の侵略によってわずか一年たらずで崩壊。フィリピンはアメリカの植民地にされ、抵抗して戦った独立運動の志士の多くは、南シナ海の対岸の香港に亡命した。『二つのヘソを持った女』に登場するのは、その志士の子供の世代の若者たちだ。

物語は、マニラから来た財閥の娘コニーとその夫と母親、香港の獣医ペペとその家族、ペペの友人のピアニストのパコと彼の妻などを巻きこみ、香港とマニラ、過去と現在をめまぐるしく往復しながら、台風のように成長していく。

明示されているわけではないが、コニーのおなかの二つのヘソは、おそらく、上流階級と庶民、アメリカとフィリピン、マニラと香港など、さまざまな立場に引き裂かれて揺れ動く登場人物たちの精神を象徴しているのだろう。

後半、結末を急ぐあまり、描写が説明的になるのが惜しまれるが、それでも、風景や心理をスピード感たっぷりに描いていく情熱的で華麗な文章が素晴らしい。作者はスペイン文化への造詣が深いせいか、同じスペイン文化の影響下にある中南米諸国の「マジック・リアリズム」小説との共通性も濃厚に感じられる。とにかく、三十年近く前に、こんな斬新な小説がアジアの一角で書かれていたという事実は、もっと注目されていいだろう。

さて、音楽だ。長い間、アメリカの植民地だったため、フィリピンのミュージシャンは、アジアのどの国よりも、アメリカ音楽の影響を受けやすかった。その結果、フィリピンのミュージシャンは、器用だがオリジナリティに乏しいという定説が生まれる。

物語の中でピアニストのパコはその説に反対する。いくらアメリカの音楽を真似ているようでも、

そこにはフィリピン人独特の、東洋人的な持ち味があるというのだ。

パコは、香港という異国からフィリピンの音楽を距離をおいて眺めることによって、この意見にたどりつく。ボヘミアンの息子に生まれ、根のない生活をしているからかえって、彼はフィリピン的なものを敏感に感じることができる。

ところが当のバンドリーダーたちの意識はちがっている。彼らには「アメリカのジャズをつくり変えているなどという気はさらになく、憤然としてそのことを否定し、むしろ自分たちはそれぞれに好きなアメリカの名指揮者にできるだけ忠実に似せて演奏している」というのだ。

なんとも皮肉な話だが、それではわれわれは、外国文化礼賛ともご都合主義的な日本賛美ともちがった方法で、日本を対象化してみつめる方法を、すでに見つけ出しているといえるのだろうか。いまだに欧米思想やライフスタイルをあがめるのに忙しいマスコミや、「外人」モデルがやたらに出てくるCMを見ていると、どうもそうとはいいきれないような気がするのだが。

3

二年ばかり前、パリのデザイナー、クリスチャン・ラクロワのファッション・ショーに、ある女性歌手のエキゾチックな音楽が使われて評判を呼んだ。その歌手はナジマというインド系イギリス人美女で、彼女がうたっていたのは、ガザルという歌だった。

ガザルは、アラビア起源の短詩形の歌で、インドでも十六世紀ごろからウルドゥー語で作られるようになった。十九世紀にはガーリブという天才が現われ、近代的な恋愛詩としてのガザルの基礎を築

いた。

そのガーリブのガザルが、マントーの短編集、『黒いシャルワール』(鈴木武、片岡弘次編訳、財団法人大同生命国際文化基金)の中の「バーブー・ゴーピー・ナート」という作品に出てくる。

主人公のバーブー・ゴーピー・ナートは、大都市ボンベイにきて、親からゆずり受けた遺産を湯水のように使っている。とりまきのおべっかや悪口や泥棒のような金の浪費にも、彼はにこやかに応じて動じない。

その彼にも、ボンベイに来てから、ひとつだけ気がかりなことがある。それは財産を使い果たす前に、自分の連れてきた美しい遊女を、いい相手に身請けさせたいという願いだ。そのためのお金が底をつくと、彼は故郷の家を売って金を工面することもいとわない。幸い、遊女はある大地主に所望されて結婚の運びとなる。もちろん主人公は心からその結婚を喜び、工面してきた金を全部使って彼女の結婚を祝うのである。

こうして筋だけ説明すると、そんなばかな話があるのかというような話だが、作者の語り口はうむを言わせぬほど巧みだから、まあ、だまされたと思って一度読んでみてほしい。

ところでこの主人公は、財産がなくなってしまったら、売春宿か修行僧院に入って暮らそうと思っている。その理由を彼はこう語る。

「この二つの場所は、床下から天井裏まで、人がもし自分を偽りたいなら、それこそ嘘で固まっている所ですからね。自分を欺きたい人にとって、これ以上いい場所は、どこにもありませんよ」

彼はまた「ばかばかしいことなんですが、それはもういろいろ面白いことがたくさんありますよ」

と前置きして、売春窟では親が子供に稼がせ、僧院では人は神様に稼がせていますからねと言う。あまりにも痛烈な言葉だが、不思議に批判がましさはなく、むしろ深いシニシズムが感じられる。

マントーがこの作品を書いたのは、もともとひとつの国だったインドとパキスタンがイギリスの介入で分離独立し、イスラム教徒とヒンドゥー教徒の間に流血の大惨事が起こった直後のことだった。彼は動乱の中でパキスタンに移り、アルコールに溺れて四十三歳の若さで死ぬのだが、この作品にも彼の挫折感が、色濃く影を落としているような気がする。

動乱を直接の背景にした作品では「トーバー・テーク・スィング」も印象的だ。これはインドとパキスタンの政府が、おたがいの国の精神病院にいるイスラム教徒とヒンドゥー教徒の患者を交換しようとする話だ。

しかし患者たちには正確な情報が与えられず、おまけに勝手な妄想にとらわれている。だいたい、かつてインドだった土地が、いまはパキスタンであるということの意味さえ、誰一人としてのみこめていない。だからこの交換の話を聞いて、パキスタンの病院の患者たちは大混乱に陥る。

このように、ある日突然祖国分割という現実にいわれもなく巻きこまれた人間の、文字どおりとほうもない悲喜劇のかずかずが、次々にくりひろげられる。

ずいぶん脇道にそれてしまったが、先の作品の話に戻ると、地主が遊女を気に入った理由は、彼女のうたうガーリブのガザルだったという。卑近な例でいえば、遊女が見事な小唄や清元をうたって身請けされたようなものだろうか。

ガザルを聞いてみたい人には、先にあげたナジマのほか、ジャグジート&チトラーの『サウンド・

アフェアー』（ボンバ・レコード）や『ミルザー・ガーリブ』（オルター・ポップ）の、チトラーの官能的で透明な、まさに天女のような歌声をおすすめしたい。後者にはこの本に引用されたガザルも入っている。

なお、この本は発行元の財団が全国各地の公共図書館に寄贈しているもので、一般の書店では手に入らない。こんなにおもしろい本が売れないとは実に残念！

4

いまの日本人の音楽的素養のほとんどは、洋楽の流れをくむもので、それにくらべると、伝統的な純邦楽や民謡の世界に詳しい人は圧倒的に少ない。

よく考えてみれば驚くべき事実だが、この傾向は何もいまにはじまったことではない。なにしろこの百年間、政府が率先して洋楽教育を行ない、伝統的な音楽文化を無視してきたのだから。

金洪信（キム・ホンシン）の『人間市場』（西門啓訳、朝日出版社）は、数年前、韓国で二百万部近いベストセラーになった小説の第一部だ。物語は、一匹狼の学生ヤクザの主人公が、権力者たちの仮面を小気味よくひっぱがしていく話だが、その中に、主人公が民俗芸能をまねたダンスを踊って、ガールフレンドやディスコの客の喝采をさらう場面がある（同様の場面は、一九八〇年代韓国映画の名作のひとつ『風吹く良き日』にも出てくる）。

あるいは、先ごろ芥川賞を受賞した李良枝（イ・ヤンジ）の『由熙（ユヒ）』（講談社）では、主人公の女子大生がテグムという韓国の笛の音を聞いて、父の母国への留学を決意する。ソウルでの孤独な

留学生活をなぐさめるのもこの笛の調べで、彼女はついに「ウリマル（韓国語）の響きはこの音の響きなんだ」と確信するにいたる。

いまの日本人は、伝統的な音楽や芸能と、このような幸せな出会いを持てるだろうか。一般的な答えとしては、そうとは言いにくいだろう。『人間市場』がソウルの若者たちのスノビズムを見事に風刺していることはたしかだが、たとえば日本を舞台に、六本木やウォーターフロントのディスコで民謡的なダンスを踊って受ける話が現実感を持つだろうか。ギャグ的な設定でもないかぎり、かなり難しいように思う。それほどまでに、都市の人間は伝統芸能から切り離されて暮らしている。

もちろん、身のまわりに伝統的な邦楽がなくても、それを受容する感性までが消えてしまったわけではない。音楽の感受性は、言葉や生活と切り離せないものだから、われわれは日々無意識のうちに、伝統的な音感をつちかっているともいえるだろう。

また、音楽の作り手の側にも、わらべうたの音階を取り入れたピンク・レディーの歌のような形で、あるいは、江利チエミのポップス調の「さのさ」を聞いて育った桑田佳祐の音楽のような形で、伝統を受け継いでいる例がないわけではない。

インドネシアのモフタル・ルビスの『果てしなき道』（押川典昭訳、めこん）は、独立運動をテーマにした小説では、まちがいなく十指に入りそうな傑作だが、この中に興味深い音楽談義が登場する。ずるずると独立運動に巻きこまれる気弱な教師のイサと、建国の理想に燃える青年ハジルが、バイオリンを弾きながら話し合う。

ハジルは、人間の幸せは確立された個人が他者と調和した社会にある、そのために独立運動が必要で、それを表現するのが音楽だと考えている。「集団としてのインドネシア人は三五〇年以上もオランダの植民地支配を受けた。それが集団というものだ。（中略）だからぼくの音楽は集団の音楽ではなく、人間個々人の音楽なんだ」と彼は言う。

現実的なイサはハジルの音楽の才能は認めるが、この発言は教科書的すぎると感じる。イサは出るクイは打たれるという教えを守ってきた人間であり、伝統的な社会集団の中で個性をなくし、責任を放棄し、義務を消し去る気楽さを失いたくないと思っている。

しかし面と向かってハジルと議論し、説得する勇気もない。そこで彼は、インドネシアの音楽における太鼓の重要性を語り、きみの音楽に伝統的な太鼓を取り入れてみてはどうかと提案する。それに共感したハジルはイサに二人で音楽を作ろうと言う。そのときハジルは、太鼓の豊かな表情が、実は自分が否定したいと願っている集団の中で育まれてきたものであることに気づいていない。

物語の中では、この音楽は結局完成されずに終わるのだが、時代や国や人種や音楽のちがいはあるものの、ここで語られている音楽と社会、伝統と現代の関係は、いまも基本的には、東京をはじめアジアの都市の音楽の問題であり続けているような気がする。

24 fri.

天皇の葬式のため、同居人の誕生日が休日になった。ヴィデオで『ホテル・ニューハンプシャー』を見ているうちに居眠り。これならテレビ放映された『バック・トゥ・ザ・フューチャー』のほうがまだぼくの好みに合っている。比較してもしょうがないが。

「彼はかつて、チュイルリー宮殿、ウィンザー城、クレムリン宮殿の現在の所在地の上を泳いだ。ノアの洪水のときには、彼はノアの方舟を軽蔑した。そしてもし世界が、そのネズミを絶滅するため、ネザーランドのように、ふたたび洪水におおわれるとしても、不滅の鯨はなお生き残り、赤道の洪水のいちばん高い波頭に立ち上がって、空に向かって泡だつ反抗の汐を噴き上げることだろう」(『白鯨』富田彬訳)

メルヴィルが鯨について書いたのは、いまから一五〇年近く前の一八五〇年ごろのことだった。いまでこそアメリカ文学の不朽の名作と呼ばれるこの長編も、発表されたときは、まったく評判が悪く、メルヴィルはたちまち流行作家の地位から引きずりおろされ、とうとう転職して税務所の役人になってしまった。

渋谷の道玄坂下に、くじら屋というくじら料理の専門店がある。

東京で暮らしはじめたころ、友達にさそわれて、一度だけその店に入ったことがある。

いまのように改装されて小綺麗な店がまえになるよりずっと前、そのとなりの109のビルのあたりにはまだ、細い路地があって、小さな洋品店などがひしめいていたころのことだ。

その店ではじめてくじらの刺身というのを食べ、ついでくじらの焼肉を食べた。刺身は冷凍肉を切ったもので、食べるときはシャーベットを口に含んだような歯ざわりだった。焼肉のほうは、タレ

の味付けがきいていて、これまた牛肉の焼肉にまさるとも劣らぬ美味なものだった。

くじらの肉は、クセのあるにおいがするが、それをうまく消してあるのでつい食が進み、おなかがはちきれそうになるほど食べた。

「小さい抹香鯨では脳がうまいということになっている。頭蓋骨を斧でぶち割り、二つの丸々とした白っぽい脳葉をひっぱり出し（二つの大きなプディングにそっくりだ）麦粉とこねて料理すると、けっこう楽しい食事になる」（『白鯨』）という料理こそなかったものの、くじらの冥福を祈りつつ、友達とぼくはつかのまの恍惚境をさまよった。

おかげで次の日は、一日中、口の中でくじらが水泳しているような匂いに悩まされたが、あれは切り身にされてタレにつけられて火あぶりにされたくじらの最後のささやかな抵抗だったのだろう。

ルー・リードの『ニューヨーク』というアルバムに「ラスト・グレイト・アメリカン・ホエール」という歌が出てくる。

この歌に出てくるくじらはとほうもないくじらだ。頭の先から尾っぽまでの長さは半マイルもあって、彼が山をふたつに引き裂いたところにグランド・キャニオンができたという。

ほら話もここまでくるとスケールが大きいが、そのくじらをチャイナタウンで見かけたという母親の話もなかなかとぼけている。もっとも、ルー・リードは続けてうたっている、「母親はいつも信用できるとはかぎらない」と。

このくじらは、結局、全米ライフル協会のメンバーのバズーカ砲で頭を吹き飛ばされて死んでしまう。演奏の最後のところでギターがひとこえ、くじらのように鳴いて消えるのが悲しい。

メルヴィルは一八九一年に死んだ。そのころには、アメリカの文学界では彼の名は完全に忘れ去られていた。

「物事は多数派のためになされるとみんなはいう」とルー・リードは皮肉たっぷりにうたっている。

28 tue.

夜明けにめずらしくウグイスがやってきて近所の庭木を飛び回って鳴いている。ホホケキョ、ホホケキョと鳴き方がせわしない。ぼくの住んでいる東京都世田谷区が区立美術館の作品購入費用に二億円も（国立西洋美術館や国立近代美術館より多い）使っているのを知っておどろく。その一方で、世田谷区の下水道普及率は、東京でも最低に近い。文化っていったい何なんだろうか。

1989 MARCH

7 tue.

東京シネセンターでクレール・ドニ監督の『ショコラ』の試写を見る。パリ生まれのドニ監督は、少女時代をアフリカの数カ国で過ごしたことがあり、この映画も当時の記憶をもとにカメルーンで撮影された。

ジム・ジャームッシュの『ダウン・バイ・ロー』やヴィム・ヴェンダースの『ベルリン・天使の詩』などの助監督をやっていたというドニ監督の作る映像には、彼女が関わってきた映画に通じる、

クレール・ドニ『ショコラ』（川喜多映画記念文化財団提供）

とても落ち着いた雰囲気がある。子供が主人公というところから、やはりフランスの女性監督が作った『マルチニックの少年』の素晴らしさを思い出させるところもある。同じ植民地時代のアフリカを舞台にした映画でも、『愛と哀しみの果て』の虫のいいお嬢様的視点にくらべると、人間の描写に説得力があり、アフリカを内面化することにおいてはるかに優れている。ただ、作品のまとまりとしては、冒頭と末尾に出てくる現在のシーンと、物語の過去の時間を結びつけるものが、いまひとつ弱いのがちょっと残念。

音楽を担当したアブドゥーラ・イブラヒムは、かつてダラー・ブラントという名前で知られていた南アフリカ出身のジャズ・ピアニスト。この映画のサウンドトラック・アルバムがエンヤ・レーベルから出ていて（日本でもクラウンから発売）、民俗音楽風の演奏も入っているが、ポップな「アフリカン・マーケット」「レイン」などの軽快な演奏がいい。しかし監督はどうしてカメルーンのミュージシャンを起用しなかったのだろうか。

15 wed.

東京ドームで吉田拓郎のコンサート。昔の曲をあまりやらず、最近の曲をポップなロック・サウンドでどんどんやる姿勢に、非常に積極的なものを感じた。アルバムで聞いたときは、ポップなサウンドにヴォーカルが浮いているように思った『サマルカンド・ブルー』の曲なども、ライヴで聞き直すと、ずっと生き生きしていた。昔の彼のファンはとまどうかもしれないが、まだお爺さんじゃないんだから、どんどん攻撃的に活動を続けていってほしい。

26 sun.

徳間ジャパン、ポリドール、キングから最近CDで再発された日本のロックの名盤のいくつかをまとめて聞く。中でも、遠藤賢司の『満足できるかな』と『東京ワッショ

イ』には、ただただ涙と笑い。思い出深いアルバムだけに、これだけクレイジーな情熱を持った音楽が、いまの日本のポップスにどれだけあるだろうか、ドンドンと、ついこの原稿を書くワープロのキーを叩く指にも力が入ってしまう。

30 thu.

渋谷のクアトロでリヴィングストン・テイラーとアーティ・トラムのライヴ。最初に出てきたアーティのライヴは、エリック・クラプトン、リヴォン・ヘルム、ボブ・ディランなどのものまね、「やさしく歌って」のパロディなども含めて、ほとんどアル・ヤンコビックのような乗り。彼自身もニューエイジ・ミュージックのレコードを出しているが、ニューエイジ風の演奏の説明をしながら、居眠りのポーズをしてマイクに頭をぶつけたところなど、大受け。リヴィングストン・テイラーはギター、ピアノ、バンジョーを弾きながらの大サービス。陽気でまじめな人柄のよくわかるステージだった。

1989 APRIL

1 sat.

代々木オリンピックプールでスティーヴ・ウィンウッドのコンサート。はじめて見るウィンウッドは、朴訥そうな若おじさんというか、いまだに少年のような雰囲気のある人だった。音楽的には充実したコンサートだったが、動きや仕掛けなどの視覚的エンターテインメントの要素は少ない。でもトラフィック時代の「ロウ・スパーク・オブ・ハイ・ヒールド・ボーイ

ズ」での落ち着いた照明は最高に幻想的だった。ツアーがあまり好きじゃない人なので、もうこれが最初にして見納めのつもりでしみじみとしていたら、隣にすわっていた水上はるこさんに「ポイズンのコンサートが若い子に人気がある理由がわかるわね」と言われてしまった。

スティーヴ・ウィンウッド

『バック・イン・ザ・ハイ・ライフ』『ロール・ウィズ・イット』と充実したアルバムを続けて発表し、いま何度目かの絶頂期にあるイギリスのベテラン、スティーヴ・ウィンウッドの初来日公演がやっと実現した。

彼は時代の流れを劇的に変えるような伝説的なスターではないかもしれない。しかし消長のはげしいロック界で、一九六四年に十六歳の天才少年だった彼が、いまなお第一線で高密度の音楽を作り続けているのは、ほとんど奇跡といっていい。

落ち着いた美しい照明のもと、最新の曲から初期の「ギミ・サム・ラヴィン」まで、コンサートは何の仕掛けもなく、淡々と進行した。少しはにかんだ表情でステージに立つウィンウッドには、少年のおもかげが残っている。ラス・カンケルをはじめとする八人編成のバンドをバックに、彼は高音のソウルフルなヴォーカルを聞かせ、表情豊かなオルガンやピアノを弾き、ムダのないギターを披露する。ていねいに練り上げられた円熟味のある演奏は、すみずみまで抑制がきいている。破綻がなさすぎるのが、ときには歯がゆくなるほど。

サーカスめいた派手な演出のロック・ショーに慣れた人には不満が残ったかもしれない。大人向けのヴォーカリストのぜい肉たっぷりのサービス精神を求めた人も期待が外れただろう。しかし通念によりかからずに、演奏に徹するストイックな姿勢は、いまのような時代にはかえって、すがすがしく過激、ともいえる。

一曲目は「フリーダム・オーバースピル」だった。かつてロックの世界ではどん欲に自由が希求されたのに、いまや成熟したロックの最先端から「自由があり余る」歌が生まれてくるというパラドックス。そこには、ライヴ・エイドのような出来事を可能にした一九八〇年代のロックのモラルのありようが端的に示されているようだ。この歌から飽食社会への婉曲な批判を読みとることも、もちろん自由だろう。

4 tue.

スタジオ錦糸町で「映像インスタレーション・銀河鉄道の夜」を見る。金井一郎が賢治童話をもとに作った「翳り絵」のスライドを、複数(二十五台)の映写機から何層ものレース・カーテンやスクリーンに映写し、それに音楽をつけたもの。映像がフェイド・イン、フェイド・アウトするときのほのかな光がたとえようもなく美しい。これは賢治のこの作品を映像化したものの中では、最もイマジネーション豊かな試みのひとつだろう。今後どこかでこのインスタレーションが再現される機会があれば、賢治ファンはお見のがしのないよう。

8 sat.

東京ベイNKホールで、サディスティック・ミカ・バンドの再編コンサート。開演前に「木遣くずし」(?)らしき音楽を流したり、歌舞伎風の舞台装置を使ったりの奇

抜な遊びの精神は、十数年前から変わらない。ロック・コンサートでそういうことをやっても、何ら違和感を感じさせないのが、彼らの素晴らしさだ。ただ、メンバーの動きが、多少ぎこちなく思えたのは、久しぶりのステージで固くなっていたのだろうか。どうせ一回かぎりなら、ステージングにも派手な遊びの演出を徹底する手があったのでは（後に聞いたところでは、9日の公演では、もっとスムーズだったそう）。「ウン・ポコ・ロコ」がスタートするときに、桐島かれんが大声で「ウンコしよう！」と叫んだときは、大興奮の会場が一瞬静かになったような気がした。彼らの最も シビアな歌「賑やかな孤独」の後も、拍手がワン・テンポ遅れて聞こえた。

12 wed.

ロイヤル・アルバート・ホールでジプシー・キングスのコンサート。開演前にバーでビールを買ってきて、二階の個室バルコニー席から、ゆったりとコンサートを楽しむ。日本のコンサート会場で、こんな優雅な気分にさせてくれるところはどこにもない。

アコースティック・ギターをかかえた六人のメンバーが横一列にズラーっと並ぶと、えもいわれぬ迫力がある。満員の八千人の白人聴衆がダンスしながら「バンボレオ」や「ジョビ・ジョバ」に熱中する様子はなかなかのものだった。翌日も彼らは同じ会場でコンサートをやった。イギリスではアルバムが十万枚以上売れているという。イギリスでスペイン語のポップスがそんなに売れるとは、時代が変わったものだ。

ジプシー・キングス（EPIC・ソニー提供）

ハーニフ叔父さん

4月にロンドンに行ったときに、インド系の人たちが住んでいる街を訪れてみた。ロンドンに行ったことのある人はごぞんじだと思うが、ヒースロウ空港で働いている職員には、インド系の人がずいぶんいる。観光客でにぎわうロンドンの中心部でも、ニュース・スタンドや衣料品のバーゲン・ショップなどには、インド系の店員さんの姿が実に多い。いったいこの人たちはどこに住んでいるのだろうと前から不思議に思っていた。

一度ある取材のときに、リジェント・パークの北東の方だったと思うが、車がたまたまインド系の人々の住む地区を通ったことがあった。地理感覚にうといので、いまだにそれがどこだったのか特定できないのだが、そのとき買い食いしたお菓子の味が忘れがたく、ロンドンのインド・タウンは、いつしか記憶の中でとめどなく都合よく美化され、サリーやシャルワールをまとった絶世の美女が手をつないで街を練り歩き、牛がバラの花壇に首を突っこんでいる世界、二度とたどりつけない桃源郷のような幻想となって、寝ても覚めてもぼくにまとわりつくようになった。その幻想は東京のインド・カレーの店に入って、スパイスの辛味で体中にピリピリと静電気の火花を走らせたぐらいでは収まるようなものではなく、いつかかならず行ってみたいと思っていたのだが、そのたびに時間がなかったり、場所がはっきりしなかったりして果たせなかった。さいわい今回は場所も教わったので行ってみたのである。

ひとつはヒースロウ空港からほど遠くないサウスオールと呼ばれる地区で、このときは時間がなかったので、タクシーを待たせてレコード店をちょっと覗いただけの、訪れたというのもはばかられるほど短い訪問だったが、それでもタクシーの窓から見えるインド風の商店の数々に見とれ、レコード店の山のようなレコードやカセットにまじって、映画雑誌やスターのポスターや絵はがきが所狭しと並んでいる光景に圧倒されて帰ってきた。

ものの本によると、イギリスに住んでいるインド／パキスタン／バングラデシュ／スリランカ出身の人々（イギリスではアジア人と言うと、この人たちを指すことが多い）は約一二〇万人。そのうち約四〇万人がロンドン近辺に住んでいるという。サウスオールはその中でも最も大きなアジア人コミュニティのひとつで、パンジャブ地方出身のシーク教徒が比較的多く、シーク教徒のシンボルであるターバンを巻いた男性をたくさん見かけた。そういえばシーク教徒たちは、バイクに乗るときにヘルメットの代りにターバンでもいいことにせよと当局にかけあっているという記述が、APAパブリケーションズから出ているロンドン案内の一九八八年版に出ていた。ということは、事故のときの頭の安全のことを考えるよりも、宗教的な戒律を守ることのほうが大切ということなのだろうか。もっとも、ターバンをしている方が、気分がひきしまって、事故を起こす確立が少ない、というような効用だってあるかもしれない。交渉はその後どうなったのだろうか。

もうひとつはスピタルフィールズ地区で、こちらにはベンガル地方から来た回教徒が多く住んでいる。サウスオールのブロードウェイやサウス・ロードの広々としたたたずまいにくらべると、こちらの商店街のブリック・レーンは、道路幅が細くていかにもインドの下町の裏通りを歩いている気分が

する。子供のころ、大阪城の天守閣の地下は、京都に抜ける秘密の地下道でつながっているとか、東大寺の二月堂の若狭の井戸の水は福井県の若狭湾につながっているというような伝説を馬鹿にしながらおもしろく聞いた記憶があるが、ブリック・レーンを歩いていると、横町を曲がったところからインドへの道がはじまっていると言われても、信じたくなるだろう。

このときは少し時間があったので、本屋でわかりもしないベンガル語の本を手にとって眺めたり(実際、手にとって眺めたくなるような極彩色の背表紙の本が多いのだ)、スーパーマーケットに山積みされている香辛料の香りをかいだりしながら時のたつのを忘れて帰ってきた。カセット店では、インドやパキスタンからの映画音楽の輸入テープはもちろんだが、やけに白っぽいパッケージのカセットが並んでいる一郭があって、よく見ると海賊テープのようだった。それほどまでに映画音楽のカセットは人気があるということだろう。

サルマン・ラシュディの『真夜中の子供たち』にボンベイの映画界の話が出てくる。主人公サリーム・シナイの叔父さんハーニフはインドのボンベイの映画界で働いている。娯楽映画の売れっ子脚本家兼監督だった彼は、ある日突然、おとぎ話のような物語を書くのがいやになり、リアリズム作家をめざしはじめる。「この国は五千年も夢を見ていたんだ。もうそろそろ目覚めていい頃だよ」とハーニフ叔父はサリームに言う。そしてアパートの一室で腰巻姿で、毛深い脚を突き出し、ゴールド・フレークを扱いながら、鉛筆で雑記帳に向かう。

しかしリアリズム作家をめざしたとたん、彼の映画人としての地位は下降線をたどりはじめる。かつて彼の映画で人気女優になった妻のピアはサリームに向かってとめどもない愚痴を語る。「じれっ

たいわ、まったく。わたしはあの人に言うのよ、ダンスを入れなさい、それとエキゾチックな風景を入れなさいって。悪人を悪人らしくなさいって。だって、そうじゃありませんか。主人公を男らしくなさいって。ところがあの人ったら、そんなものは屑だと言うのよ。今はそんなふうに考えてるのよ——昔はそこまで傲慢じゃなかったけど。今は普通の人のことを、社会問題のことを、書かなくてはならないんだってさ。わたしは言うのよ、そうよ、ハーニフ、それはいいわ、その通りよ、でもちょっとはコメディーの要素も入れてよ、悲劇やドラマも加味してよ、大衆が望んでいるのはそういうものよ、とね」彼女は目にいっぱい涙をためている。「で、坊や、あの人が今、何を書いているか、知ってる？　それはね……」彼女はまるで心臓が破れそうだとでもいうような顔をした。「『あるピクルス工場の平凡な生活』というのよ」

スポンサーだったプロデューサーの死によって一切の収入を断たれたハーニフ叔父は、将来を悲観してマリーン・ドライヴのアパートの屋上から身を投げてしまう。「(彼が落ちる姿)を見た乞食たちは、盲目の振りをするのをやめて、叫び声を上げながら退散した……生においても死においても、ハーニフ・アジズは真実という大義に加担し、幻影を追い払ったのだ」

とまあ、引用が長くなったが、一九五〇年代にハーニフ叔父さんが破れ去ったのも無理はない。インドではいまだに「五千年の夢」の続きと思いたくなるような娯楽映画が圧倒的に人気を博していて、世界の音楽のテレビ・ドキュメンタリーから生まれた『ビーツ・オブ・ザ・ハート』という四年前の本によると、年間の新作映画が七五〇本、取材時にボンベイの撮影所で製作進行中の作品が六〇〇本、一週間の観客動員数が一億人という気の遠くなるような数字である。もちろん映画のほとんどがミュ

ージカル調の娯楽映画であり、そのサウンドトラックは、インドの年間レコード／カセット・セールスの約八割を占めている。売れっ子の映画音楽作家は、常に何十もの進行中の映画の音楽の仕事をかかえていて、小さなスタジオに一〇〇人からなるオーケストラを待機させ、手書きの楽譜が間にあわないので、第一バイオリンが弾くメロディを残り三〇数人のバイオリン奏者がフォローし、ブラス・セクションにいたっては即興で演奏することも珍しくないなどと書いてある。一〇〇人ものオーケストラを維持するのはたいへんな経費だから、最近は電気楽器を使ったスモール・コンボの演奏のものも出てきたが、サイクロンの風のようなオーケストラが入ってないと、いかにもインド映画の音楽を聞いたという気がしないからか、リズムはロック風でも、バックにオーケストラの入っているものが多く、となると無駄な時間は許されないから、当然、オーケストラや作曲家には熟練した技術が必要とされる。歌手の場合も同様に、寡占化が進み、最も有名な歌手のラター・マンゲーシュカルにいたってはすでに二万五千曲を吹き込んで、ギネスブックに記載されているほどだ。やっと音楽の話がはじまったところで紙数がつきてしまったが大手や専門の輸入盤店では、最近、インドの映画音楽のCDも入荷するようになったので、興味のある人は聞いてみて下さいな。

15 sat.

渋谷クアトロでシェブ・ハレッドの八時からのライヴ。彼はアルジェリアで生まれ、パリを中心にヨーロッパでも注目されているポップス「ポップ・ライ」最大のスター。ほれぼれとするようなハリのある声でノリのいいヴォーカルを聞かせる。

彼の歌は、イスラムの戒律ぎりぎりのきわどいものもあって、数年前までは、政府の規制があって、

シェブ・ハレッド『クッシェ』

ラジオにもかからなかったそう。ルックスがいかにも女殺しという感じだが、イスラムの教えのきびしいアルジェリアで、果たして女性客が彼のライヴなどに行けるのだろうか。イギリスの雑誌で、「ポップ・ライ」の記事を読んでいたら、女性たちは夫が外出している間に、こっそりカセットを聞いている、という記述があった。

うねうねと起伏の多いアラビア語の歌にロックでおなじみのリズム・セクションがつくのだが、英米風の音楽とはまるでちがうリズム・アンサンブルだ。一曲だけ琵琶のような形をしたウードでリズムを弾きながらうたう姿も堂にいったもの。彼の最新アルバム『クッシェ』は、6月に東芝EMIから発売されるが、なかなかの名盤。後で話を聞くと、ぼくの見た回の演奏が最低だったとか。となると、調子のいいステージは、どんなにすごいんだろう。くやしい。

28 fri.

渋谷NHKホールでニール・ヤングのコンサート。前半のアコースティック・セットではさすがに若いころのような声が出なかったが、それでもコンサートは予想をはるかに上回ってよかった。興奮して会場で30日の入場券を買っていたら、友達にバカにされた。終わってから人のおごりで一本三千二百円！　のワインみたいなビールを飲んだ。東京はおそろしいところだ。

29 sat.

渋谷NHKホールでニール・ヤングのコンサート。よかった。この日は前のほうにすわれたので、「ミスター・ソウル」の演奏中、ギターを激しく弾きすぎてピックが飛んだあともしばらくわれを忘れて指でさらに激しく弾いていたのが見えた。

30 sun.

渋谷NHKホールでニール・ヤングのコンサート。前二日とは曲目が半分ほどちがっていた。よかった。この三日間は完全に仕事を忘れることができた。個人的にこういうふうに思い入れできるミュージシャンがいつまでも活躍してくれますように。

1989 MAY

1 mon.

渋谷クアトロでルイジアナからやってきたバックウィート・ザディコのライヴ。一曲バック・バンドだけで演奏したあと、彼が出てきて、巨大なアコーディオンを弾きながらノせることとノせること。一所懸命ラブボード（ウォッシュボード）でかきむしるようにリズムを取っている人が、トランプのジャックのようでかわいらしかった（以前は木の洗濯板が一般的だったが、彼の使っていたのは金属製で最初から肩にかける部分もついた楽器だった）。アンコールの「ウォーキング・トゥ・ニューオーリンズ」で延々「ナンバーワン、ザディコ」のMCが入って同じパターンで盛り上がっているところで失礼する。

11 thu.

サンセット・ブールヴァードのクラブ・ランジェリーでニューオーリンズ出身のドクター・ジョンのライヴ。三人のブラス・セクションをしたがえたバンドを率いての演奏。ギターは元ミーターズのレオ・ノセンテリだったが、ニューオーリンズ色はそれほどない。ワーナーから古いスタンダードを取り上げたアルバムを出したばかりなので、それに添った落ち着いたス

テージだった。

16 tue.

青山CAYでニューオーリンズ出身のネヴィル・ブラザースのライヴ。さすがにうまいステージ。ニューオーリンズ・カラー一色ではなく、ニュー・アルバム『イエロー・ムーン』の曲を中心に、ジャズっぽいのやロックンロールなど、実にいろんなタイプの演奏をやった。願わくばもう少しシブめにニューオーリンズ色の強い曲を多くしてほしかったが、メンバーにはそんな気はさらさらないようだった。

18 thu.

今年も期限つきで建った新橋のテント・ホールPITで、スティング、ラオニ酋長などが参加して行なわれた熱帯林行動ネットワークのシンポジウム。酋長の話がポルトガル語、英語、日本語と通訳されていくうちにやせ細っていくと、ポルトガル語と英語のわかる友人は言っていた。国際的な意思の疎通はなかなか難しい。

28 sun.

渋谷クアトロでマリのザニ・ディアバテ&スーパー・ジャタ・バンドのライヴ。歌手三人を含む総勢九人。リード・ギターのザニ・ディアバテはたいへん小柄な人で、トンボを切ったり、肩車に乗ったり、床に転がったり、頭の後ろにギターを回して弾いたり、たいへんなエンターテイナー。民俗衣装を着たヴォーカリストたちも達者な芸で楽しませた。マリのジミ・ヘンドリックスという噂だったが、似ているのはギターを頭の後ろに回すところだけだった。しかし日本でレコードも出していないバンドがはるばる日本にまでやってきて、こんな小さなホールで公演して採算とれるのだろうか。見ているほうはありがたいけど。

29 mon.

中野サンプラザで東京音楽祭アジア大会。マレーシアのシーラ・マジッドの安定した表現力とインドのレモのモダンでワイルドなステージが印象に残る。去年までの武道館の寒々としたコンサートより、会場がコンパクトになって、演出も落ち着いてきた。

村上春樹と音楽

村上春樹の小説にはよく音楽が流れている。すべての作品を読んだわけではないが、音楽の出てこない長編はひとつもないし、短編にも音楽が出てこないものより出てくるもののほうが多いだろう。ところが音楽が彼の小説の中で重要な役割を果たしているかというと、必ずしもそうではない。たとえば『ノルウェイの森』のようにビートルズの曲が昔の記憶をよびさます鍵として使われている小説でさえ、ビートルズの音楽が鍵以上の位置を占めているかということになると、いささか疑問だ。

「この曲聴くと私ときどきすごく哀しくなることがあるの。どうしてだかわからないけど、自分が深い森の中で迷っているような気になるの」と直子はいった。「一人ぽっちで寒くて、そして暗くって、誰も助けに来てくれなくて。だから私がリクエストしない限り、彼女はこの曲を弾かないの」

これは療養中の病院にたずねてきた主人公の「僕」に恋人の直子が語る言葉だが、この小説の中で

はこれが「ノルウェイの森」という曲への唯一の意味づけであり、ずいぶんあっさりとした表現である。もちろん読者は『ノルウェイの森』というタイトルのイメージから自由に想像をふくらませて、森の中で迷う人間という比喩を読みとれなくはない。しかし、それは不思議な女性とのデートについての歌詞やシタールを使った演奏も含めたビートルズの音楽とは直接関係ない次元の話であり、直子がこの曲を聞くとなぜ「深い森の中で迷っているような気に」なるのかにいたってはついに説明されない。なにしろ直子にも「どうしてだかはわからない」というのだからとりつくしまがない。どう考えても『荒野のおおかみ』のモーツァルトや『ブルックリン最終出口』のパーカーほどの比重をもってビートルズが使われているのでないことは確かだ。

『ノルウェイの森』でさえそんな調子だから、他の音楽についてはもっとそっけない。主人公が音楽を聞くためにレコードをかけたりラジオのスイッチを入れたりする場合も、意味づけは極力避けられ、ただそこに音楽が流れているだけなのである。

とはいえどの作品でも音楽が全く意味もなく使われているわけではない。たとえば処女作『風の歌を聴け』の中から音楽が出てくる場面をいくつかアット・ランダムに抜き出してみよう。

僕たちは食後のコーヒーを飲み、狭い台所に並んで食器を洗ってからテーブルに戻ると、煙草に火を点けてMJQのレコードを聴いた。

僕たちはカウンターに戻り、ビールとジム・ビームを飲んだ。

そして殆ど何もしゃべらず、黙り込んだままジューク・ボックスに次々にかかるレコードをただぼんやりと聴いていた。「エブリデイ・ピープル」、「ウッドストック」、「スピリット・イン・ザ・スカイ」、「ヘイ・ゼア・ロンリー・ガール」……。

「カリフォルニア・ガールズ」のレコードは、まだ僕のレコード棚の片隅にある。夏になるたびに僕はそれをひっぱり出して何度も聴く。そしてカリフォルニアのことを考えながらビールを飲む。

どの曲もミュージシャンも、一九七〇年の夏の神戸を基点にしたこの物語の中に出てきて不思議ではない名前だし、物語の空気を壊さないようにていねいに吟味して使われている。音楽にくわしい人なら主人公の音楽の趣味を推測することもできる。しかしこうした音楽を知らない人にとってはジューク・ボックスの曲名リストを見ているようなものかもしれない。この小説に出てくる古典小説や作家には何らかの説明がほどこされているのにくらべ、音楽ははるかにそっけなく扱われている。あるいは村上龍が同じく処女作の『限りなく透明に近いブルー』の中で、主人公にドアーズの「水晶の船」について思い入れをこめて語らせているのにくらべてもずいぶん違う。

もちろん村上春樹もときには音楽について批評的な説明を加えることがある。たとえば『世界の終りとハードボイルド・ワンダーランド』の登場人物は、ボブ・ディランの音楽を聞きながら次のような会話を交わす（「ポジティヴリー・フォース・ストリート」が「ポジティヴ・フォース・ストリート」と

なっているのは、誤植か記憶ちがいだろう)。

「そうじゃなくて声がとくべつなの」と彼女は言った。「まるで小さな子が窓に立って雨ふりをじっと見つめているような声なんです」

「良い表現だ」と私は言った。良い表現だった。私はボブ・ディランに関する本を何冊か読んだがそれほど適切な表現に出会ったことは一度もない。簡潔にして要を得ている。

しかしこの会話にしても、物語の進行にどうしてもなくてはならない位置を占めているわけではなく、ちょっとした寄り道や休憩という扱いである。

『ダンス・ダンス・ダンス』にも主人公がめずらしく音楽に対して意見を述べるところがある。

僕は猫の死骸をスーパーマーケットの紙袋に入れて車の後部席に置き、近くの金物屋でシャベルを買った。そして実に久し振りにラジオのスイッチを入れ、ロック・ミュージックを聴きながら西に向かった。大抵はつまらない音楽だった。フリートウッド・マック、アバ、メリサ・マンチェスター、ビージーズ、KCアンド・ザ・サンシャインバンド、ドナ・サマー、イーグルス、ボストン、コモドアズ、ジョン・デンヴァー、シカゴ、ケニー・ロギンス……。そんな音楽が泡のように浮かんでは消えていった。くだらない、と僕は思った。ティーンエイジャーから小銭を巻き上げるためのゴミのような大量消費音楽。

でもそれからふと哀しい気持ちになった。

時代が変わったのだ。それだけのことなのだ。

僕はハンドルを握りながら、僕らがティーンエイジャーだったころにラジオからながれていた下らない音楽を幾つか思い出してみようとした。


そして主人公は次々にミュージシャンの名前を思い浮かべる。「ナンシー・シナトラ、うん、あれは屑だった、と僕は思った。モンキーズもひどかった。エルヴィスだってずいぶん下らない曲をいっぱい歌っていた。トリニ・ロペスなんていうのもいたな。パット・ブーンの大方の曲は僕に洗顔石鹸を思い起こさせた。フェビアン、ボビー・ライデル、アネット、それからもちろんハーマンズ・ハーミッツ。あれは災厄だった」といった調子である。以下、ハニカムズ、デイブ・クラーク・ファイブ、ジェリーとペースメーカーズ、フレディーとドリーマーズ、ジェファスン・エアプレイン、トム・ジョーンズ、エンゲルベルト・フンパーディンク、ハーブ・アルパートとティファナ・ブラス、サイモンとガーファンクル、ジャクソン・ファイブ……など、主人公はまるで日頃のうっぷんを晴らそうとするかのように「くだらない」音楽やミュージシャンを列挙していく。何が「屑」で何が「屑でない」かを選別する主人公の好みは、イーグルスやジェファスン・エアプレインを「つまらない」音楽の側に入れるのはちょっと抵抗があるという点を除けば、ぼくの好みにおおむね近い。ただしここでも音楽についての説明は基本的には行なわれていない。

『ダンス・ダンス・ダンス』に使われている音楽にはロックやポップが多いので、これが村上春樹の

小説の中で最もロック的な作品であると考える人もいるだろう。作品の中には「君と同じくらいの歳のころにさ。毎日ラジオにしがみついて、小遣いを貯めてレコードを買った。ロックンロール。世の中にこれくらい素晴らしいものはないと思っていた。聴いているだけで幸せだった」と主人公が一三歳の少女に語るところさえ出てくる。

ロックやポップが日本の小説の中で時代や登場人物の性格を表わす材料として使われるようになったのは主に一九七〇年代以降のことで、この小説がそのひとつの典型という考証的な意味だってないわけではない。しかし主人公はロックの趣味や知識をひけらかすためにこんなことを言っているわけではない。彼の思いはむしろそれに続くこんな部分の方にこめられているのではないだろうか。

何も変わってやしない。いつだっていつだっていつだって、物事の有り方は同じなのだ。ただ年号が変わって、人が入れ替わっただけのことなのだ。こういう意味のない使い捨て音楽はいつの時代にも存在したし、これから先も存在するのだ。月の満ち干と同じように。

あるいは主人公が一三歳の少女にこう語りかけるところに現われているのではないだろうか。

本当にいいものはとても少ない。何でもそうだよ。本でも、映画でも、コンサートでも、本当にいいものは少ない。ロック・ミュージックだってそうだ。いいものは一時間ラジオを聴いて一曲くらいしかない。あとは大量生産の屑みたいなもんだ。でも昔はそんなこと真剣に考えなかっ

た。何を聞いてもけっこう楽しかった。若かったし、時間は幾らでもあったし、それに恋をしていた。つまらないものにも、些細なことにも心の震えるようなものを託することができた。僕の言ってることわかるかな？

こうした発言を読めば、主人公がロックに特別な意味づけをしようとしているのでないこともロック批判を目的にしているのでないことも明らかだろう。このクールさは音楽に対してだけにはとどまらない。彼はどんな事件が起こっても、熱中することはなく、冷静な観察者であり続ける。事件に巻きこまれたときでさえ一歩身をひいて、自分から積極的に現実と関わろうとはしない。いや、関わろうとしない姿勢によって、現実と関わっているというべきか。彼は言う。「君にある種のものが欠けているのと同じように僕にもある種のものが欠けている。だからまともな生活が送れない。ただ単にダンスのステップを踏みつづけているだけだ。体がステップを覚えているから、踊りつづけることはできる。感心してくれる人間も中にはいる。しかし社会的には僕は完全なゼロだ」

村上春樹の小説の主人公のほとんどは、現実との関わりをできるだけ希薄にして生きようとしているように見える。「みんなはそれを逃避と呼ぶ。でも別にそれはそれでいいんだ。僕の人生は僕のものだし、君の人生は君のものだ。何を求めるかさえはっきりしていれば、君は君の好きなように生きればいいんだ。人が何と言おうと知ったことじゃない。そんな奴らは大鰐に食われて死ねばいいんだ」「他人のことと僕のことは別問題だ。僕は自分の考えに従って定められた熱量を消費しているだけのことさ」など、主人公たちはその姿勢を強調する。彼の小説の中では最もユーモラスで軽い味の

ある短編「ファミリー・アフェア」の「いいかげんな」主人公でさえも、コンピューター・エンジニアと婚約してまじめになりはじめた妹から「あなたはたいていの有益で社会的なものごとはあまり好きじゃないのよ」とか「本当の大人の生活をしていない」と批判される。そして彼は妹の健全な婚約者が持ちこんだたったひとつのはんだごてのおかげで、アパートの自分の部屋がもう自分のものでなくなったような強迫観念にとらわれる。

主人公たちの現実感の喪失は、社会への消極的な反抗の代償である。村上春樹の小説の中では例外的な作品と言われる『ノルウェイの森』の主人公とて例外ではない。大学をストライキ封鎖していた学生たちが、講義が再開されると単位を落とすのをおそれてまっさきに出席してノートを取りはじめたことに反感を抱いて、主人公は講義に出ても出席の返事をしないことにする。彼は死んだ友達にむかってこう語りかける。「おいキズキ、ここはひどい世界だよ（……）こういう奴らがきちんと大学の単位をとって社会に出て、せっせと下劣な社会を作るんだ」

全共闘運動がこのような形でのみ総括されるとは思わないが、主人公はここでは全共闘運動全体を批判しているわけではなく、一般論としての物事の筋の通し方や志といったものについて語っている。その志は強制すべきものでもされるものでもなく、ひとりひとりの人間が責任を持って引き受けるしかない。だから彼は本心を人に打ち明けるのにも慎重だ。同じクラスに出ている緑から、どうして出席をとるときに返事しなかったのかとたずねられた彼は「今日はあまり返事したくなかったんだ」としか答えない。もちろん、そういう態度を取り続けることによって、彼は確実に「下劣な社会」という現実から追放されていく。そして最後には「僕は今どこにいるのだ？」と、これまたビートルズの

「ひとりぼっちのあいつ」や「エリナ・リグビー」を想起させる疑問をかかえたまま電話ボックスに立ちつくす。『ノルウェイの森』の主人公の場合は、まだ理由も意志もはっきりしているが「ねじまき鳥と火曜日の女たち」の主人公にいたっては、とくに思いあたることもなく「ある日突然自分がかつての自分でなくなっていることに」気づき、いったんは現実と関わるべく法律事務所に就職したものの、やがて理由もなく辞めてしまう。そしてある日、彼は姿を消した飼猫を探して「出入り口を封鎖された路地」に入りこむ。

路地にもかつては入口と出口があり、通りと通りを結ぶ近道のような機能を果たしていた。しかし高度成長期になってかつて空き地であった場所に家が新しく建ちならぶようになってからは、それに押されるような格好で道幅もぐっと狭くなり、住人たちも自分の家の軒先や裏庭を人が往き来するのを好ましく思わなかったので、その小径はそれとなく入口を塞がれるようになった。

この「路地」が現実に包囲された主人公の精神の比喩であることは言うまでもないだろう。この「路地」は当然『ダンス・ダンス・ダンス』の「ごく普通の生活からはみだしてしまった」主人公や五反田君が「高度資本主義社会」に取り囲まれて生活している空間へとつながっている。その空間で主人公たちは居心地の良さも悪さもひっくるめて「高度資本主義社会」のおこぼれにあずかりながら、しきりに現実感の喪失に悩まされる。彼らが唯一いきいきとした共感をもって語り合うのは、過去の

話であり、二〇年前に聞いたビーチ・ボーイズの音楽についてだ。個人的にもビーチ・ボーイズが好きなのか、作者はここでは五反田君にビーチ・ボーイズの音楽の失われた輝きについて熱をこめてこう語らせてさえいる。「いつも太陽が輝いていて、海の香りがして、となりに綺麗な女の子が寝転んでいるような音だ。唄を聴いているとそういう世界が本当に存在しているような気持ちになった。いつまでもみんなが若く、いつまでも何もかもが輝いているようなそういう神話的世界だよ。永遠のアドレセンス。お伽噺だ」

村上春樹の小説の主人公たちの気持ちにある程度まで共感できるのは、彼らと同じように、ぼくもまたいくぶんかは「ごく普通の生活からはみだして」半亡命者のような生活をしているからかもしれない。そういう関心の持ち方が小説の読み方としてふさわしいのかどうかはわからないが、ぼくはそんなふうにしか彼の小説を読むことができない。

そこで気になるのは『ダンス・ダンス・ダンス』の終局近くに書かれた「現実だ、と僕は思った。僕はここにとどまるのだ」という文章だ。「高度資本主義社会」で「自分の考えに従って熱量を消費」する自由が、世界的な社会構造のあやうい不均衡の上に成り立っていることを知らないわけではない作者は、この言葉によって何を引き受けようとしているのだろうか。それはもちろんぼくのあずかり知らぬことではあるが、今後、物語の主人公たちが「路地」と現実の関係を反転できるかどうかは、たぶん彼らがより積極的な亡命者としての視点を獲得できるかどうかにかかっているとは言えそうである。

5 mon.

朝起きると、北京の天安門広場で、解放軍が学生・市民に発砲のニュース。学生たちがうたっていた「国際歌」(「インターナショナル」)の記憶が一瞬頭をよぎる。

午後、鈴木博文の『無敵の人』(メトロトロン・レコード)を聞く。プラスチック・ケースではなく、かわいい紙の箱入りのCD。鈴木博文が描いた絵を見ながらフタを開けてCDを取り出す気分は、プラスチック・ケースのストッパーからディスクをはがすときとちがって、やわらかく心なごむものがある。「朝焼けに燃えて」「ゴンドラ」などのかわいた感傷に、しばし時を忘れる。

奇妙な果実

ボブ・ディランの作った「風に吹かれて」には、人は見て見ぬふりをするために、どれだけ顔をそむけることができるのだろう、という歌詞が出てくる。

一九六三年の8月、人種差別反対を訴えるワシントンの平和行進で、キング牧師は二〇万人の参加者を前に、「わたしには夢がある。最後には自由を」という有名なスピーチを行なった。その集会に参加したピーター・ポール・アンド・マリーは、夏にチャートのトップ・テン入りしたばかりのこの歌をうたった。キング牧師はそれから五年後に、メンフィスのホテルで暗殺された。

6月のある夜、ぼくは、北京の天安門広場の軍隊と市民の衝突のニュースを見ていた。深夜、装甲車が広場の人ごみの中に突入する。学生たちが棒でその装甲車をなぐる。火炎瓶が投げられ、油がかけられ、装甲車は燃え上がる。軍隊が立ち去らない群集に向かって発砲する。群集がクモの子を散らすように逃げていく。テレビ画面の銃の連続音は、おもちゃの鉄砲よりたよりなげで、映画の戦闘場面とはくらべものにならないほど小さい。北京市内のどこか、解放軍の兵士の黒こげ死体が、歩道橋からぶらさげられて、風に揺れていた。かつてビリー・ホリディは、リンチにあって殺された黒人が、木に吊るされている様子を見た悲しみと怒りを「奇妙な果実」という歌に託したが、そのまわりに集まった人々は、おしだまって、特製のロースト・チキンをもの珍しげに眺めるような表情をしていた。

それからすべての報道を見て、ぼくはいつものようにごはんを食べた。そしていつものように眠った。

数日すると、北京のテレビに登場する市民は、広場を埋めた人々の態度を批判するようになった。西側のインタヴューに答える市民も、何もいいたくない、と答えるようになった。そして逮捕された人の死刑がはじまった。

ある日ぼくは、魯迅《ルイシュン》の『阿Q正伝』の文庫本を取り出して読んでみた。この物語では、主人公の阿Qは、革命に参加した気分で浮かれているうちに、革命党を名のった盗賊の一味にされ、町中を引きまわされた末に、公開銃殺される。そのとき、処刑の様子をながめていた市民はこういうのである。

「もちろん阿Qが悪い、銃殺されたのは彼の悪い証拠だ、悪くなかったらどうして銃殺されるような

ことがあろう、とみないった。だが、城下の輿論はどうもよくなかった。彼等の大部分は不満で、銃殺は首斬のような面白味がないといった、それにあいつは何というつまらない死刑囚であることか、あんなに長いあいだ引きまわしにされながら、とうとう芝居唄の一ふしもうたえなかった、彼等はムダについてまわったものだというのであった」（増田渉訳）

ぼくは中国政府や解放軍を擁護するつもりはまったくないし、市民をばかにしようとしているわけでもない。ただ、ニュース解説者たちが、解放軍は人間ではないというような意見をくりかえしたり、日本軍でさえこんな残酷なことはしなかったという北京市民の感想を、検証もせず、あたかも免罪符のように流し続けたことにうんざりした。

第二次世界大戦のとき、日中戦争で日本軍の犠牲者となった中国市民は推定約一〇〇〇万人とされていることを、南京侵攻だけで、殺された中国人が軍人と市民をあわせて一〇万とも二〇万ともいわれることを、みんな忘れてしまったのだろうか。

こんどの衝突の死者を市民側は約三〇〇〇人という。政府は三〇〇人という。北京で解放軍に殺された市民の正確な数は、おそらく当分わからないままだろう。ちなみに日本では毎年約一万人が車にひかれて死ぬ。

ジャクソン・ブラウンは『ワールド・イン・モーション』の「ハウ・ロング」の中で、きみはいつまでだれかが泣き叫び、死んでいくのを聞いていられるのだろう、とうたっている。

6 tue.

ウィルソン・ブライアン・キイの『メディア・セックス』(リブロポート)を読む。この本は、潜在意識に働きかけて人の心をコントロールしようとするメディアの戦略に警鐘を鳴らした興味深い本。その中の「サブリミナル・ロック」という章では、ザ・フー、ビートルズ、サイモン&ガーファンクルなどの曲がやりだまにあげられているのだが、その部分にはちょっと首をかしげたくなるところがあった。

たとえば本書によれば、ポール・マッカートニーがジョン・レノンの息子のジュリアンをはげますために作ったとされている ビートルズの「ヘイ・ジュード」は「ひかえめに見ても、ドラッグへの耽溺傾向を強めており、それによって、権威、社会、大人になること等への若者の反抗を理論的に解決しようとする」歌だし、サイモン&ガーファンクルの「明日にかける橋」は、「憂鬱、孤独、不安からのドラッグによる救済を賛美」し、ドラッグの売人が、「逆巻く水の上にかかる橋」のように身をよこたえて、悩める人々を助ける様子をうたっている歌だ、ということになる。

ロックの歌詞が、言葉の表面上の意味だけでなく、二重三重の玉虫色の意味を持つことが少なくないことは周知の事実だ。ロックにかぎらず、詩的表現が潜在意識に働きかけることは、むしろ一般的。だからこの本の著者がロックについてこのような解釈をすることも、もちろん可能である。実際そのように聞いた人もたくさんいただろう。だがそれはあくまでも解釈のひとつにすぎない。

ところが著者はそこから一挙に、ビートルズはドラッグを合法化したとか、「明日にかける橋」のヒット理由があたかもドラッグとのかかわりだけにあったといわんばかりの結論へと飛躍する。ロックとドラッグの流行に因果関係がないわけではないとしても、この論の進め方はいささか粗雑すぎな

いだろうか。これでは、ドラッグの流行が少なく、英語の歌詞をすべてわかっていたわけでもない日本で、「ヘイ・ジュード」や「明日にかける橋」がヒットしたわけは説明できない。もっとも、この著者なら「ゆく春や鳥啼き魚の目は泪」の句や荘子が蝶になる夢のような話にだって、幸せな幻覚を見られるかもしれないけれど。

15 thu.

四年半ぶりにソロ・アルバム『オムニ・サイトシーイング』を発表した細野晴臣にインタヴュー。アルバムは、江差追分をもとにした「エサシ」、細野流ポップとアラブ・メロディを結びつけた「アンダドゥーラ」、御詠歌のイメージで作られた「オヘンロ・サン」、パラダイス・ポップの「プリオシーヌ」など、これまでの活動と今後の活動を結ぶ見取図のようなヴァラエティのある世界。ここ数年『人間の条件』『源氏物語』など映画音楽の世界に亡命していた彼が、ようやくポップの現場に復帰してきたのはうれしい。まだエネルギー全開とはいかないようだが、右記の曲などは、実にていねいに作られていて気持ちがいい。

サリフ・ケイタ

まず打楽器奏者が登場して演奏をはじめた。次いで重量感のあるドラムが加わり、二人が心地よいリズムを織りなしはじめたときから、素晴らしい公演になるという確信があった。

アフリカ出身のポップ・スターとしては、サニー・アデ以来最大の音楽的衝撃を西洋のファンに与えたサリフ・ケイタ、期待の来日公演初日。雨の渋谷公会堂は七割ほどの入りだろうか（6月19日）。

合掌してステージに立ち、天頂に抜ける高音の声で、伝説の王の物語「スゥアレバ」などを凛《りん》としてうたうサリフは、旅の高僧とみまごう雰囲気だ。鏡をぬいこんだ衣装にまばゆく反射する光は、彼の音楽を使ったマリ映画『ひかり』の映像を思わせる。

動きの多い後半になると「高僧」は「道化」の役割も引き受け、かけ声で聴衆をあおり、笑顔で握手して回るなどのサーヴィスもふりまいた。老婆心を言えば、もう少し聴衆を突き放してほしいと思ったほど。

ワールド・ミュージックの十字路パリを活動拠点にするサリフらしく、バンドのメンバーは彼と同郷のマリをはじめ、カメルーン、ギニア、フランス、アメリカなどの出身者が入りまじって文字どおり国際的。そのため、フランス人メンバーが弾いたギターやキーボードのソロはまったくロック的、米仏混成のブラスはファンク的な平凡なフレーズが多いという一面も。

しかし「ヤダ」「ソロ」などが登場した中ごろからは、打楽器類やベースのリズムが、欧米メンバーの演奏を軽々とのみこんで、大きなうねりを作り出していった。そこには、アフリカ的な音楽と西洋的な音楽が激しくかけひきしながら融合する歴史的瞬間に立ち会う喜びがあった。

アフリカ的イメージの演出はやや控えめで、例外は、極彩色の民俗衣装の女性歌手二人の聖俗の美をあわせもつダンスが、濃密な空間を感じさせたことぐらいだろうか。

日本のバンドではめずらしくリズム感のいい前座の「JAGATARA」はサリフ・ケイタの前では力量の差が歴然として気の毒だった。

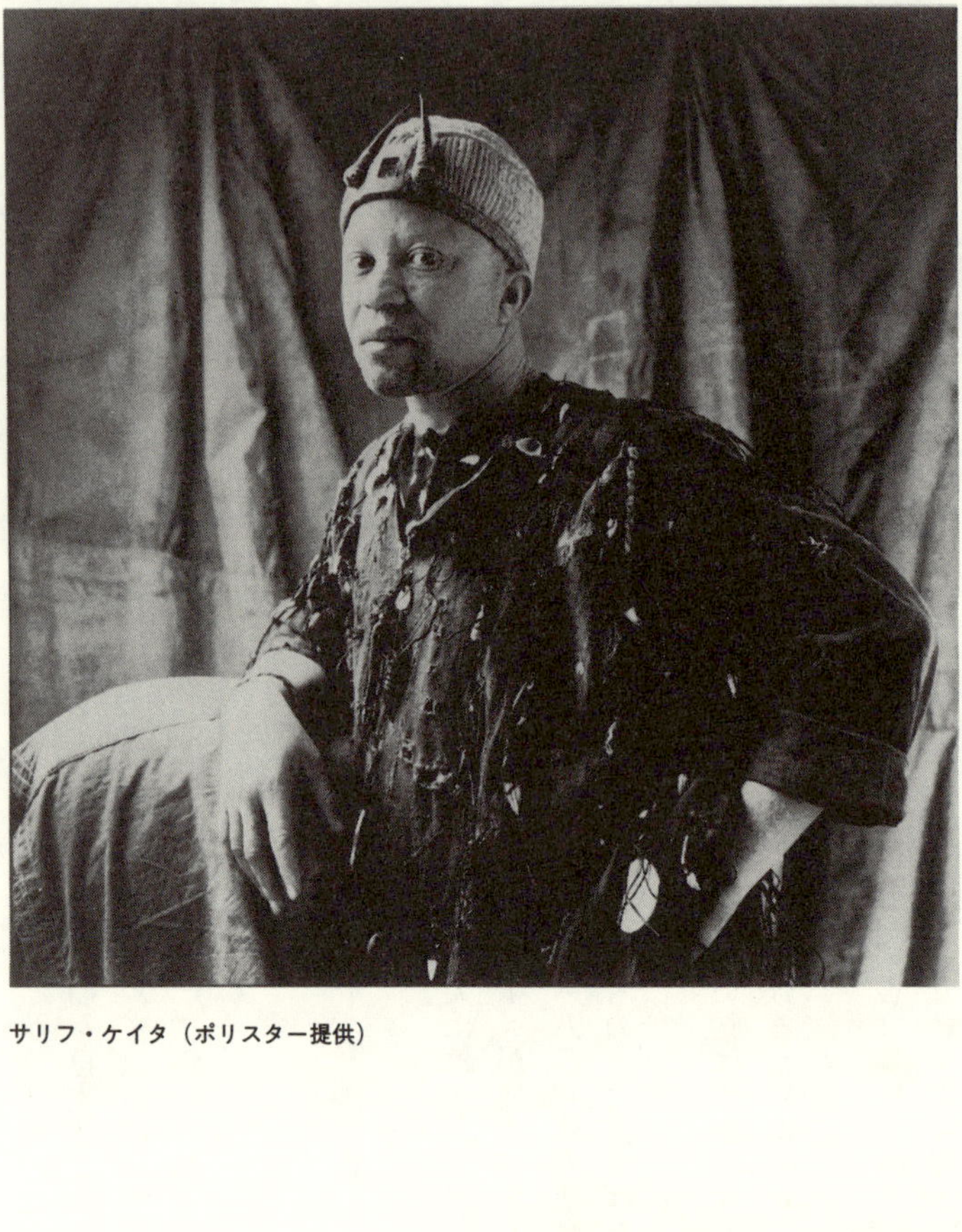

サリフ・ケイタ（ポリスター提供）

24 sat.

美空ひばり間質性肺炎による呼吸不全のため五十二歳で死亡。大歌手だったが、音楽的には孤独な存在だった。これまで出ていたCDは初期の名曲を再吹込したものが多かった。彼女のような大歌手の全盛期の四、五〇年代の主な作品がオリジナル音源のCDで聞けないというのは不思議な話だし、それが若いファンを遠ざける一因にもなっていた。死んでやっと全集が出るというから皮肉なものだ。

美空ひばりを追悼する

美空ひばりが偉大な歌手だといっても、ロックやポップス・ファンの若い人にはあまりピンと来ないかもしれない。八〇年代の彼女は、テレビの歌番組では、演歌歌手のイメージが強く、あとはたまに家族のゴシップや病気で芸能ニュースに登場する程度だったから。しかし、八〇年代の活動だけで美空ひばりを判断するのは、アリがゾウの足を見て、ゾウを柱と思うようなものだ。彼女はそれほど巨大な存在だった。

美空ひばりは一九四七年に九歳で両親の準備した初舞台を踏んだ。いまでいえばインディーズの自主コンサートのようなものである。その後しばらく「のど自慢」荒らしを続けるうちにコロムビア・レコードに迎えられ、十二歳でレコード・デビューした。

歌手としての美空ひばりの全盛期は、デビュー後約十年間だった。当時の彼女はいまのアイドルとほぼ同年代だったわけだが、歌唱力関係なしのアイドルとちがって、天才的な歌唱力を持っていた。

ブルース、ラテン、タンゴ、シャンソン、ジャズなど、さまざまな曲を自在に歌い、洋楽と日本民謡のフュージョンともいうべき（いま風にいえばワールド・ミュージックだ）「越後獅子の唄」「リンゴ追分」「お祭りマンボ」などの傑作を大ヒットさせた。

当時の美空ひばりは、マルチ・メディア・タレントとして時代の先端を走っていた。レコード、ラジオ、映画、芸能誌にひんぱんに登場し、アイドルの成長期に『伊豆の踊子』の映画を作るというパターンを作り、わずか十五歳で歌舞伎座でリサイタルを開いて、歌手の歌舞伎座興業のスタイルを作った。彼女の生き生きとしたおおらかな歌声は、戦後の混乱期を生きた庶民のエネルギーに支えられてメディアを駈け抜けたのだ。

しかし人気・実力とも突出していただけに、風あたりも強かった。大人からは「子供らしくない」と言われ、両親は過密スケジュールで児童虐待と非難された。NHKの紅白初出場は、後輩の江利チエミより後、それもチエミ、雪村いづみと組んで三人娘での出演だった。七〇年代以降には、弟と暴力団との関わりを理由に、テレビから締め出された時期もあった。

カリスマ的な人気は、五七年にはファンに襲われる事件を生んだ。浅草国際劇場のステージ脇で出番を待っていた彼女は、同い年の熱心なファンの少女から顔に塩酸をかけられた。ジョン・レノンがファンに射殺されたときに、ぼくが真っ先に思い出したのはこの事件だった。幸い顔のやけどは軽傷ですんだが、このショッキングな事件が、彼女の活動の転機となったことは想像にかたくない。

六〇年の「哀愁波止場」で歌のスタイルを完成させると、それ以降の彼女は、もっぱら「柔」「悲しい酒」などの演歌に円熟した力量を発揮するようになった。そのイメージが強かったため、以降ポ

ップス系の作品にあまりめぐまれなくなったのは、彼女にとっては幸福だったのか不幸だったのか。

それでも、ポップス系の人たちとの交流がなかったわけではない。ブルーコメッツと共演した「真赤な太陽」は大ヒットし、七、八〇年代には、岡林信康や来生たかおが曲を書いた。谷村新司の「昴」や五輪真弓の「恋人よ」もレコーディングしている。五輪は子供のころひばりの歌が好きだったそうだ。昨年出た『川の流れのように』は、秋元康プロデュースで、後藤次利や林哲司が作曲していた。「お祭りマンボ」はいまもジャニーズ事務所の人気スターの公演では、定番的なスタンダードになっている。

ぼくが美空ひばりのステージを見たのは、昨年4月の東京ドーム公演が最初で最後だった。病気のせいで、動きはほとんどなかったが、歌は素晴しかった。世界のあらゆるジャンルのスターと比べても、文句なしに一流だった。子供たちのロック・コンサートにはまゆをしかめるかもしれない年齢のおばさんたちが、ひばりの一挙一動に黄色い大歓声をあげるのを見て腰が抜けそうになった。

そのときは、もう少し小さい会場で聞きたいと本気で思ったが、彼女の死で願いを果たせなくなってしまったのが残念だ。

機会があれば、美空ひばりの初期ヒット曲をぜひ聴いてみてほしい。録音が古くて、ノイズの入っているものもあるが、当時の彼女の歌は、そんなものを補ってあまりある素晴しさだ。戦後のポップスの出発点が彼女の初期の作品にあることは、山口百恵や桑田佳祐や松田聖子や渡辺美里の音楽を知っている人なら、たちどころにわかるはずだ。

3 mon.

渋谷クアトロでイギリスから来たフェアグラウンド・アトラクションのライヴ。メガネをかけた女性ヴォーカルのエディを中心に、アコースティックでアット・ホームなステージ。「ムーン・イズ・マイン」「ウォッチング・ザ・パーティ」「クレア」など、スイング的なノリのいい曲の演奏が特によかった。「ウォッチング…」では、エディは胸をそらして腕を広げて「プラシド・ドミンゴのようにうたいましょう」と客席にコーラスをうながしていた。最近のファンは歌をよくおぼえていて、「パーフェクト」などでは大合唱に。

8 sat.

恵比寿のカレッジ・ミュージアムで黒人ばかりのハード・ロック・グループ、リヴィング・カラーのライヴ。ジミ・ヘンドリックスがファンク・バンドに入ってレッド・ツェッペリンの曲を演奏しているよう。様式化された演出はないが、髪の毛を振り乱して駆け回りながらのステージはショッキング。こんなに速いリズムのハード・ロックをはじめて聞いたが、その分メロディはどこかにすっとんでしまう。会場で会った渡辺亨さんが、ギターのヴァーノン・リードはソカの人気スター、アロウの親戚にあたることを教えてくれた。そういえば「グラマー・ボーイズ」のリズムはカリブ海ぽい。彼らはこの秋のローリング・ストーンズの全米ツアーに参加する予定。

ぼくは痩せてひょろひょろの体をしている。この二〇年ほど、体重にほとんど変化がない。食事はもともとそれほどたくさん食べるほうではないが、甘いものを食べても、ビールを飲んでも、ほとんど太らないから、きっとそういう体質なのだろう。

女性に話すとうらやましがられるが、本人はこれはこれでけっこうコンプレックス雪だるま状態である。友人のほとんどが、中年太りして、押し出しのいい大人になっているのに、ぼくはいつまでたっても貫禄がない。なにしろ胸などスペアリブが浮いて見える。バックウィート・ザディコのバンドのメンバーではないが、スプーンを持ってひっかけば、そのままウォッシュ・ボードとして使えそうなほど。

おまけに人に会うたびに、痩せましたね、といわれる。実際はそんなことはないのだが、ふつうの体型に慣れている人は、ぼくのこともふつうの感覚で記憶しているから、しばらくぶりに会ったりすると、すごく痩せたように思えるらしい。夏がくると、着ぶくれのぶんがなくなるから、よけいそう思えるらしい。しかし人に会うたびに痩せていたら、いまごろぼくの体はせんべいである。

ま、でも、なんとかしたい。

リヴィング・カラーのコンサートを見ているときに、急にブルワーカーをやろうと決心した。コンサートから帰った勢いで、オレはカルト・オブ・パーソナリティーなどとリヴィング・カラーのヒッ

ト曲を鼻うたでうたいながら、納戸からほこりの積もり放題になっていた器具を取り出してきた。

思えばこの器具とのつきあいも長い。こうしてじっくり対面するのは、何年ぶりのことだろう。ほこりを拭いてよく見ると、犬のおしゃぶりにひもをつけたような形をしている。犬がすぐに飽きてしまうあのおしゃぶりだ。どうも悪い予感のする連想だ。

久しぶりだからなつかしくもある。昔のクラスメイトに電車の中で偶然出会ったときのような、うれしさとこそばゆさが混じったようななつかしさである。しかしなつかしさにふけって眺めているだけでは、トレーニングにはならない。以前、トレーニングをやったのが、いったいいつのことだったのか、すでに記憶にも残っていない。唯一はっきりしているのは、いまだにたくましさのたの字もない体なので、前回のトレーニングは長続きしなかったということだけだ。今度はそんなことにはならないぞ、長く続けるぞと、固くいい聞かせる。いい聞かせるのは簡単だ。

ガチャンコンガチャンコンとまず基本的な運動からはじめる。

エアコンを使わない暑い部屋でやっているから疲れるかといえば、これが意外にさっぱりする。うだって冷たい飲み物を飲むより、かえって体にいいみたいだ。三分もやっていると、なんだかもう利いてきたような気がする。筋肉の細胞が、どんどん分裂増殖しはじめたような気がする。こんなにいい気持ちになれるなら、もっと前からやればよかった。ずっとつづけてればよかった。どうしてすぐにやめちゃったんだろう、とそのときは思った。

翌朝目が覚めると、ふだんめったに体を動かさないのに、突然トレーニングをはじめたものだから、肩から首にかけての筋肉が痛くてしかたがない。こころなしか首の回りまで悪くなってしまった。

というわけで早くも頓挫する気配が濃厚だ。

ガンジーのようにオレはカルト・オブ・パーソナリティー、と歌詞に出てくるが、ぼくにあるのはそのガンジーの体型だけである。

16 sun.

佐藤良明の『ラバーソウルの弾みかた——ビートルズから〈時〉のサイエンスへ』(岩波書店)を読む。六〇年代にロック、ニュー・シネマなど主としてポップ・カルチャーの領域で起こった事件が、その後の情報技術の急激な革新を経て、たとえばヴィデオやサイバー・パンクなど現在のポップ・カルチャーや思想にどうつながっているかを、若い英文学者がトポロジカルに論じた刺激的な本。『中央公論』に書評を書く。

『ラバーソウルの弾みかた』

一九六〇年代とはどういう時代だったのだろうか。政治的事件から文化的潮流までを含めて、一九六〇年代を解き明かそうとした回想録や研究書はすでに数多く書かれている。その時代に青春を送ったアメリカ文学者の俊英による「ビートルズから〈時〉のサイエンスへ」という副題のついたこの本も、そうした試みのひとつだ。

しかしこの本は一九六〇年代の青春の思い出を甘い感傷にくるもうとするものでもなければ、若者の反乱の時代というありふれたイメージを再生産するものでもない。むしろニュー・サイエンス的な

柔軟性あるまなざしで、当時の出来事が現在にどうつながっているのかをたどり、この二十年間に起こった社会の激しい変化のゆくえを探ろうとした意欲的な本というほうがいいだろう。

変化の観察の手がかりにされているのは、主にアメリカの音楽、映画、小説など、ポップ・カルチャーの世界に起こった事件だが、著者は、一九六〇年代のポップ・カルチャーが花開いたカリフォルニアの風土の特殊性を考慮に入れつつ、それがメディアを通じて世界的に広がった点に注目する。そしてその延長線上にハイテク・メディアが登場し、世界的な共時性をもたらし、人間の無意識にまで深くかかわり、世界を根底から変化させる推進力になってきたことの重要性を指摘する。

「重要だと思うのは〈六〇年代〉に起こったことが単に、一過性の〈夢〉の問題だったのではないというところだ。僕らが夢やあこがれや心の痛みとして経験してきたことの奥底には、〈ハイテク・メディア革命〉をそのフィジカルな現れとして含む、もうあとにはひけない、大きな〈精神系〉の進化があった。僕らの理性、僕らの感性、僕らの人格、僕らの文化をみんな包む〈時〉のすべてが姿を変えた」と著者は言う。

あたりを見回すと、たしかに〈時〉のすべてが姿を変えたように見える。たとえばベトナム反戦運動から学生運動や女性解放運動まで、一九六〇年代は若者の反乱の時代だったと言われてきた。しかし若者の反乱は、いくら既成の社会を否定するように見えても、来るべき社会を予告する側面を持っている。

著者は言う。「〈六〇年代〉に、反文明の装いで登場したカウンター・カルチャーの、あのうっとりするような混沌は、新しいステージに飛び上がった資本主義の武者ぶるいのようなものではなかった

のか。ヒッピーイズムと呼ばれる、あのウィアードな価値体系は、プロテスタンティズムにとってかわる新しい資本主義のエートスの、過激な先駆けではなかったのか」

当時の混沌がこの意見だけで要約されるとはとても思えないが、こと日本に関していえば、この意見にも一面の真実がありそうだ。

いまは、最高級のシャンパンのドンペリニョンの泡に美とはかなさを感じる松任谷由実の歌が若い女性の夢をかきたてる時代だ。あるいは、主人公が「高度資本主義社会の中で、ただダンスのステップを踏みつづけているだけ」とほろにがく語る村上春樹の『ダンス・ダンス・ダンス』が、多数の読者に受け入れられる時代だ。

この本では、「新しい資本主義のエートス」のこのようなわずみが、南北問題など地球規模のさまざまな不均衡の上に成り立っていることや、その不均衡の中でメディアの共時性がしばしば抑圧として働くことについては、ほとんどふれられていない。また、人間中心の科学の進歩が、地球に深刻な破壊をもたらすおそれがあることについても、著者はさらりと言及するにとどめている。

しかし可能性について語るときには、その危険性にも思いをはせることが、今日のような巨大技術の時代にはますます必要になってきているのではないだろうか。メディアの世界でチェルノブイリが起こらないとは、誰にも言えないのだから。

30 sun.

日比谷野外音楽堂でカリビアン・カーニバル。家に戻ってコンサート評を書く。

ルベーン・ブレイズ

ニューヨークのヒスパニック社会で根強い人気を持つラテン音楽サルサ。その革新者の一人ルベーン・ブレイズと彼のバンド、ソン・デル・ソラールが初来日した。

八〇年代に入ってからの彼は「自由の地アメリカ」のアンダークラスに生きるヒスパニックの人々の物語『ブスカンド・アメリカ』(ディスカバー・アメリカ)、ノーベル賞作家ガルシア・マルケスの作品に想を得た『アグア・デ・ルナ』(月の水)といった問題作を次々に発表してきた。

ただし近年の日本では、彼が参加した反アパルトヘイト運動のアルバム『サン・シティ』、ルー・リードやエルヴィス・コステロが協力した英語のアルバムなど、ロック寄りの活動が紹介されただけ。ロバート・レッドフォード監督の映画『ミラグロ・奇跡の地』に出演して俳優として評価されたことも、サルサ離れの印象を強めていた。

ところが今回の公演は、一曲目のインストルメンタル・ナンバーがラテン・フュージョン風の演奏だったのを除けば、サルサに徹したステージだった。レコードでクール過ぎた曲は、ダイナミックに生まれ変わり、シンセサイザーを効果的に使った前半の演奏も新鮮なら、最新アルバム『アンテセデンテ』の曲を中心に、トロンボーン奏者が加わった後半のコクのある演奏も魅力的だった。

定形の愛の歌が多いサルサ界に、彼は社会性のある「ニューミュージック」的な歌をたずさえて登場した歌手だ。字余りも辞さない知的で文学的な作品と彼のスマートな歌声は、アンダークラスの

人々の暮らしを描いても、庶民のエネルギーよりむしろ品のよさを感じさせる。

そんな彼の音楽は、黒人中産階級の登場と共にかつて黒人音楽に起こったのと同じような分極化が、サルサ界にも起こったことをうかがわせるもの。今回の彼の公演は、サルサの洗練され方のひとつの典型を見せてくれたのだ、という気がする。

1989 AUGUST

2 wed.

ピーター・バラカンの『魂《ソウル》のゆくえ』(新潮文庫)を読む。一九六〇年代から一九七〇年代にかけてのアメリカのブラック・ミュージック(ソウル)のとってもわかりやすい入門書。プリンスやマイケル・ジャクソンなど現在のブラック・ミュージックとの関わりもふれられている。おすすめアルバムの中にヴァン・モリスンのアイルランド民謡集『アイリッシュ・ハートビート』や、サリフ・ケイタの『ソロ』、あるいはモダン・ジャズのアルバムまで入っているのがユニーク。

「長部日出雄さんの本を読んで、国際的になるためには、まず自分の出身地を誰にも負けないほど知らなければならないのではないだろうか、と思うようになってきた。その私は、アメリカの南部へ行ったこともないのに、よくもこんな本を出せる、と思い始めたが、新潮社の方からもうキャンセルは効かないと言われてしまった。これでブリティッシュ・ロックを徹底的に研究しろと言われたら死ん

でしまう」というあとがきの謙遜したほほえましい文章を読んで、行ったことのない外国の音楽を紹介している自分に冷や汗が出る。

5 sat.

はじめて広島に行った。名物のお好み焼きを食べようと駅のビルに入ったら、同じレストラン・フロアに何軒ものお好み焼き屋がずらーっと並んでいたのに感動し、平和の祈りも忘れてスペシャルというお好み焼きをむさぼり食った。その後、サンプラザホールで行なわれていた「HIROSHIMA 89」で、タイマーズのステージを見た。彼らがステージに登場すると、隣に座っていた女の子たちがざわめいた。「誰だろう、誰だろう」「RCサクセッションだ」「えーっ！　ウソじゃろぅ」。RCサクセッションの忌野清志郎がゼリーという変名で結成したこのプロジェクト。いわゆる「土方」ルックの清志郎の足もとが子供のようでかわいい。

15 tue.

幼女連続殺人事件の容疑者の部屋のヴィデオや雑誌の山を見て、もしぼくが別件で逮捕されていたら……と奇妙な身近さをおぼえた人が、音楽マニアには少なくなかったのではないだろうか。

16 wed.

丹波篠山城の大書院跡で、薪能の「船弁慶」を見る。能の舞台を見るのは子供のころ以来だが、そのときは舞台で演じられていることより、おやつのチョコレートの方に神経が集中していたので、実質的には今回が初体験。

「船弁慶」には、都を追われて落ちのびる義経が、先行きの暗さを予感して、同行してきた愛妻の静御前を京に帰らせようとするせつなくも色っぽい話と、船旅の途中でかつて義経にほろぼされた平知盛の亡霊が襲ってくるシュールでホラーな話が含まれている。義経の伝説には、政治的なまぐささが

つきまとっているので、これまでぼくはさして興味を持たないできたが、「船弁慶」は青春の悲劇としてみれば、なかなかのエンターテインメントであり、この先の過酷な運命を何もかも予感したうえで静御前が舞う別れの曲にはついしんみり。

演奏では、ふたつの鼓がどういうタイミングで強弱のアクセントをつけて打ち出されるのか、西洋的なリズムに慣れた耳に容易に原則のわからないところが謎めいておもしろかった。4月に渋谷のクアトロでアルジェリアのシェブ・ハレッドのライヴを見たときに、ベースのパターンがよくわからなくて不思議な印象を受けたことを思い出した。舞台がはねての帰り道、城門のあたりのスピーカーから流れていた環境音楽のような電子音で、ようやく現代に引き戻される。

28 mon.

ミュージック・トレンズ・アラウンド・ザ・ワールドのシリーズで『リアル・タイム・インド』と『リアル・タイム・アラブ』が好きになった。ものめずらしさから興味をひかれる部分を差し引いても、同じシリーズの中でこの二枚の音楽はかなりおもしろい方だと思う。インド編のアーティストは、パンカジ・ウダースやラター・マンゲーシュカルやシャロン・プラバーカルなど、CDが輸入盤でも手に入るので、もともと好きな音楽だったが、中でもパンカジ・ウダースの悠然とした涼しい歌が素晴らしい。伝説の美人女優というミーナー・クマーリーの詩の朗詠にも心ひかれた。アラブ編のエジプトの音楽は聞くのがはじめてだったが、アルジェリアのライとはまたひと味ちがうモダンな味つけのポップスにしばし時の経つのを忘れる。

18 mon.

朝日新聞の篠崎弘さんがシンガポールの中国系歌手ディック・リーのアルバム『ザ・マッド・チャイナマン』のテープを送ってくれた。ディック・リーは篠崎さんの本『カセット・ショップへ行けば、アジアが見えてくる』にもかなり詳しく紹介されていた歌手。中国系、マレー系、インド系、さまざまな人種の混在するシンガポールで、ファッション・デザイナーとして活躍しながら、シンガポール人のアイデンティティが何かを探ろうとしている人だという。

アルバムには、松任谷由実が『水の中のアジアへ』でちょこっと紹介していたこともある「ラサ・サヤン」のメロディをはさんだラップ、わが国でもおなじみのインドネシアのポップス「ブンガワン・ソロ」の打ち込みヴァージョン、「悲しき60歳（ムスターファ）」という邦題で知られる「ムスターファ」のシタール入りヴァージョンなども入っている。中国の童謡という「リトル・ホワイト・ボート」のメロディはポール・マッカートニーそっくりだ。

20 wed.

ムーンライダースの鈴木慶一の本『火の玉ボーイとコモンマン』（新宿書房）を読む。

この本は対談集の体裁をとっていて、相手は、父の鈴木昭生（新劇俳優）、弟の鈴木博文（ミュージシャン）、妻の鈴木さえ子（ミュージシャン）の三人。鈴木慶一が生まれ育った東京都大田区羽田かいわいの変貌を父と語っている部分がひときわおもしろい。昭生「昔の羽田は完全に湿地帯だったね。ボウフラがわいて、蚊が出るし。なんで、蒲田っていうか知ってるか？『蚊がまた

きた、かがまたきた、かまた』っていうからだよ」というような軽妙な話もまじえながら、戦後社会と羽田の変貌が語られていく。はちみつぱい時代の話、ムーンライダースの歴史など音楽の話は、あとの二人との対談にくわしい。

この本では、鈴木慶一が高橋幸宏と結成しているビートニクスについて簡単にしかふれられてないので、高橋幸宏のエッセイ集『犬の生活』(JICC出版局)をひっぱり出して読みなおしてみたが、ふたりとも神経症だとか、打ち上げのビールのかけあいで醤油をかけられた、といったエピソードばかりに目が行く。この本の高橋幸宏は、繊細でこわれやすそうなミュージシャンの顔とはひと味もふた味もちがって(ダンディズムは変わらないが)、屈折したユーモア精神で楽しませる。

29 fri.

ナンサッチ・レーベルで最近CD化された『ミュージック・オブ・ブルガリア』の輸入盤を聞く。これは、昨年末に続き、今年の12月にも来日予定のブルガリアのフィリップ・クーテフ国立合唱団が一九五五年に吹き込んだアルバム。昨年の来日時にレコーディングした『ブルガリアン・ポリフォニー』のような緻密さはないが、有名な「トドラは夢見る」はじめ、オーケストラ演奏を含めて、強烈な演奏ぞろいなのが魅力。このアルバムがレコーディングされたのはパリ。いまワールド・ミュージックのメッカとして脚光を浴びているパリという都市の胃袋の大きさをあらためて確認する思いだ。

ブルガリアの女性コーラスといえば、ソフィア放送合唱団の抜粋メンバーからなるトリオ・ブルガルカがケイト・ブッシュの新作『センシャル・ワールド』に参加して、「ロケッツ・テイル」のアカペラ部分でケイト・ブッシュと息の合ったコーラスを聞かせているのも興味深い。ケイト・ブッシュ

ブルガリアン・ポリフォニー（写真・大橋力，大橋事務所提供）

の音楽の下敷にはイギリス民謡があるから、こういう形の出会いがさして違和感なく収まるのかもしれない。

細野晴臣の『オムニ・サイトシーイング』に入っている「エサシ」（江差追分）も、ブルガリアのコーラスが刺激になったものかもしれない。ただしこのコーラスにはアラブ風のアコーディオンやカヌーンの演奏が入って、言葉のわからない人には、国籍不明の音楽に聞こえるだろう。このアルバムに入っているモロッコ出身のアミナは、サニー・アデやシェブ・ハレッドを紹介したマルタン・メソニエのプロデュースでアルバムを発表したが、その音楽は細野のアルバムと共通するところが少なくない。謝辞のところには細野の名前も入っている。

ATAMI

友だちにさそわれて、生まれてはじめて熱海に行った。

ぼくは知らなかったが、熱海は東洋のナポリと言われているらしい。お宮の松の温泉情緒にひたりながら地中海気分を味わえるところが、エスニックかつインターナショナル。国際化時代にふさわしいコンビニエントな観光地、なわけである。

パンフレットにも「観光と保養——その二つの面を大きなスケールで内包する熱海——一度は必ず訪れてみたい場所だ」とある。

それほどの熱海に東京から新幹線で五三分、いきなり着いたのでは、芸がなさすぎるように思える。

そこで友だちが考えたのは、まず新宿から小田急線で箱根湯本まで行き、軽くウォーミングアップした後、おもむろに熱海に繰り出すというコースだった。

9月某日、箱根湯本駅に降り立ったわれわれ一行は、混雑で殺気立つ観光客をしりめに、迷うことなく駅から最も近い露天風呂へと向かった。

露天風呂は駅前にそそりたつ丘の中腹にある。なんといっても駅歩約五分の手軽さがうれしい。急坂をふうふう言いながら登って、入口にたどりつくと、風呂の名前がまたいい。

「かっぱ天国」

……。

とりあえず簡潔にして明瞭だ。

実は、熱海に行くと決めた段階で、女性グラビア誌その他をつぶさに研究した結果、いまや温泉地の露天風呂はギャルに占領されているらしい、いや、そのブームは一段落したが、まだまだ捨てたもんじゃない……などなど、もろもろの情報がぼくの頭にはしっかりインプットされていた。

しかしふうふういってたどりついたところが簡潔にして明瞭の「かっぱ天国」……。

露天風呂ならびに大広間は、おじさんおばさん、おじいさんおばあさん、家族連れで大にぎわい。ギャルの姿は影も形もなかった。

女性用のお風呂との境界の壁には、ご親切にも「女湯をのぞくと、軽犯罪法により罰せられます」と書いてあった。ちなみに、女湯の側には、何も書いてなかったそうだ。

なにはともあれ、秋風に吹かれながらの露天風呂は気持ちがいい。あまりの気持ちよさに、帰りに

駅前でウメボシ三年漬けを買ってしまった。

そうこうするうち、熱海に着いた。さすがインターナショナルな観光地。駅前の観光地図からして、日本語と英語のバイリンガルだ。その地図に秘宝館の位置がしるされていた。映画『ロマンシング・ストーン』を思わせる明るいネーミングに酔いしれていると、英語では「アダルト・ミュージアム」と書いてあった。だからバイリンガルはむつかしい。

宿舎は、丘の上の海光町にあった。部屋の窓から見おろす海がきらきら光ってとてもきれいだ。一五〇年近く前に、この先の伊豆沖でアメリカの黒船に出会った日本人は、どんな気持ちだっただろう。

ヴァン・ダイク・パークスのアルバム『東京ローズ』に「ヤンキー・ゴー・ホーム」という黒船騒ぎを下敷きにした歌がある。ヴァン・ダイク・パークスは去年初来日したL.A.のベテラン。最近ではU2の『魂の叫び』の「オール・アイ・ウォント・イズ・ユー」のストリングス編曲や、ビーチ・ボーイズのブライアン・ウィルソンのソロ・アルバムでも活躍している。

『東京ローズ』のテーマは日米関係の誤解やねじれ。歌詞の日本理解はかなり深い。誤解やねじれを表現するために、音楽にも「誤解」や「ねじれ」がたっぷり含まれ、ハリウッド映画の異国趣味みたいになっている。もちろん彼は反語的にそうしているのだが、たいていの人はそうとらないだろう。そうしてまた誤解が広がっていくかもしれない。国際交流の道は長くけわしそうである。光る海の見える食堂で、舟盛りの刺身をたらふく食べながら、ぼくはそんなことを思った。

3 tue.

渋谷クアトロで3ムスタファズ3のライヴ。

彼女がタクシー・ドライバーと結婚したら

3ムスタファズ3の『ハート・オブ・アンクル』に「タクシー・ドライバー」という歌が入っている。キング・サニー・アデのジュジュ・ミュージックとビッグ・バンド・ジャズが合体したようなへんてこな演奏にのって「もし彼女がタクシー・ドライバーと結婚したら?」という質問と「俺はかまわねえ」というなまりのあるコーラスがくりかえされる。演奏するたびにアレンジを変えるという彼ら。10月の来日公演のとき、ぼくの見た初日の演奏は、カリブっぽいアレンジで、彼女が小錦や宇野宗佑と結婚したらという歌詞もつけ加えてやっていた。

彼らはロンドン在住のグループで、出身はバルカン地方のシェゲレリ村といっているが、そんな村は地図には存在しないから、もちろんお遊びだ。

ロンドンには、実にいろんな国の人が住んでいる。パーティーなんかで同席した人に「どこから来たんですか」とたずねて、国の名前が返ってくれば、まだなんとか見当つくが、都市の名前になると、

さっぱりわからない。

「エリガボから来ました」とか「ゾンゴです」なんて返事されたら、もう完全にお手あげだ（ちなみにどちらも実在の都市で、前者はソマリア、後者はザイールにある）。

そんなわけで、「バルカンのシェゲレリから来ました」といわれたら、聞いたほうが、ふうん、そういうところがあるのか、で終わってしまう可能性もないわけではない。

なにしろロンドンあたりでは、日本とベトナムの位置関係をハッキリ把握していない人だって珍しくない。あちらでは、日本なんてその程度に遠い国なのだ。日本だって、ウルグアイとパラグアイの位置をまちがえる人や、アルメニアとアルバニアの区別がつかない人が多いんだもの。

3ムスタファズ3はそういう情報の盲点につけこんで、こんなジョークをいったりやったりしているわけだ。しかしこのジョークが通じない国もあるらしく、トルコ系住民に厳しい態度を取っているブルガリアで公演したときは、トルコの音楽の演奏はいっさい禁止。メンバー全員〇〇・ムスタファと名のっているが、ムスタファという言葉を使ってはいけないといわれ、メンバー紹介のときに、Mではじまるヘンな名前をでっちあげるのに苦労したそうだ。

とにかくロンドンではそういう「出身不明」の人がタクシー・ドライバーをやっていたりすることも多い。

はじめてロンドンに行ったとき、ぼくはウガンダから来たインド系のドライバーのタクシーに乗った。よくしゃべる運ちゃんで「ロンドンでは信じられるものがほんのわずかしかないよ。特に天気とイギリスの女の気持ちは、わからないね。気をつけたほうが、身のためだよ、あんたも。イヒヒヒ。

3ムスタファズ3『ショッピング』

え？　どこに行くの？　ああ、アイルランドか。あんた、アイルランド人とイングランド人と、スコットランド人の区別はつくかね。アイルランド人は昼間からギネスを飲んで、ファック、ファックといっている。スコットランド人は昼間からスコッチを飲んで酔っ払っている。イングランド人は暇さえあれば紅茶を飲んでいる。え。そうだろう。ところであんたは、中国人と朝鮮人と日本人をどうやって見分けるんだ。俺にはまったく区別がつかないんだが……メガネをかけているのが日本人かね」というようなことをべらべらしゃべりつづけていた。

先日東京で乗ったタクシー・ドライバーはこんなことをいっていた。「いまは、東京じゃ、運転手のなり手がいないんですよ。会社の車庫に行ってごらんなさい。運転手がいなくて、休んでる車がたくさんありますよ。稼ぎが少ないし、おまけに疲れるからね。いまに、台湾あたりから運転手を受け入れないと、やっていけなくなるんじゃないの」

というわけで、3ムスタファズ3の「もし彼女がタクシー・ドライバーと結婚したら？」「俺はかまわねえさ」というような音楽が日本でも現実感を持ちはじめる日は、そう遠くないとぼくは踏んでいる。

4 wed.

イギリスの音楽雑誌『Q』のバックナンバーを整理していたら、シンシア・プラスター・キャスターと名乗る四十二歳の女性の記事があった。彼女は六〇年代にシカゴの美術学生だった時代に、ツアーで訪れたミュージシャンのペニスを型に取って彫刻を作っていた。六九年にはフランク・ザッパに招かれてカリフォルニアに進出。『ローリング・ストーン』誌の表紙を

飾ったこともあるという。一時期はバカらしくなってやめていたらしいが、最近また制作を再開。才能のある人のペニス像に興味を抱いているそう。ミロのヴィーナスをもじったミロのペニスという記事のタイトルは、ジミ・ヘンドリックスのペニス像につけられたもの。ばかばかしいと思いながら、つい読んでしまった。アメリカにはおかしな人がいるものだ。自信のあるアーティストは連絡してみたら？

11 wed.

銀座ガスホールでジム・ジャームッシュ初のカラー映画『ミステリー・トレイン』の試写を見る。エルヴィス・プレスリーで有名な曲名にちなんだこの映画は、エルヴィスのデビューの地テネシー州メンフィスを舞台にしたもの。映画にもエルヴィスがらみのエピソードが多数登場する。横浜から観光にやってきたカップル（工藤夕貴、永瀬正敏）が、エルヴィスのレコーディングしたサン・レコードのスタジオを訪ねてずっこけるところ、この二人が泊まるオンボロ・ホテルの部屋にエルヴィスの肖像がかかっているところ、別の客の部屋にエルヴィスの幽霊が出るところ……。ホテル代に含まれているんだからと言って、バスタオルをスーツケースに詰めるところなど、ジャームッシュらしくそこはかとなくおかしいシーンもいっぱいのかわいい映画だ。ルーファス・トーマス（メンフィス駅にいる老人）、スクリーミン・ジェイ・ホーキンス（ホテルのナイト・クラーク）、ジョー・ストラマー（イギリスから来た男ジョニー）など、渋好みミュージシャンも好演している。

29 sun.

ニューヨークのパブリック・シアターでシェイクスピア・フェスティバルの演し物として上演中のミュージカル『アップ・アゲインスト・イット』を見る。もともとは、

イギリスの人気劇作家ジョー・オルトンが一九六七年に『ア・ハード・デイズ・ナイト』『ヘルプ』に続くビートルズの三本目の映画のために書いたもので、ビートルズのマネージャーのブライアン・エプスタインに突き返された後、別の映画会社が権利を買い、『ア・ハード・デイズ・ナイト』を撮ったリチャード・レスターが映画化することになったが、企画段階でオルトンはゲイの恋人と心中した。映画が完成したのかどうか、ぼくは知らない。

今回の上演にあたっては、トッド・ラングレンが音楽を担当。最新アルバム『ニアリー・ヒューマン』収録の「パラレル・ラインズ」も使われている。せりふが早いので細かなところはわからなかったが、イギリスとおぼしい国で、女性宰相が誕生し、女と男が争うという話を軸に、反抗的な若者、その不満を吸収する政治団体、金の亡者などが入り乱れる風刺コメディ。女性宰相が演説中に暗殺される場面から第一幕の終わりにかけての展開が素晴らしい。アリスン・フレイザー、ジュディス・コーエンなど、芸達者な俳優が演じていた。音楽を担当するにあたってトッド・ラングレンが寄せたコメントは「ミュージカルを作曲するのに言いわけはいらない。だって、ミュージカルはぼくの血だから」。ロック・スターとして知られる彼だが、初期のアルバムで、しばしばミュージカル的な曲を作った人らしい発言。

6 mon.

武道館でリンゴ・スターの公演。同行メンバーは、元ザ・バンドのリヴォン・ヘルムとリック・ダンコ、E・ストリート・バンドのニルス・ロフグレンとクラレンス・クレモンズ、元イーグルスのジョー・ウォルシュ、それにドクター・ジョン、ジム・ケルトナー、ビリー・プレストン。一曲目「ドント・カム・イージー」をうたい終わって、リンゴは開口一番「日本のステージに立つのはひさしぶりだけど、お客さんは昔と同じファンのようだね」。客観性のある微妙なジョークだ。リンゴの立ちい振舞いはさすがに派手。彼はアイドル、他のメンバーはミュージシャンというぐらい差がある。彼がヴォーカルをとった曲では「アクト・ナチュラリー」がいちばん楽しそうだった。

他に印象に残ったのは、ジョー・ウォルシュがピアノ弾き語りでやった「ならず者」、ドクター・ジョンがうたったフォー・ビートの「キャンディ」、リヴォン、ドクター・ジョン、リックの三人がうたった「ザ・ウェイト」。線が細いがニルス・ロフグレンの「シャイン」もさわやかだった。誰もが個性を生かした演奏なのに感心。ただしこの顔ぶれで未知な音楽を作り出そうという姿勢は感じられなかった。会場をわかせたのが、ホストのリンゴはともかく、ビリー・プレストンだけというのも淋しい。

11 sat.

代々木オリンピック・プールでダイアナ・ロスの公演。予想よりもはるかに若々しい。かわいいといったほうがいいかもしれない。アメリカのポップス界では、かわいい女性より大人ぽい女性のほうが好まれる傾向があるので、彼女のようなスターはめずらしいのではないだろうか。あえて日本の女性歌手でいえば、ユーミンが松田聖子のようにふるまっている感じに近い。ステージの姿がキュートでセクシーだし、歌は素晴らしくきれいな英語。素質のよさも含めて一級のエンターテイナーぶり。シュープリームス時代からヒット曲が多いのでメドレーでどんどん進まないと、代表曲が消化しきれない。後半は客席を回ったり、客をステージに上げて一緒にダンスしたり、サービスもたっぷり。サービスしすぎのような気がしたのは、握手してもらえなかったぼくのひがみか。

12 sun.

世田谷美術館でマリ共和国のコラ（ひょうたんを使ったハープ）奏者トゥマニ・ジャバテの公演。コラの澄んだ音色は心が洗われるように美しい。できることなら野外の木陰かどこかで聴いてみたいと思わせるような音だ。後半、日本人の琴と尺八との合奏も違和感なく楽しめた。

17 fri.

中島みゆき

渋谷にできた文化村のシアターコクーンで、中島みゆきのロングラン・コンサート『夜会』の初日を見る。

11月17日。シアターコクーンでの中島みゆきの連続コンサート『夜会』の初日、東京・渋谷の街は、彼女の悲しい歌を待ちかまえていたかのように雨だった……というのはおおげさだが、にぎやかな金曜日の夜の渋谷は、雨にもかかわらず、これから深夜まで盛り上がろうとする若者たちでいっぱいだ。

人混みをぬってたどり着いたシアターコクーンは、さすがに落ち着いたたたずまいを見せている。なにしろ開演時刻が夜の八時。子供さんはそろそろ寝なさいねの時間帯。ロビーでくつろぐ観客はおしゃれな大人が多く、その表情にも、今日は夕食をしっかり腹につめこんできたからな、という余裕とくつろぎが感じられる。

会場が暗くなって、いよいよ演奏が始まった。舞台中央に劇場の椅子が浮かびあがり、演奏がひとしきり終わったとき、どこからともなくコート姿の中島みゆきが現われて「泣きたい夜に」をうたい始める。泣きたい夜にひとりはいけない、わたしのそばにおいで、という歌詞に、わたしのコンサートの客は、カップルよりも一人の客のほうが多いだろう、どうだ、うふふふ……という読みが感じられるようなオープニングだ。

シアターコクーンは客席数が七五〇たらず。ここしばらく東京では国技館やNHKホールなどかなり大きなホールでの公演が続いたので、耳をすませば息遣いの聴こえそうな距離で、彼女がうたっている姿を見るのは緊張感がある。こちらが聴き逃すまい、見逃すまい、とする以上に、舞台から客席が見られているような気がする。

小さいホールだから、ヒザをつきあわせた雰囲気で、和気あいあいとコンサートを進める方法もあったはずだ。いよーっとか、みゆきさーんとかの声が飛び交って、客席から一升瓶や有機栽培大根が

持ちこまれ、ふるさとの居酒屋のような空間にすることもできたはずだ。

しかし彼女の声や身ぶりには、いつものコンサート以上にドラマがあった。登場した瞬間に、彼女は会場がなごみの空間ではなく、観客との対決の場であることを納得させた。

その姿勢は、「毒をんな」「杏村から」と、レパートリー中ではあまり有名でない曲をたて続けにやった後、「今年はどんな年でしたか?」とおしゃべりを切り出してから、さらにはっきりしてきた。一見くだけた会話調で始まったのだが、よく聞くと、観客に語りかけるというより、モノローグであり、次の曲へのイントロダクションの役割を果たしているのだ。従来のコンサートでもおしゃべりをそんなふうに使うことがあったが、ここでの演出はより一人芝居に近い。衣裳や身ぶりから顔の表情まで手にとるように見えるホールの小ささを逆手に取っての、あざやかな変身。

悲しい歌を五曲たっぷりうたったあとは、衣裳と気分を変えて、最新アルバム『回帰熱』からの曲を三曲と、みゆきスタンダードの「わかれうた」や「悪女」を軽やかに聴かせた。

舞台を区切って上下できるステージには、このころには、バンド全員が見える位置にせり上がってきている。音楽監督の瀬尾一三(キーボード)をはじめ鈴木茂(ギター)、吉川忠英(ギター)、倉田信雄(キーボード)、富倉安生(ベース)、島村英二(ドラム)、斎藤ノブ(パーカッション)、杉本和世(コーラス)、坪倉唯子(コーラス)といった豪華なメンバー。

田中一郎にプレゼントした「あり、か」は、ハードなロック・ナンバー。数年前に彼女がロック的な演奏の曲をうたい始めたときは、激しく情熱を爆発させすぎて、歌が悲鳴をあげているように聞こえたものだが、この歌ではヴォーカルもサウンドもほどよくコントロールされるようになっている。

「群衆」は、表面的にはさりげないラヴ・ソングだが、聞けば聞くほど含み味のある歌で、よくまあこんな深遠な歌を何くわぬ顔をして工藤静香にプレゼントしたものだと、舌を巻いた。個人的にはこの夜はこの歌にいちばん感銘を受けた。

その後、もう一度衣裳を変えて六曲。これまた最初のパートのように「気にしないで」「あわせ鏡」など、知られざる名曲が続く。悲しみ、嘆き、あきらめ、傷つき、それでも気をとりなおすけなげな女性……そんな女性が次々に中島みゆきの歌と共に舞台に現われては去っていく。

季節がら、このコンサートにぴったりの「十二月」の激しい演奏がピークに達したところで、彼女は舞台の後ろへ転がり落ちるようにして姿を消した。息をのむような瞬間である。

アンコールで現われた中島みゆきは、『夜会』にふさわしくブルーの美しいドレスに着替えて、このコンサート・シリーズのために作った新曲「二隻の舟」をうたった。人間の心のきずなのゆくえを、時の荒波にもまれる二隻の舟にたとえたこの歌は、コンサートにやってきて、火花散らす出会いのひとときを過ごした観客に向けての、心からのあいさつでもあるのだろう。

この歌を終えて、彼女が去ったあとの舞台には再びオープニングのときと同じ、劇場の椅子が残っている。その椅子にすわるのは、わたしであり、あなたがた観客でもあるというように……。ようやく夢からさめたような客席では、会場の照明がついたあとも、しばらく誰ひとり席を立たず、喝采の拍手が鳴りやまなかった。

20 mon.

浅草木馬亭で、京山幸枝若の「会津の小鉄」を聞く。浪曲のライヴは初体験。河内音頭もやっていた人だから、節回しに軽快なノリがあって、なかなかエキサイティングだ。ライヴ・レコーディングの席だったが、幸枝若はノドの調子が悪く、しきりに咳をする。途中でPAもハウリングを起こす。レコーディングはどうなったのだろうか（三日連続の二日目からは快調だったとか）。

彼の東京公演は三年ぶりとのことで、会場は立ち見も出るほど超満員。しかしいまは人気の面では浪曲は落語と同じく苦戦を強いられている芸能のひとつだ。木馬亭もふだんはもっとすいているらしく、前読みの玉川福太郎が「いつもはゆっくりすわって聞けますから、どうぞおみえになって下さい」としゃべって笑いを誘っていた。このままでは、国立劇場で保存される芸能になりそうだ。時代の変化に応じた新作が欲しい。

24 fri.

渋谷パンテオンで映画『バットマン』の試写を見る。娯楽映画にしては妙に暗いところが記憶に残る。

25 sat.

東京ドームでU2とB・B・キングのジョイント公演。

1 fri.

広尾の羽沢ガーデンで、『FMレコパル』用に山下達郎と三宅裕司の対談の取材。山下達郎はベンチャーズのベストCD『ベンチャーズ・フォーエバー』の監修と選曲を担当したばかり。三宅裕司は最初のアマチュア・バンドでベンチャーズをカヴァーしていたとのこと。ベンチャーズが使っていたというモズライトのギターとベースを抱えてもらって撮影。

6 wed.

赤坂のTBSでレコード大賞の部門賞審査会に出席。金賞のうち、ロック、ポップス五曲の選考に加わる。毎年のことながら、ロック系ミュージシャンには賞を辞退する人や、番組に出ない人が多く、選考しても心残り。終了後、お茶を飲みながら、相倉久人さん、萩原健太さん、今井智子さんに有機野菜の購入をすすめる。夜、『時事英語研究』編集部に多人種都市ロンドンについての原稿。『セブンティーン』のミュージック・クリップの原稿。

8 fri.

赤坂プリンス・ホテルで、田村駿禮著『地球はダイヤモンド』、湯川れい子著『幸福へのパラダイム』の合同の出版記念パーティに出席。おふたりは御夫妻。ふだんごぶさたしているレコード会社の人たちとたくさん会える。散会後、『ミュージック・ライフ』編集部宮崎真理子さんたちと今泉恵子さんの誕生日祝いにホテル内のラウンジに行くが、忘年会シーズンのため、満員で入れず帰る。夜、東京新聞のコラムにマーガレット・アトウッド『ダンシング・ガールズ』の原稿。

13 wed.

溜池の東芝EMIで、『スタジオ・ヴォイス』のために、レ・ネグレス・ヴェルトの三人のメンバーの取材。ヨーロッパで大流行の「ランバダ」について、彼らは、流行らせ方は好きじゃないが、音楽は好きとのこと。その後、有楽町マリオンで『朝日キーワード』編集

部花井正和さんと打合わせ。その後、コックドールで『FMレコパル』堀越明さん、染野芳輝さんと打合わせ。その後、銀座福臨門で小倉エージさん、東芝EMIの菊池洋一郎さん、角間裕之さんと打合わせ。夜、平凡社百科年鑑の原稿。

14 thu.
イラストレーターの吉田カツさんと『「楽園」の音楽』（筑摩書房）の表紙の打合わせ。その後、渋谷で共同通信の北嶋孝さんとコラムの打合わせ。その後、渋谷EGG・MANで国本武春のライヴ。彼は浪曲師だがバラードをうたうと山下達郎のようになる。その後、渋谷京屋で中川五郎さん、天辰保文さん、CBS・ソニーの喜久野俊和さん、栗原憲雄さん、平野敏樹さん、児玉直子さん、中村真紀さんたちと忘年会。夜、『レコード・コレクターズ』にヴァン・ダイク・パークスのアルバム評。

16 sat.
神田のミュージック・マガジン社にベスト・アルバム1989の原稿を届ける。同じ号の年間ベスト・アルバムのロック（アメリカ）を小倉エージさん、大竹直樹編集長と選考。新宿で映画『ウッドストック』のレーザーディスクなどを買って帰る。夜、『エスクァイア』のコラムにカオマの原稿。『ポップ・ギア』のコラムにフィル・コリンズの原稿。

18 mon.
有楽町レバンテで青木啓さん、今井智子さん、悠雅彦さんと朝日新聞夕刊の視聴室の打合わせ。その後、悠さんと半蔵門のジェット・ストリームで音楽執筆者協議会の運営委員会に出席。原稿料の交渉の問題、第二回音楽執筆者協議会賞、新会員募集の件など議題多数。その後、同会の忘年会。その後、渋谷公会堂でインド系イギリス人歌手ナジマのコンサート。さらにその後、渋谷クアトロでザイールのルンバ・ライのライヴ。朝までかかって『FMレコパル』の「遥

かなるウッドストック」の原稿。

19 tue.

昼過ぎに起きたら留守番電話に『CDジャーナル』田中明さんより、年末進行でいつもより早い原稿さいそくのメッセージ。レコード大賞の投票の件で、今週に入ってレコード会社やプロダクションのスタッフからしきりに電話がかかりはじめる。おなかをこわす。『ユリイカ』西口徹さんから電話。ワールド・ミュージック特集号の打合わせ。やはり電話で『ブリタニカ国際年鑑』の小泉賢吉郎さんと打合わせ。『サウンド・レコパル』のニュー・ディスク・レビューの原稿。

ニール・ヤング『フリーダム』

社会主義諸国の民主化運動がニュースをにぎわせている。ソ連のペレストロイカにはじまって、北京の天安門事件、ポーランドの連帯政権、東ドイツから西ドイツへの市民の大量脱出、そして共産党の一党独裁体制から西欧型の民主主義国家になった新生ハンガリー共和国宣言、などなど……。

ニュースの論調は、これらの国々が抱える問題を指摘して、将来を危ぶむそぶりをみせながら、民主化運動に好意的なものがほとんどだ。言論の自由、おおいにけっこう。天皇報道ひとつをとってもタブーだらけの日本で暮らしているからひとごとではない。生活の向上、ますますけっこう。民主化運動によって、事態がほんとに好転するのなら、拍手を送りたい。しかし豊かな消費生活だけが民主化であるかのような報道をくりかえし見ているうちに、何かちがうんじゃない？　と、疑い深いぼく

は思いはじめる。

　ニール・ヤングの『フリーダム』に「ロッキン・イン・ザ・フリー・ワールド」という歌がある。タイトルだけ見れば、民主化運動のテーマ曲にさえなれそうな歌だが、うたわれているのはこんな歌詞だ。女がゴミ箱の近くに赤ん坊を捨てて行った。われわれにはホームレスのための街灯もあれば、トイレットペーパーもある。希望を持ち続けよ、と語る大統領もいる。自由な世界でロックし続けよう……。

　時節がら、じっくり味わいたい。

POPS DIARY

POPS DIARY——1990

9 tue

青山CAYで三日間連続の上々颱風のライヴ二日目を見る。ゲストにチキン・シャックの山岸潤史ほか。女性ヴォーカル二人の楽しいおしゃべりをまじえ、ビートルズ、クレイジー・キャッツ、沖縄民謡、かしまし娘、演歌など、いろんなものをごった混ぜにした音楽で、陽気なステージを展開。

彼らは日本の伝統的な音楽の要素を取り入れた演奏を聞かせるが、バンジョーで三味線的な音を出していることからもわかるように、伝統的な音楽への回帰を目的にしているわけではない。それどころか彼らの音楽は、むしろ伝統的な音楽との断絶をはっきり意識したところからはじまっている。ユーモアのあるおしゃべりやパロディの方法が、それを観客にも意識させる。「純邦楽」からあまりにも遠いところに来てしまった自分たちの立場をわきまえてのパフォーマンスなので、ポップス・ファンにも違和感がない。

こういうおもしろさを持ったグループは、かつて喜納昌吉&チャンプルーズが沖縄の音楽をたずさえて東京にやってきたとき以来だが、喜納昌吉が伝統的な音楽に対して持っていたような誇らしさがないぶん、根っ子のわからなくなっているぼくには居心地がいい。彼らをめぐって去年からレコード

会社が争奪戦をくりひろげていたが、ついにEPIC・ソニーが契約したそう。

10 wed.

中野サンプラザでトッド・ラングレンのコンサート。演奏がきっちりして、歌もしっかりして、山下達郎のコンサートにたいへん近い雰囲気。マーヴィン・ゲイの「ホワッツ・ゴーイング・オン」をカヴァーするところまで同じだ。このぶんでは、山下達郎のようにマイクから離れてひとりアカペラをやりだすんじゃないかと恐くなったほど。トッドの表情に、激しい演奏のときも、どこかしらさめたところがあったのが印象に残る。バック・コーラスの女性三人のボディコン・ミニスカートに目を奪われて困る。べつに困ることはないか……。

19 fri.

東芝EMIの会議室で、四年半ぶりにソロ・アルバム『絵』を作ったRCサクセションの仲井戸麗市の取材。会うのははじめてだったが、とっても物静かな人だ。「ためこんで、ためこんで、最後にガーンとなっちゃう。小出しにできないほうなんです」という話を聞いて納得。『絵』は、アコースティックなアレンジがおもしろいし、歌も共感できるところがあって、最近のぼくの愛聴テープ。取材後、洋楽部に寄って、シンニード・オコナーの「愛の哀しみ」のヴィデオ・クリップを見せてもらう。クリクリ頭の顔のアップの続くヴィデオ。うたいながら、途中、涙があふれて、頬を伝って落ちる。

シンニード・オコナー

デビュー・アルバム『ザ・ライオン・アンド・ザ・コブラ』を聞いたときは、こんなにエキセント

リックな人が世界的な人気スターになるとは、予想もしなかった。ところがセカンド・アルバム『蒼い囁き』は、いまや世界の十数ヵ国でナンバー・ワン。シングルの「愛の哀しみ」も大ヒットして、彼女はポップ・スターとしてアイドル的な存在に……。といっても、雑誌のインタヴューなど読んでいると、本人は相変わらず、そんな人気なんかどこ吹く風という態度だが、そうなるとますます放っておかないのがマスコミやファンの常。それにしてもいったい彼女の何がこの人気の爆発に火をつけたのだろうか。

クリクリ頭に透明なブルーの大きな瞳という個性的なルックスが人目をひいて離さないという要素はたしかに大きい。「愛の哀しみ」のヴィデオ・クリップが、ひたすら彼女の顔のアップで成立したのも、美しいルックスがあったからだ。持って生まれた資質に恵まれてなければ、スターになることは難しいのだ。でも、それをいうなら、デビューしたときのほうが、もっと尼さんになりたてのような頭だったわけで、いまごろそんなことで騒ぐのは、ちょっと間が抜けてる気がしないでもない。

彼女をスターにしたいろんな要素のひとつとして、アイルランド出身ということが考えられる。最近でこそ少しは変わってきたが、日本では、アイルランドの音楽といっても、イギリスのロックの一部分とみなされる状態が長いこと続いてきた。なにしろアイルランドはイギリスのすぐ隣の国で、言葉や住んでいる人にも共通する部分が多い。音楽産業がロンドンに集中しているので、いったんロンドンを経由しなければ世界に出にくかったのだ。

それをくつがえしたのが、アイルランド出身のU2の世界的な成功だった。彼らのいわばU2効果によって、アイルランドの首都ダブリンの音楽シーンが脚光を浴び、必ずしもロンドンの顔色をうか

がわなくても、世界的に活躍するミュージシャンが登場しやすくなった。スタジオ・レコーディング・テクニックを駆使して、たったひとりで奥行きのあるコーラスを作り上げたエンヤ、そのエンヤが在籍していたこともあるフォーク・ロック・グループのクラナド、アイリッシュ・フォーク的な要素とアメリカのソウル・ミュージックの要素をうまくミックスしたホットハウス・フラワーズなどはほんの一例だ。

シンニード・オコナーも、デビュー前からU2のギタリスト、エッジに歌詞を提供したりして、U2効果の御利益にあずかってきた。インタヴューでU2に批判的な発言をして騒がれたこともあったようだが、それくらいU2の存在が大きいということだろう。もっとも、音楽的なことに関していえば、シンニード・オコナーとU2には、共通点といえるようなものはあまりない。彼女はU2よりもずっとダイレクトな形でアイリッシュ・フォークの影響を受けていて、アイルランドのベテラン・フォーク・シンガー、クリスティ・ムーアのアルバム『ヴォイージ』に参加してデュエットしたこともある。また、アカペラの「蒼い囁き」のメロディーや、「永遠の人に捧げる歌」の後半の演奏は民謡そのもの。そこでいかにも民謡ぽいフィドルを弾いているのは、ダブリンで活躍するウォーターボーイズのスティーヴ・ウィッカムだ。

彼女とブラック・ミュージックの関係も、忘れることはできない。「愛の哀しみ」は、プリンスが作ってザ・ファミリーに提供した曲をカヴァーしたもの。しかもアレンジを手がけているのは、イギリスのブラック・ミュージックの急先鋒ソウルIIソウルのプログラマー、ネリー・フーバー。ソウルIIソウルは、ラップとファンクをまぜたような音楽をやっているグループだ。なお、高橋健太郎さん

シンニード・オコナー『蒼い囁き』

によれば、「永遠の人に捧げる歌」のシンプルなリズム・トラックも、ジェイムス・ブラウンの「ファンキー・ドラマー」をもとにしたものだという。

プリンスとの関係は、シンニード・オコナーの新しいマネジャーがプリンスの関係者だったことから実現というような裏の事情はあるにせよ、一見結びつきようのなさそうなものを、こんなふうに消化できてしまうところが彼女の強さ。ブラック・ミュージックとロックの垣根がどんどん低くなってきている現在の英米の音楽界の大きな流れを、彼女はしっかりキャッチしているのだ。

彼女のまわりには、他にも、プライベートな経歴が絵に描いたように波乱に満ちたものであるとか、話題になりやすい要素がいっぱいある。しかし結局、彼女の魅力は、自分の意志をつらぬく思い入れの激しいヴォーカルにあるのではないだろうか。いくら話題の外堀を埋めても、本人の歌に魅力や説得力がなければなんにもならないのだから。

あなたが川に飛び込めというのなら、私はそうする……ひたむきにうたわれる「ジャンプ・イン・ザ・リバー」を聞いて何も感じないですむような人がいるだろうか。

20 sat.

シーリスというスコットランドの民謡グループがある。女性二人組で、美しいハープを弾きながら、ときどき歌もうたう。エンヤの人気なども手伝ってか、フォーク・ファンだけでなく、ニュー・エイジ・ミュージックのファンにも聞かれている。日本ではキングとMSIからCDが発売されているが、キングの日本語表記がシリース、MSIの表記がシーリス。どっちが正確か教えてほしいと雑誌で書いたら、MSIの遠藤敬太郎さんから原盤のグリーン・リネットの

カタログにSHEELISと発音するとある旨の手紙をいただいた。というわけで、シーリスが正解なようだ。

26 fri.

川崎クラブ・チッタでレッド・ホット・チリ・ペッパーズのライヴ。メンバーは上半身裸。いれずみたっぷりの人もいる。演奏はリヴィング・カラーを多少ぎこちなくソリッドにしたようなパンクとスラッシュ・メタルとファンクのミックス。アクションの激しいパフォーマンスに驚く。

しかしそれ以上に驚いたのは客席の反応。ファンが勝手にステージに上がったかと思うと、そこから客席へのダイヴィングをくりかえす。大阪では、過熱しすぎて途中で演奏の中断もあったそうだ。演奏中の客席の興奮度はたいへんなものだが、それにしては一曲終わるたびの拍手や歓声が極端に少ない。演奏をつまらないと思っているわけではなさそうだが、ステージと客席の間で、あまり拍手はしないという暗黙の了解でもあるのだろうか。そのコミュニケーションの取り方は、ぼくがこれまで体験してきたコンサートとは、あまりにもちがっている。客席には、ラフィン・ノーズ、ちわきまゆみ、近田春夫、岡野ハジメなどミュージシャン多数。前座の日本のグループには、会場で売ってるカンビールがゴンゴン投げられていた。

某月某日

ハンター・S・トンプソンの『ラスベガスをやっつけろ!』(筑摩書房、室矢憲治訳)を読む。めっぽうおもしろい。

ハンター・トンプソンは、トム・ウルフやゲイ・タリーズと並んで、アメリカン・ニュー・ジャーナリズムの旗手と言われた人物だが、ウルフやタリーズが他人の過去の出来事を再構成する手法にたけているのとちがい、彼は進行中の事件に入りこんだ自分の体験をもとにルポを書いていく。その意味でニュース・レポーターに近いとも、自己告白的なシンガー・ソングライターに一脈通じるとも言えるだろう。また、ルポの対象に自分というジャーナリストの与える影響を考慮しようとする態度は、量子力学の観察方法や文化人類学のフィールド・ワークの分析にも通じるところがある。

ロサンゼルスのトンプソンは、ある日、ラスベガスで行なわれるバイク・レースを取材するようにという依頼を受ける。彼は前渡し金で真っ赤なオープンカーを借り、ドラッグをごっそり仕入れ、友人とブッ飛びながらラスベガスに乗りつける。アメリカン・ドリームをみつけるつもりなら、それぐらいの準備は欠かせないというわけだ。

しかしラスベガスではドラッグとアルコールをやり過ぎて、レースの取材どころではない。これはまずいと、ホテル代を踏み倒して逃げ出そうとしたときに、運よく別の仕事の依頼が舞いこんでくる。なんと、ラスベガスで開催される連邦麻薬取締会議を取材しろというのだ。彼と友人はしこたまドラッグをやりながら、全国から警察官が集まった会場へさっそうと乗りこんでいく。

ざっとそんな話だが、筋立てや取材対象はさして問題ではない。それより、トンプソンが取材対象とどう関わっていくのかという逸脱だらけのプロセスがおもしろい。ドラッグをやりながら、麻薬取

締会議の会場で、警察の現状認識は甘いと批判するところなど、ほとんどマルクス・ブラザースやブルース・ブラザースのコメディを見ているようだ。もちろん、トンプソンは酔っ払ってばかりいるわけではない。彼のクレイジーな行動には、金ピカのアメリカン・ドリームに対する洞察と批判精神が隠されている。

某月某日

シンガポールの音楽が日本で紹介されることなどめったにないが、最近、ディック・リーの『マッド・チャイナマン』というアルバムが発売された。彼は、シンガポールの人口の大半を占める中国系の出身だが、西洋風の育ち方をしてきたので、中国語はそれほど堪能ではなく、音楽を作ろうとすると、自然に西洋風のものになってしまう。このアルバムの歌も英語だ。

そんな自分はいったい何者かという問いが、このアルバムの発想の出発点になっている。「伝統的。国際的。ぼくの東洋的な心から生まれる西洋的な感情。どうすればわかる。どうすればいい」とディック・リーはうたっている。その答えを中国系の文化にだけ求めるのではなく、インド、マレーシア、インドネシアなど近隣諸国の文化も含めて考えようという姿勢には、柔軟な国際感覚がある。

西洋と東洋のギャップは、明治以降、伝統的な文化との性急な断絶を経験してきた日本人にとっても他人ごとではない。しかし、建国からわずか二十五年の人工的な多人種多言語都市国家シンガポールの人々にとって、シンガポール人とは誰かという問いは、アイデンティティがあいまいなままで平気なわれわれより、おそらくずっと切実な問題だろう。

一九八四年に出た田中恭子の『シンガポールの奇跡』（中公新書）によれば「シンガポールの国民

意識はマレー系、インド系市民の間でも着実に育っている」とのことだ。「シンガポール人はまず例外なく繁栄する自国に誇りを感じている。この誇りが彼らをそれぞれの父祖の国から切り離し、人種や言語の垣根を越えて、シンガポール人として結びつけている最大の要素だ」ともある。

しかし西洋とのギャップのほうは、そう簡単ではないだろう。中国系シンガポール人作家キャサリン・リムの短編集『シンガポーリアン・シンガポール』（段々社、幸節みゆき訳）には、そのギャップや中国系シンガポール人社会での世代間の断絶が、あざやかな筆致で描かれている。西洋人とのハーフの少年がシンガポール社会で置かれている複雑な立場を描いた「ケネス・ジェローム・ロザリオ」という短編などを読むと、ディック・リーはまだ当分「マッド・チャイナマン」であり続けなければならないだろうという気がしてならない。

某月某日

『このミステリーがすごい！89』（JICC出版局）のベストテンを見ていたら、ぼくの読んだ本は、国内、海外の二十冊のうち、わずか二冊だった。

そのうちの一冊、山口雅也の『生ける屍の死』（東京創元社）は、死人が次々によみがえってくる状況の中で、どうしたら殺人事件が起こせるのかという、意表をついた設定の物語。謎解きよりも、東西の文献や音楽に対する作者の造詣の幅と深さ、ゆったりとした語り口に感服。

もう一冊、島田荘司の『奇想、天を動かす』（カッパブックス）は、浅草でわずか十二円の消費税のために起きた殺人事件の動機を追っていくと、三十年前に北海道の国鉄ローカル線で起こった奇妙な迷宮入り事件に結びついてくるという話だ。日朝関係をはじめ戦後処理の問題をからめたスケールの

大きい発想は、水上勉の『飢餓海峡』に通じるところがある。江戸川乱歩を意識したトリックも、それなりに工夫されているが、ぼくの好みとしては、怪奇トリックを使わずに、社会派推理小説としてまとめたほうが、もっとインパクトのある作品になったのではないかと思う。

国内ベストワンの原尞の『私が殺した少女』（早川書房）は今年になって上半期の直木賞を受賞した。この本はまだ読んでないが、前作の『そして夜は甦る』（同）は、日本のハードボイルドにしてはめずらしく抑えのきいた作品で、読みごたえがあった。その中に出てくる政治家と俳優の兄弟の話から、ぼくは石原慎太郎、裕次郎兄弟を連想したが、作者の意図はどうなのだろうか。

某月某日

世界の文学『フランス名作集』（中央公論社）を読んでいた桑原一世が、おもしろい小説があると言ってドリュ・ラ・ロシェルの「空っぽのトランク」（杉本秀太郎訳）という短編を教えてくれた。

この作品の主人公ゴンザックは、二十二歳の若者だ。彼は政財界の顔役の助手をしながら、夜な夜な遊び歩いている。彼にはお金があるわけでも、教養があるわけでも、人徳があるわけでもない。まさに「空っぽのトランク」のような人間だが、少しばかり顔がきくので、どこに行っても、それなりの歓迎を受ける。

といっても、彼は夜遊びを心から楽しんでいるわけではない。ただ孤独になるのが怖いだけなのだ。だから、あちこちのサロンに出没してお喋りにふけっているときも、自分に熱中こそすれ、話している相手のことにはまったく無頓着。もっとも相手にしても、似たり寄ったりだから、おたがい深くつき合うことがない。やぼったい美青年で女性と知り合う機会も多いが、性的不能気味なので、これま

た深い仲になることもできない。

「空っぽのトランク」は、第一次世界大戦後のパリを舞台にした物語だ。こういう気分は、アメリカのロスト・ゼネレーションの作家の小説、たとえばヘミングウェイの『日はまた昇る』や、フィッツジェラルドの『雨の朝、パリに死す』などにも見られるだろう。しかし、甘い感傷にくるまれたアメリカ人作家の小説にくらべると、この作品はずっとクールで批評的な色彩が強い。

「現代人は昔風の快楽というものを求める処方を喪失しているが、しかも新たな快楽を発明する見込みは、まだほとんど立っていないのだ。充足感はいよいよ乏しくなってゆくが、一方では、瞬間瞬間がなにか斬新な感動をあたえてくれるものと思いこんでいる。自分の手で物を変化させるよりも、物がひとりで変化するほうを好み、スピードと強烈さというものを混同している。ところが、気前のいい友だちが、サービスのつもりで、前日だれかから聞いたちょっとおもしろそうな話に尾ひれをつけ、二、三の仲間を身ぶり口ぶりで彷彿させ（それに、性格描写よりも物真似のほうが持てはやされる。性格描写は、うまく似せようとするあまり、ゆがめてしまうし、固苦しさも伴うから）、さてそのあとで、道化にはべつに古来変わった手があるわけではないということを、皆にはっと思い出させるような一語をはさみ、そこで場面全体をひっくり返してしまったとしよう。すると人は、『あいつはまったく変わっている』と言うにちがいない」

こういうところなど、現代の東京の風俗に驚くほど似ているように感じられる。

筑摩世界文学大系のドリュ・ラ・ロシェルの巻の若林真氏の解説によれば、彼には「ジュネーヴかモスクワか」（一九二八年）という政治評論もあって、その中で、こんな意味のことを書いているとい

う。

「ヨーロッパの資本主義は、覚悟を決めて、いまアメリカやソ連で行なわれているような統合を成就しなければならない。ヨーロッパの政治・経済の統合を達成するには、ヨーロッパ的愛国心に対立する地域的な愛国心を、まず壊していかなければならない。ジュネーヴは個別的な祖国の終末と、新しいヨーロッパ共同体生誕のシンボルである。もしこの統合をなしえなければ、ヨーロッパはアメリカの帝国主義に対抗できないだろう。そして、アメリカの資本主義的帝国主義の侵入の結果、それぞれの国境によって自由な活動が拘束されているヨーロッパは、苦境に立たされ、内戦が起こり、取り返しのつかない革命が起こるにちがいない」

これなども、ちょっと用語を和らげて、ソ連とアメリカに日本を加え、ジュネーヴをブリュッセルに替えれば、そのままいまのECの閣僚の発言として通用しそうな発想だ。日頃新しい新しいと思っていることが、少しも新しくなかったりする例はよくあるが、こういう文章を読むと、自分が何時代に生きているのか疑いたくなる。ちなみに、ドリュ・ラ・ロシェルは、第二次世界大戦中ナチス・ドイツに協力するが、次第にそんな自分にも絶望。一九四五年に自殺したそうだ。

13 tue.

午後、『CDジャーナル』のためにビクター・スタジオで浪曲ロックンロールの国本武春の取材。浪曲の語りで鍛えているだけに、さすがに話がうまい。興がのってくると、三味線を弾きながら浪曲の説明も飛び出す。ティーンネイジャーのころ、浪曲がわからないのがしゃくで、テープをくりかえし聞いているうちに好きになったという話がおもしろかった。

17 sat.

夜、東京ドームでローリング・ストーンズのコンサート。初日の14日にくらべ、メンバーそれぞれの動きや、「ミッドナイト・ランブラー」の演奏のちがいの大きさなどに、ライヴにかける彼らの意気ごみを感じる。

20 tue.

午後、赤坂のキャピトル東急で『ミュージック・マガジン』のためにディック・リーの取材。夜、渋谷クワトロでマノ・ネグラのライヴ。

シンガポール・ミュージックを作る／ディック・リー・インタヴュー

2月中旬、来日中のディック・リーに会った。『マッド・チャイナマン』のお化粧姿とは別人のような現代的な好男子だった。記事にまとめるにあたっては、論評を少なくして『マッド・チャイナマン』がより楽しく聞けるようにということを念頭において構成した。

――どんな少年時代を過ごしたんですか。

ディック　ぼくは五人兄妹の長男です。幼いころはイニッド・ブライトン（二〇世紀初頭のイギリスの女性童話作家で『おちゃめなふたご』などの邦訳がある）の本を読んで、ファンタジーの世界に生きるような子供でした。彼女をまねて自分でもお話を作ったりしました。後にはアガサ・クリスティに熱中して、殺人事件の物語を作ったこともあります。音楽は五歳のときにピアノを習いはじめました。いとこがバイオリンを弾き、ぼくがピアノを弾いて、クラシックの曲を練習して、十二歳ぐらいから、その曲も自分で作曲するようになりました。

――早熟な子供だったんですね。

ディック　ものを作るという意味ではね。たくさん本を読んだからでしょうか。十歳ぐらいから、中国の童話をもとにした劇を作って、妹弟みんなにやらせたりしていました。

ぼくが十三歳のとき、バイオリンのいとこがイギリスの学校から戻ってきて、レコードをくれたのがポップ・ミュージックとの出会いでした。ニール・ヤングの『アフター・ザ・ゴールド・ラッシュ』、ジョニ・ミッチェルの『ブルー』、エルトン・ジョンの『マッド・マン』といったアルバムです。それまでは、ペトゥラ・クラークやディオンヌ・ワーウィックやバブルガム・ミュージックしか知らなかったから、そういう音楽に刺激されて十四歳ごろから自分で曲を作りはじめました。

十五歳から十七歳までは、ハーモニーというヴォーカル・グループに入って、レターメンやビー・ジーズの曲をうたっていました。ぼくがアルバムでよくコーラスを使うのは、このグループの影響ですね。そのグループでぼくの曲をやりたかったんだけど、他のメンバーはうたいたがらなかったので、

独立してテレビのタレント・コンテストのオーディションを受けました。するとぼくをオーディションした人が、コンテストに出るなと言うんです。どうしてかというと、きみが出たら優勝するだろうけど、優勝してもそこから何も起こらない。それより番組にゲストで出ろと言って、毎週番組に出してくれた。そこでディック&ザ・ギャングという名で妹弟と一緒に出たり、ひとりで自分の歌をうたったりしていたときに、EMI（バイオグラフィーにはフィリップスとある）と契約して『ライフ・ストーリー』というアルバムを作りました。それが七四年、十八歳のときです。

——そのころはどんな音楽だったんですか。

ディック グランド・ファンク・レイルロード、クリーデンス・クリアウォーター・リバイバルなどいろんな音楽を聞いたけど、いちばん影響を受けたのはエルトン・ジョンかな。ピアノを中心に使ってエルトン・ジョンのような音楽をやっていたわけです。誰かにイタリアのルチオ・バッティスティのレコードをもらったのがきっかけで、彼のアルバムも集めたりしました。

——歌詞は英語ですか。

ディック ええ。子供のころから主に英語で育ちましたからね。父がマレー語、母が広東語をしゃべるので、ぼくもそのふたつはしゃべりますが……。当時は英語のポップ・ミュージックは盛んじゃなかったんです。政府はロックを禁止していました。長髪、ドラッグ、セックス、ロックンロールはよくないというわけです。コンサートも許可されませんでした。だからぼくはテレビのショーに出たり、学校や図書館で演奏したりしていました。

——音楽で食べられたんですか。

ディック・リー『マッド・チャイナマン』

ディック　いや、ぼくはまだ学生でした。一カ月ほど小さな安っぽいラウンジ・バーでエレクトーンの弾き語りをしたことがあります。アンド・ナウ～、ジ・エンド・イズ・ニア～（と〈マイ・ウェイ〉を口ずさむ）。それをやって音楽が嫌いになり、フルタイムで音楽をやる気がしなくなった。それで音楽は趣味にしようと思ったんです。シンガポールでミュージシャンとして食べていこうと思ったら、バンドに入ってトップ・フォーティやオールディーズをやるか、編曲家になるか、それくらいしか道がないんです。

――編曲家は多いんですか。

ディック　ええ。シンガポールのスタジオは、設備のいい割には安いですから、台湾や香港の歌手がよくレコーディングに使うんで、編曲家の仕事は多いんです。

ディックに同行したマネジャーでテレビ・プロデューサーのリム・セックさんによればシンガポールには、WEA、EMI、BMG、CBSなどのインターナショナル・イングリッシュ・ミュージックのレーベルの他、フェイム、フォーム、ライフなど中国標準語（華語《ホアユー》、マンダリン）やマレー語の音楽を出している小さなレーベルが多数あるとのこと。

六〇年代の前半までは洋楽の中国語ヴァージョンがさかんにうたわれたが、六〇年代中頃から洋楽ならオリジナルのものを聞く人が増え現在にいたっているという。若い世代の歌手が現われて自作の歌をうたうようになったのは八〇年代に入ってからの傾向。

放送は半官半民のSBCが3チャンネル（英語&マレー語、マンダリン&タミル語、教育&スポーツ）

のテレビと5チャンネル（四言語とクラシック）のラジオを放送している。録音スタジオは大きいのが四つほど。その一つではティファニーが録音したこともある。他に小さなスタジオが多数。台湾のトレイシー・ファンやスー・レイは、シンガポールでも人気が高い。香港のアニタ・ムイ、アラン・タム、レスリー・チェンなどもよく知られている。去年、著作権も整備されたそうだ。

——シンガポールのミュージック・シーンはかなり大きいんですか。

ディック そうでもない。人口が二六〇万人だから。すべてははじまったばかりです。タイや日本なら、タイ語や日本語でレコードを作れば、競争相手がいません。でもシンガポールでは英語の歌を作れば西洋の音楽と、中国語の歌を作れば台湾や香港の音楽と、マレー語の歌を作ればマレーの音楽と競争しなければならない。きびしい状況です。となると、やり方はひとつしかない。シンガポール・ミュージックを作ることです。『マッド・チャイナマン』は、はじめてのシンガポール・ミュージックだった。だから成功できたのだと思います。

——そのアルバムで取りあげた民謡や童謡は子供のときに聞いて育ったものですか。

ディック ほとんどは両親がうたってるのを聞いた曲です。祖母から聞いた曲もあります。ぼくら兄妹は知ってるかぎりの歌をコーラスしてたんです。母も歌が好きでした。

——ジャケットの写真は京劇の俳優の扮装ですか。ワイヤン・メイキャップとありますが。

ディック ワイヤンはマレー語で劇場のことです。チャイニーズ・ワイヤン、チャイニーズ・オペラの格好です。シンガポールでは、よく路上で劇団がオペラをやってるし、中国や台湾や香港からも、

たくさん劇団が来ます。地方ごとに言葉のちがうオペラがありますね。

――よく見に行ったんですか。

ディック　いや。ぼくには退屈だったから。言葉がわからなかったせいもあるでしょうね。西洋のオペラも好きじゃないです。ロック・オペラは好きだけど。

――「ラサ・サヤン」はインドネシアの歌ですね。

ディック　そうだと思う。シンガポールには自前の民謡がなく、インドネシア、マレーシア、インド、中国……いろんなところから来たものの寄せ集めなんです（ここで同行スタッフのひとりがマレーシアの歌だと強く主張。インドネシアも広い意味ではマレー系の住民が多い）。百年たてば『マッド・チャイナマン』がシンガポールの民謡になってるかもしれないけど……。歌の中のマレー語？　ミー・プクはヌードル、サテは串焼き、セダップはおいしいという意味です。

――「ディン・ドン・ソング」をうたっているお母さんは歌がおじょうずですね。

ディック　そうですか。喜びますよ。スタジオに来て、歌入れは一回だけでOKでした。この歌には六〇年代の古いスタイルでうたってくれる人が欲しかったんです。これは六〇年代に流行した歌です。これをうたっていたレベッカ・パン（潘廸华）は香港の歌手で、五〇年代の後半から六〇年代のはじめにかけてすごく人気があったそうです。チャイナ・ドレスを着たグラマラスなセクシーな美女で、よくアジアの歌をうたっていました。「ムスタファ」もマンダリンでうたってましたよ。

――「ディン・ドン・ソング」はもともと英語の歌詞だったんですか。

ディック　さあ、どうだろう。英語とマンダリンの両方で流行したけど（ここでリム・セックさんが、

レベッカ・パンは両方の言葉でうたっていた、当時はどちらかの言葉で歌が流行すると、すぐにもうひとつの言葉でもカヴァーが出るのが普通だったと説明してくれた)。

——「ムスタファ」で一緒にうたってるジャシンタはタミル系の女優さんだそうですが。

ディック タミルとチャイニーズの混血です。シンガポールでは有名な女優で歌手です。ぼくは十六歳のころから彼女を知っていて、彼女には二枚のアルバムがありますが、ぼくがプロデュースしています。彼女はタミル語は話せないんですよ。

——レバノンのこの歌にタブラやシタールを入れてインド風に編曲したのはなぜですか。

ディック 母がこの曲のレコードを持っていて、インドの歌手がうたっていたんです。それでこの曲を聞くたび、ぼくにはインド風のイメージが湧いてくるんです(この曲のヴィデオ・クリップは、ジャシンタ主演。インド映画へのオマージュを含むコミカルな傑作)。歌詞は変えましたけど。

——「リトル・ホワイト・ボート」はたいへん美しい曲ですね。

ディック どの地方の曲か知らないけど、中国の古い子守唄ですね。シンガポールでは学校で教えるからマレー系やタミル系の子供たちもよく知ってます。世界中、中国人のいるところで知られてるんじゃないかな。(二四九ページ参照)

——「アイ・アム・ババ」で子供たちがうたってる歌はどういう意味ですか(ババは、何代もシンガポールに住み、植民地時代の宗主国イギリスの文化を受け入れつつ、現地化した中国系男性。戦前はマレー語を話した。リー首相はじめシンガポールのエリート層は、ババ出身者が多い。中国移民の父と現地女性の間に生まれた男をババと呼ぶ(可児弘明『シンガポール 海峡都市の風景』)という記述も見かけた)。

ディック　ババ・フォーク・ソングです。子供のころ祖母がうたってくれたマレー語の歌です。意味はぼくにはわからない。

（ここでスタッフとあてもない、こうでもないというやりとりの後、〝レンガン・カンコン〟はマレー・ガールの歩き方、夢見心地で歩いているような歩き方。〝チャン・マリ・チャン〟はほとんど意味がない擬音。田舎のほうの作業歌などがもとになってるんじゃないのという意見になった。日本でいえば、ずいずいずっころばし……みたいなものか？）

ディック　ぼくもホッキエン・ババなんです。ホッキエンは中国の方言で、福建省の言葉。ぼくの家族は福建省の厦門の近くの出身です。

――イントロのところでインドネシアのアンクロンという竹の楽器を使ってますね。

ディック　ええ。サンプリングで。六〇年代には、どの学校にもアンクロン・バンドがあって親しまれてたけど、いまは、やってないようです。シンガポールは多人種国家だから、各人種の文化を全部入れてミックスした。休日にしてもクリスマスを二日、中国風正月を二日、マレーの正月を二日、インドの新年を二日というふうに徹底している。楽器にしても、タブラも使えば、中国のクーチュンも使うといったふうにみんなミックスしはじめた。それが新しいシンガポールのアイデンティティを作りつつあるんです。

――「センター・オブ・エイジア」の間奏で女性がマレー語でうたってるのはどういう意味ですか。

ディック　風の中でも暑熱の中でも雨の中でも、あなたを待ってるわ、という意味です。

――「ブンガワン・ソロ」はレゲエのアレンジですね。

ディック ええ。父がインドネシアのクロンチョンという音楽が好きで、ぼくの子供のころよくレコードをかけてたんです。最近はクロンチョンを聞く若い人は少なくなりました。モア・インドネシアン、レス・シンガポールの音楽になりつつあります。ほんのちょっとレゲエを取り入れたのは、ぼくがクロンチョンをまともにやってもうまくいかないと思ったからです。次のアルバムでは、インドネシアのリアルなクロンチョンの曲も入れるつもりですが。

――「レッツ・オール・スピーク・マンダリン」はシンガポール政府の、七九年からの華語キャンペーンとも関係があるんですか。

ディック レッツ・スピーク・マンダリン。いまはスピーク・マンダリンという標語になっています。中国語の方言が多すぎるので華語（マンダリン）に統一しようというキャンペーンです。方言はわれわれのルーツの一部だからこれはなかなか難しい問題ですね。この歌では、英語をしゃべれない女優に話しかけると、彼女が〝ジャン・ホワユー（スピーク・マンダリン）〟と返事するわけです（日本盤の対訳は意訳しすぎて意味不明になっている）。

――シンガポールで八四年に出たあなたの『ライフ・イン・ザ・ライオン・シティ』（シンガポールのシンガはライオンのこと、地名とライオンのゆかりは〈ラサ・サヤン〉のラップでも触れられている）には「ラサ・サヤン」のスウィング・ジャズ風なども入っているし「インターナショナランド」はじめ『マッド・チャイナマン』と共通するテーマがたくさん見られますね。

ディック 『ライフ・イン・ザ…』の後スポンサーつきアルバムを四枚作ったのですが、『マッド・チャイナマン』は、自分で好きに作れたアルバムなので『ライフ…』のアイデアを発展させることが

できたんです。もっと楽しく、ユーモアをまじえてね。

――西洋と東洋のミックスを考えている人はたくさんいますが、みんな『マッド・チャイナマン』ほどにはうまくいってませんね。

ディック　どうしてなんでしょう。ほとんどの人がシリアスにやりすぎるからかもしれませんね。伝統的すぎたり、かと思うと坂本龍一のようにインテリジェントすぎたり。ぼくはインテリジェントじゃないですから（笑）。音楽は、素敵でシンプルなものであっていいと思うんです。歴史だらけの日本とちがって、シンガポールは伝統がほとんどない都市です。新しい国になって二五年。過去もルーツもない。中国から運んできた文化も日に日に失われつつある。少しでいいからそれを持とう。現代化して進もう、だが伝統のかけらは残しておこう。ぼくの音楽のメッセージはそんなところです。ぼくらはいつも何をやるにもアイデンティティを探している。『マッド・チャイナマン』の音楽はその第一歩なんです。このアルバムならマイケル・ジャクソンとくらべられる心配もないですしね。

リム・セックさんの話では『マッド・チャイナマン』の成功によって、シンガポールの音楽界も新しい局面を迎えはじめ、シリアスな若手ミュージシャンが登場しつつあるとのことだった。なまりのある英語、シングリッシュに否定的だったSBCも、最近は柔軟になり、ディック・リーがテレビ史上初めてシングリッシュの使い方を教えるという快挙をなしとげたという。ディック・リーは久保田真箏をプロデューサーに迎え、アジア各地の音楽に取り組んだニュー・アルバムをすでに計画中だ。

13 tue.

渋谷公会堂で、仲井戸麗市のコンサート。『絵』という素晴らしいソロ・アルバムを出したばかりだったせいか、会場には、ふだん顔を合わせることの少ない関係者やミュージシャンが実にたくさん集まった。開演は予定の六時半から少し遅れ、アンコールが終わったのは十時ごろ、三時間半近い長丁場だ。

コンサートにゲストが出るときは、あらかじめ打ち合わせがあるのが普通。この日ゲストで出て、コーラスとクイーカを手伝ったRCサクセションの僚友、忌野清志郎の場合は、もちろんそうだった。しかしアンコールに登場した浅川マキは、まったくの飛び入りだった。

目撃者の話によると、アンコール前に、汗をふきに仲井戸がもどってきたとき、楽屋を訪れた浅川マキが「ねえ、ハプニングって知ってる?」と声をかけたのが、はじまりだったらしい。その時点でコンサート終了予定時刻はとっくに超過していた。おまけに渋谷公会堂は、時間制限のきびしい会場として知られている。アンコールをやること自体きびしい状況だったのだから、新たなゲストをステージに招くことなどまったく無謀と言えた。それでも勢いで浅川マキとのセッションが実現してしまったという。「ホーム・タウン」で六〇年代後半に新宿で中学・高校時代を送った仲井戸と、当時、新宿のアンダーグラウンドな歌の女王として知られていた浅川マキとの出会い……。一見関係のない分野で活躍しているようなふたりが、意外なところで接点を持っているのがおもしろかった。こうい

うエピソードが積み重なって、伝説が生まれていくのだろう。

20 tue.

新宿パワー・ステーションで東京少年のライヴ。その後、渋谷で、『ミュージック・ライフ』の編集部から独立して、フリーになった田中千代子さんのパーティ。

30 fri.

二年前にアメリカで発表されたときから評判になっていたネルソン・ジョージの『リズム&ブルースの死』(早川書房)を読む。リズム&ブルースという言葉で表わされる二〇世紀後半のアメリカのブラック・ミュージックの歩みを、主要アーティストやレコード会社、ラジオ局やDJの活躍を軸に、社会の変化にも目配りしながら振り返った本。

この本の歴史観はこれまでにもロックやブラック・ミュージックの歴史書で提出されてきたものと、そうへだたりはない。しかし戦前の黒人社会のオピニオン・リーダーの言動のスタイルに、その後のブラック・ミュージックの立役者たちのプロトタイプを見る最初の章などは、白人の書いた本ではあまり紹介されなかった視点だ。リズム&ブルースの変化とブラック・ミュージックをかけるラジオ局やDJの変化の関係についての詳細な研究も、類書の追随を許さない。この本はブラック・ミュージックの研究には欠かせない資料になるだろう。

それにしても、黒人の手によるこの種の本はめずらしい。ブラック・ミュージシャンは未来に向かって突っ走り、白人ミュージシャンは伝統を守る傾向があるという意見をネルソン・ジョージは披露しているが、彼は例外として、黒人ライターが黒人音楽の歴史を書くのに熱心でないのも、それと関係あるのだろうか。

3 tue.

新潟で発行されている音楽雑誌『BIGBEAT』の一九九〇年一号が送られてきた。「鮎川誠コレクションズ」という特集の中で、鮎川誠が英米のミュージシャンの思い出、愛用のギター、曲作りなどについて、たっぷり語っている。あこがれのマディ・ウォーターズのコンサート、来日したジョン・ベルーシとダン・エイクロイドとのセッションなど、愛情あふれるエピソードがいっぱい。ミュージシャンの姿がすぐ目の前に浮かぶようないきいきとした語り口は、下手な評論が足元にも及ばないドキュメントになっている。

6 fri.

渋谷クアトロでオランダの歌手マチルダ・サンティンのライヴ。バランスのとれた落ち着いたヴォーカルで、スタンダードからロック系の曲まで、幅広いレパートリーを聞かせる。四人編成のバンドの音も、ギターが多少ニュー・ウェイヴな不協和音を弾く以外は、すごく控え目。しょっちゅう楽器の入れ替えがあって、ドラムの人が突然バイオリンを弾いたりするのがおもしろい。途中、マイクなしでうたう曲や、プロデューサーの小林泉美のピアノ伴奏だけでうたうコーナーもあり、感じのいいライヴだった。その後でNHKの衛星放送のために取材するという渡辺亨さんが隣の席だったが、マチルダのアルバムをミニ・アルバムも含めて全部コレクションしているマニアぶりに仰天。

14 sat.

千葉のマリン・スタジアムでマドンナのコンサート。前回のツアーのときよりセットはシンプルに見えたが、一曲ごとのハリウッド・ミュージカル風趣向は手がこみ、曲配列も工夫されていた。この夏に出るアルバム『アイム・ブレスレス』からの新曲はいずれもフォー・ビート風味。前回よりフェミニンな演出というふれこみだったが、ぼくの目には、前回以上に筋肉美たくましい女性に見えた。

幕張の埋立て地にできた新しい球場までは、わが家から電車とバスを乗り継いで二時間あまり。おまけに雨が降り止まず。グラウンドに敷かれたビニール・シートは、水たまりでちゃぷちゃぷ。コンサートを楽しむより、疲れをなだめるのに気が散ってしまった。バスの中で「土曜でよかった。平日だったら、明日は絶対口実作って会社休んじゃう」とOLの声。「そうね。そのためには、チケットが手に入っても、コンサートに行くと言いふらさないほうがいいわね」とその連れの声。帰りは京葉線で東京駅に出たが、途中のほとんど乗客のいない駅で、列車の発車の合図にシンセサイザーのバカでかい音楽を鳴らしているのにびっくりした。あんなうるさい音を喜ぶ乗客がいるのだろうか。

20 fri.

渋谷のBMGビクターで、JAGATARAのギタリストOTOの取材。ヴォーカルの江戸アケミがなくなった後、JAGATARAの最後のアルバムやヴィデオをまとめる作業のほか、あがた森魚や近田春夫&ビブラストーンのプロデュースでもいそがしそう。日本の音楽だけでなく、世界各地のポップスについて実にいろんなことを考えている人だ。三〇分ぐらい話を聞いて終わるつもりが、なんだかんだ二時間ぐらい雑談してしまった。

一九八〇年代、OTOはバンドを続けるのに不可欠なものはリズムしかないという信念のもとに跳ね続け、JAGATARAは素晴らしいリズム感を持つグループという評価を獲得した。リズム感についての彼の意見は実に明快だ。

OTO　古代の日本には、さまざまなビートがあったと思うんだ。日本人にファンクがないなんてうそ。民謡にはリズムがハネてスウィングするものがいっぱいある。東北では青森はアオモリでなくアオモンリと言う。NHK標準語でアオモリと言った段階でリズム感の崩壊がはじまったんだよ。ウンダバヨという言葉にはアフロにもラテンにも通じるリズム感があるのに、標準語がそれを壊していく。音楽にはローカルな部分だけでなく、国境を越えて共鳴する部分があるはずだ。なんとかして根源的な言葉のノリを出したい。日本人は、それをカッコ悪いもの、きわものと思って、劣等感を持っているようだけど。

OTOの話を聞きながら脳裏をよぎったのは都はるみのことだった。「アンコ椿は恋の花」でデビューしたとき、同世代の彼女が時代錯誤的な歌を懸命にいきんでうたう姿が、ぼくには不思議で仕方なかった。彼女の歌が発散する非日常のエネルギーにギャグ以外のものがあることに気付くのに、ぼくはそれから十年以上の歳月を必要としたのだった。

あるインタヴューによれば、彼女はデビュー前に弘田三枝子の「子供じゃないの」を聞いて、これ

からはこういうパンチのある歌の時代だと思って、独特のうなりを身につけたのだという。「子供じゃないの」はヘレン・シャピロの曲だが、弘田三枝子の歌唱は、R&B歌手ルース・ブラウンあたりの影響を受けていたはずだ。ということは「アンコ椿は恋の花」には、R&Bの間接的影響があったわけだ。たしかに世界は思いがけないところで通底している。

ヴォーカリスト江戸アケミの不慮の死によって、JAGATARAは活動を停止した。彼らが一九九〇年代に進むはずだった方向は、アフリカやイギリスのミュージシャンの参加したアケミ最後の歌のリミックス集『そらそれ』と、OTOのソロ・プロジェクトが発展したアルバム『おあそび』に示されている。JAGATARAはなくなったが、OTOはこれからもリズムの根源をめざす旅を続けることだろう。

21 sat.

ユッスー・ンドゥール

五反田簡易保険ホールでセネガルから来たユッスー・ンドゥールのコンサート。ユッスーは強靭なノドの持主で、いくら声をはりあげても、しなやかなバネが消えない。半数近くがこの夏発売予定のアルバムからの新曲。アンコールでうたったシャンソン風の曲が泣きたくなるほど美しい。早くアルバムが出てほしい。

4月21日に東京・五反田の簡易保険ホールでセネガルのスーパースター、ユッスー・ンドゥールの

コンサートを見た。

アフリカ各地からは、これまでにもナイジェリアのサニー・アデ、マリのサリフ・ケイタ、ザイールのパパ・ウェンバなど何組ものトップ・ミュージシャンが来日している。しかし今回ほど都会的にクールに洗練されたコンサートを体験したのは初めてだった。

アフリカのバンドのライヴは、ローカルな匂いをたっぷり含む民族楽器や衣装やダンスで楽しませてくれることが多い。パルコのCMに出ていた南アフリカのマハラティーニ&マホテラ・クイーンズのショーなど、その典型といっていい。

ユッスーのステージも、タマ（トーキング・ドラム）など民族的な打楽器を使った演奏があり、専属の素晴らしいダンサーがいて、そのスタイルを踏襲しているが、クリーンなファッション、楽器のソロやダンスのフィーチャーの仕方など、おしゃれなプレゼンテーションが、まるでロックやジャズのコンサートの印象なのだ。日本や欧米向けの内容かと思ったが、後で本人に確かめたところ、セネガルでやるショーと基本的なちがいはないという。

植民地時代、長年にわたって西洋文化の波にさらされ、独立後も民族対立や経済不安などの苦渋をかいくぐってきたアフリカのミュージシャンが、統合のシンボルとして伝統的な文化遺産をよりどころにする気持ちにはきわめて強力なものがある。

しかしそうした背景から切り離され、欧米や日本の消費的なマーケットにアフリカの音楽が投げ込まれるとき、皮肉なことだが「民族性」や「生命感」が「野生的な」「遅れた」アフリカのエキゾチックなイメージを再生産することになりかねないのも事実だ。ピーター・ゲイブリエルやハービー・

ハンコックなどと交流があり、欧米での活動歴も長いユッスー・ンドゥールは、おそらくそのパラドックスに早くから気づいていたにちがいない。

雰囲気のクールさがロックやジャズのコンサートのようだといっても、演奏までがそうだったわけではない。セネガルで「ンバラ」（ウォロフ語でリズムの意）と呼ばれる彼の音楽は、ラテンやロックやソウルの要素と伝統的なリズムの衝突の上に成り立っている。

セネガルのポップス界に登場した一九七〇年代には、当時西アフリカを席捲していたキューバ系のラテン音楽をやっていたユッスーは、自分のバンドを結成してから長い時間をかけて、演奏の中で伝統的な打楽器やシンセサイザーの持つ比重を高めていった。アフリカ的な音楽を西洋化したのではなく、むしろ逆に演奏の中のアフリカ的な要素を強め、世界のポップスの最先端に立つような洗練されたリズム・アンサンブルを作り出していったのだ。

欧米や日本での彼の一般的な知名度はまだまだ低い。いまだにアフリカ音楽が遅れているという妄想に囚われている人は、『ザ・ライオン』のようなアルバムに一度耳を傾けてみてほしい。

彼の音楽は、経済効率やグッズや情報量で文化を判断して喜んでいるような「知性」とは無縁なところにある。コンサートのアンコール前の最後の曲は「トキシーク」。先進国の産業廃棄物が、発展途上国に捨てられる問題についての歌だった。

22 sun.

ユッスー・ンドゥールの取材で一緒になった写真家の桑本正士さんから『UNTAMAGIRU』の写真集と上野耕路のCD『オキナワンチルダイ』をいただく。桑本さ

んは、映画『ウンタマギルー』の撮影の間、二か月ほど沖縄に滞在して写真を撮っている間に、すっかり沖縄が気に入ったとのこと。照屋林助の音楽が素晴らしいからぜひ聞くようにとすいせんされた。

1990 MAY

1 tue.

原宿のハイネケン・ギャラリーで吉田カツの「砂の島」、タナカノリユキの「蜘蛛の糸」の展覧会。タナカノリユキの都市の深層の覗き窓を見ていたら、数日前に四ッ谷イメージ・フォラムで見たクウェイ兄弟のアニメ『ヤン・シュヴァンクマイヤーの部屋』や『ギルガメッシュ／小さなほうき』や『ストリート・オブ・クロコダイル』の覗き部屋のシーンを連想した。このアニメは、ぼくが見た人形アニメの中では最も凝ったものだが、知人に聞いた話では、クウェイ兄弟が影響されたチェコのヤン・シュヴァンクマイヤーの人形アニメはもっとすごいらしい。

2 wed.

ヴィデオで『ビートルジュース』を見る。音楽がLAのグループ、オインゴ・ボインゴのダニー・エルフマン（というより『バットマン』のスコアを担当した人というほうがわかりやすいか）なので前から気になっていたのだが、主人公夫妻がハリー・ベラフォンテの「デイ・オー（バナナ・ボート・ソング）」のファンという設定にはびっくり。この映画の特撮部分は、クウェイ兄弟のアニメよりずっとスムーズに、怪物がほんとに存在しているかのように動くが、その動きがあまりにも自然に見えるので、かえって珍しいものを見ている気がしない。むしろぎこちないクウェイ

兄弟のアニメの方がなまなましく感じられる。人形浄瑠璃の人形の方が生身の歌舞伎役者よりセクシーに見えることがあるのと同じか。

5 sat.

ヴィデオで台湾のホウ・シャオシェンの『童年往時』と、中国のチャン・イーモウの『紅いコーリャン』を見る。どちらも評判になっただけのことはある素晴らしい映画だ。『童年往時』のホウ監督は、ぼくとほぼ同世代。映画はかなりの部分監督の少年時代の回想にもとづいているらしいが、台湾の地方都市の生活とぼくの育った日本の地方都市の生活があまりにも似ているので、自分の子供の頃を覗き見ているような気分だった。『紅いコーリャン』は、ダイナミックな映像のリズムで引きこむ力がすごい。特にコーリャン畑の映像！

10 thu.

ＮＨＫホールで都はるみのコンサート。客層の平均年齢が、めずらしくぼくの歳より高かった。家に帰ってから、五年前の引退時のステージのヴィデオを取り出して、今日の出来と較べる。曲によって、前のほうがよかったり、今度のほうがよかったり、脱演歌宣言のわりには、新しい方向はまだほんのわずかのコンサートだったが、声のおとろえがほとんどなかったので今後が楽しみ。『ミュージック・マガジン』にコンサート評を書く。

都はるみ復帰コンサート

復帰にあたって、演歌の殻を打ち破りたいと発言していたので、どこまで新しい方向に踏み出すのかと大きな期待を抱かせた5月10日、ＮＨＫホールでの五年ぶりのカムバック・コンサート。

開演前から過熱気味の会場入口付近は、有名人来客の姿を見逃すまいと、物見高い中老年の客の黒山の人だかり。美空ひばりの東京ドーム公演より男性客の割合が目立つ。客席では苦労人の課長のようなおじさんたちが、「はるみちゃーん」とドラ声をはりあげる。

シンセ演奏から始まったステージは、バリライトなども使いながら歌中心の簡潔な演出。アンコールまでの二〇曲のうち、一五曲はおなじみのヒット曲。「しあわせ岬」「暗夜航路」「浮草ぐらし」などにホロリ。引退宣言のころのヴィデオにくらべると、思いつめたような緊張感がなくなってラフになったかわり、声に明るさや楽しさが。「浪花恋しぐれ」のタンカの威勢のいいこと。

とまあ、結局は、みごとな演歌のコンサートだったが、微妙な変化もあった。たとえば「惚れちゃったんだョ」は間奏でジャズ風に転調。PAのせいか大所帯のオーケストラのせいか、演奏の歯切れが悪くてノリがいまひとつなのは残念だったが。

新曲が二曲。共に弦哲也作曲、吉岡治作詞。「小樽運河」は歌詞にビートルズの「イエスタデイ」をかけたところもあるバラードで、「大阪しぐれ」がさらにポップス寄りになったような佳曲。もう一つ「千年の古都」は後半ドラマチックに盛り上がるニューミュージック調の、いわゆる谷村新司風。二曲が今後の方向のすべてではなく、長い目で見てほしいそうだが、とりあえずあまり無理をしない滑り出しという印象。

今後は、スモール・コンボと組むとか、編曲に細野晴臣や清水靖晃やOTOのような思い切った人材を起用するとか、スタッフの拡充までを含めて（ロックやポップスに移行するのではなく）あくまでも演歌の殻を内側から破るような冒険にじっくり取り組んでいってほしい。たとえば「アラ見てたの

ね」のビートを強化するような方向、なんてのもあっていいのでは。

11 fri.

昭和女子大人見記念講堂でライ・クーダーとデイヴィッド・リンドレーのコンサート。ぴりぴりして緊張症のライ・クーダーと、ひょうひょうとリラックスしたデイヴィッド・リンドレー、見ているだけでも、ふたりの性格のちがいがよくわかっておもしろい。

17 thu.

東京ドームでジャネット・ジャクソンのコンサート。家に戻って、朝日新聞に評を書く。

ジャネット・ジャクソン

ＪＡＬのＣＭのダイナミックな音楽とダンスで、お茶の間ですっかりおなじみになったジャネット・ジャクソンの来日公演が、十七日の東京・後楽園の東京ドームからはじまった。

コンサートはアンコールを含めて約一時間半。全米ツアー開始時に組み込まれていたというマジックやアニメは省略され、音楽とダンスと照明に徹した構成だ。

演奏されたのは二枚のベストセラー・アルバム『コントロール』『リズム・ネイション１８１４』からのヒット曲がほとんど。アコースティック・ギターの活躍する「カム・バック・トゥ・ミー」のようなバラードもあるが、大半はデジタル・サウンドがはじけるテンポの速いダンス・ナンバーだ。

ジャネットの声はアルバムで聞くよりソフトで、ＰＡのせいか、演奏に埋もれがちだったのがちょ

っと残念。しかしダンスと光の洪水の楽しさは、それを補って余りあった。

兄のマイケル・ジャクソンが天才肌のダンサーとすれば、ジャネットは安定感のある優等生。二十六人のすこぶるつきのダンサーを従えて、こまめにひたむきに動き続ける。シンクロする照明や花火も歯切れがいい。二日前の同じ会場で見たデイヴィッド・ボウイのショーの照明のような陰影には欠けるが、色彩感、量感ともにたっぷりの光の動きとダンスの交錯には、アメフトやハリウッド映画のアクション・シーンにも通じる爽快感が。

アルバム『リズム・ネイション1814』からの曲には、アメリカの黒人アンダークラスの貧困や差別をテーマにした歌も少なくない。「ザ・ノウリッジ」では電光盤上に「偏見」「無知」などの文字を出して、観客に「ノー」のコーラスを呼びかけるところもあった。客席ではブランド商品に身を固めたボディコン美女たちも、長い髪を振って、むせかえるような香水の匂いをまき散らしながら、一緒に明るく「ノー」。

なお、蛇足ながら、最初にスポンサーのCMヴィデオが流れたのは最低!

30 wed.

中野サンプラザで東京音楽祭アジア大会。インドネシアから参加のディヤ・クトゥットがゆるやかに舞いうたった「アク・ジャトゥ・チンタ（恋に落ちて）」の優美さ、タイのバンド、スースーのフットワークの軽さ、シンガポールのディック・リーのユーモアなどが印象に残った。

十時ごろから東京プリンスで出演者をまじえてパーティ。その帰り、私鉄沿線が同じということで

一緒だった細川周平、松村洋さんと、音楽書がなかなか売れないということで意見が一致してしまう。それぞれ実体験の裏付けがあるだけに、説得力があるような、まずいような。ちなみに、3月に出たぼくの新著『「楽園」の音楽』は、版元の筑摩書房にまだ初版の在庫が……。

ワールド・ミュージックの時代

最近ポップスの世界で、ワールド・ミュージックという言葉をよく見かける。もともとは、世界の音楽を分けへだてなく総称するときに、音楽学者が使っていた言葉だが、ポップスの世界では、主に英米以外の地域から生まれ、民俗音楽の要素を生かしながら電気化されたポップス、というほどの意味で使われることが多い。

たとえば、フラメンコとラテンとロックをミックスして成功を収めたフランスのジプシー・キングス。ユダヤの古い民謡をディスコ風にアレンジして、世界的アイドルになったイスラエルのオフラ・ハザ。ケルト的メロディーをシンセサイザーや多重録音のコーラスで現代的によみがえらせたアイルランドのエンヤ。アフリカン・リズムの洗練された美学で衝撃を与えたマリのサリフ・ケイタやセネガルのユッスー・ンドゥール……。

お色気ダンスの音楽として多くの人が知るところとなったカオマの「ランバダ」もそのひとつだ。日本ではミニ・スカートのダンスの話題ばかりが先行したが、音楽の方もここにきて、石井明美、加藤登紀子らによるカヴァー・レコードが九種類も登場、ブーム本格化のきざしを見せている。

ごぞんじの方もあると思うが、このブームは、あるフランス人プロデューサーが、ブラジル旅行中にランバーダというダンス音楽に目をつけたことからはじまった。フランスに戻った彼は、パリ在住のブラジルやセネガルのミュージシャンを集めてカオマというグループを編成。フォルクローレの「泣かないで」にカリブ海のリズムを加えて「ランバダ」を吹き込ませる。そしてセクシーなダンサーをつけ、清涼飲料水のCMに使って、ヨーロッパ中で大ヒットさせた。

音楽の異種交配、ワールド・ミュージックのメッカとしてのパリ、エキゾチックなエロティシズム、メディアがらみのヒット作戦など、「ランバダ」は、ワールド・ミュージック・ブーム解読記号の宝庫でもある。

ワールド・ミュージックが注目を集めだした理由は、ロックの寿命という側面から考えることもできるだろう。

プレスリーやビートルズ以降、欧米諸国でポピュラー音楽の主流の座を占めてきたのは、英米のロックだ。一九五〇年代から一九七〇年代にかけては、ロックの担い手も聞き手もそれを取り巻くメディアも成長期にあった。創造的にも商業的にも、ロックはその変化を吸収して変貌をとげることができた。

しかし市場を手に入れた大手の多国籍レコード会社が、ロックを主力商品として再生産するようになると、ロックは形骸化への道もたどりはじめた。一九八〇年代には、それに危機感を抱いたトーキング・ヘッズ、スティング、ピーター・ゲイブリエル、ポール・サイモンといった英米の尖鋭なミュージシャンが、アフリカやアラブや中南米の音楽の要素を取り入れて、ロックを活性化しようとする。

それがワールド・ミュージックへの橋渡しとなったのだ。

一九八〇年代は世界再編の時期だった。この十年間のアメリカの政治的経済的影響力の低下は、相対的にECや日本の位置を押し上げた。東欧革命がどう進むかによって、このバランスはさらに変化するかもしれない。金融、食料、人口、移民などをめぐる南北関係の緊張や交流も、以前とはくらべられないほど活発化。地球規模の環境破壊などの問題も山積している。文化だけがその例外ではありえない。従来の英米文化の象徴であるロックもまた、地盤沈下せざるをえない。

商業的にはまだ比較的小さな現象のワールド・ミュージックが、欧米の巨大な音楽資本の荒波にどこまで耐えていけるのか。カオマの「ランバダ」が「泣かないで」の作者から盗作として訴えられたようなモラルの問題はどうなるのか。ワールド・ミュージックから、ロックのように普遍性をもちやすい構造の音楽が生まれるのか、などなど。将来には、明るい材料ばかりがあるわけではない。しかし、ここ当分、ワールド・ミュージックが、先行き不透明な時代の水先案内人として、創造性の面で世界のポップスをリードしていくのはまちがいないだろう。

欧米情報偏重の日本では、ワールド・ミュージックを受け入れる間口は、それほど広くない。「ランバダ」の例にも見られるように、あやしげな誤解にもさらされがちだ。

しかし毎年十人に一人の日本人が海外に出かける時代。世界各地の風土や文化に肌でふれ、できあいの情報をうのみにせずに行動する人も確実に増えている。

たとえば、東南アジアの料理が人気を呼び、香港、台湾、中国などの映画が、高く評価されるようになったようなことが、最近は音楽でも起こりはじめている。シンガポールのディック・リーやマレ

ーシアのシーラ・マジッドやインドネシアのエルフィ・スカエシの、演歌ではないアジアのポップスが日本で売れることなど、従来では考えられなかった。玉石混交のバンド・ブームの中から、上々颱風のように、世界に音楽を発信できる可能性を秘めたミュージシャンも出てきた。

中年以上の人なら、ビートルズ以前には、日本でもハワイアン、シャンソン、ラテン、カンツォーネ、タンゴなど、世界各地のポップスが広く親しまれていたことをごぞんじだろう。ロックの地盤沈下が異常なのではなく、むしろこの二十年ばかりのロックの寡占状態が特殊だったのだ。民俗音楽の要素を生かして電気化した音楽という意味では、ロックもまたワールド・ミュージックのひとつ。そんなとらえ方ができる時代はすぐそこまできている。

1990 JUNE

1 fri.

六本木のテレビ朝日「ミュージック・ステーション」の出演者控え室でたまの取材。局の建物の前で写真撮影がはじまると、パカッションの石川さんは、おしゃれなシャツを脱いで、トレードマークのランニング姿になった。それにしてもテレビ朝日の建物の色はケバい。たまのメンバーがとてつもなく地味に見える。

ぼくが子供のころ、家の前の道はまだ舗装されていなかった。

雨が降っても、ぬかるむことはなかったが、雨上がりにはたくさん水溜りができた。子供たちは長靴でその水溜りを走り回って、はねを飛ばしながら遊んだ。水溜りと水溜りの間に棒切れで水路を作り、途中に石ころを積んだが、それはダムを建設したつもりだった。

季節が夏だと、どこからともなくアメンボウが現われて、水面を気持ちよくスイスイすべった。アメンボウは、つかまえててのひらに乗せると、バッタのようにぴょんぴょん飛んだ。小さく細い虫なので、飛んでもほとんど重さが感じられなかった。てのひらから水溜りに落ちたアメンボウは、何もなかったようにまたスイスイすべりはじめた。天気がいいと、水溜りはすぐに消えてしまったが、その後あのアメンボウはどこに行ったのだろう。

自転車で魚屋さんがやってきて、近所のおかみさんを相手に路上で魚をさばく光景もよく見かけた。自転車の荷台にしつらえた調理台で包丁をふるう魚屋さんは手品師のようだった。子供たちは、ボール遊びや陣取りゲームを中断して、そのワンマンショウをくいいるように眺めた。魚屋さんも心得たもので、調理台に魚を乗せると、手早くウロコをこそげ取り、腹を切り開いて柔らかい内臓を抜き、ときには骨をはがして見せた。怪しく光る柔らかいイカの中から、白いきれいな舟形の骨が出てくると、子供たちの間でちょっとした奪い合いになった。持っていても何の役に立つわけでもないが、運

よく骨にありついた子供は、しばらくの間、ほかの子供たちの羨望の的だった。

魚屋さんが帰ったあとの路面には、魚の血のしみができた。たいていどこかのおかみさんが、すぐに灰をかけてしまったが、たまにそのままのときもあった。真夏のかんかん照りの午後など、主のいない小さな影のようなそのしみには、しばらく銀蠅がたかり、なまぐさいにおいをあたりに撒き散らしていた。

自動車はまだ少なくて、ときどき牛車が通った。トイレが水洗ではなく、近郊の農家のおじさんが、肥料にするために、牛車に桶を積んで、汲み取りにやってきたからだ。おじさんが糞壺から大きな桶に黄金色の有機肥料の原料を黙々と移し変えている間、牛は電柱につながれて待っていた。

子供たちから見ると、牛は巨大な生き物だった。近所の犬猫とはスケールがちがうので、どう対応すればいいのかわからなかった。大人からは、怒らせると先の鋭い角を向けてくるぞと、おどかされていた。子供たちは電柱を遠巻きにして、牛がよだれをたらしながら、口をもぐもぐさせてはんすうし、ときおり尻尾で背中に止まった蠅をピシャリと追い払うのを眺めていた。勇気を出しておそるおそる牛にさわりに行くと、牛は、突然、ムオーっと鳴いたりした。

前ぶれもなく、夕立のように激しいおしっこをすることもあったし、ウンコの大盤振舞いをして、飛沫がかかることもあった。しかし、夏の暑い日には、照りつける太陽がすべてを乾燥させ、たちまち跡形もなくしてしまった。翌日の午後には、女の子がその土を水でこねて、おままごとのおはぎダンゴを作っていた。

ぼくが住んでいたのは、小さな地方都市だったが、それでもそんなふうにして土にふれる機会はけ

っこうあった。だから、ポイ・ドッグ・ポンダリングの「ぼくを深く埋めて」で、ニンジンやトマトやウシやヒトが土に帰ってよみがえる、というような歌を聞くと、生理的に共感する。

だが、日本では、人間が実際に土に帰ることはどんどん難しくなっているのかもしれない。今年の春、父が死んでお墓に入れたが、お墓の下は小さな石室だった。陶器の壺にいれた骨は、いつまでも土にふれる機会がなさそうだった。

22 fri.

原宿南国酒家で、『ミュージック・ライフ』の編集長をやめて独立した東郷かおる子さんをはげます会に出席。東郷さんは、仕事だけではなく、お婿さんも歓迎だそうです。

30 sat.

新橋の汐留の旧国鉄貨物駅跡の空地にオープンした四千人収容のディスコ、サイカのオープニングを見物。空地の入口近くにあるドーム型テントのビアホールの脇を通ると、入場を待つ長蛇の列。ビアホールに入るのに行列とは、ソ連の食料品店の前のよう。そこからさらに五分ほど、広々とした空地を歩く。都心にはめずらしく空が大きく見える。途中、誰が乗っているのかダックスフントのように胴長の白のリムジンが追い越して行く。

やっとたどりついたサイカは、多くのディスコや「先端」スペースがそうであるように、外見は倉庫のようで、インテリアはまがいもののアートのよう。こういうスペースはみんな、来訪者がチープさをけなして話題にできるようにというサービスを考えて作られているのかもしれない。マイケル・ジャクソンのヴィデオ・メッセージやスキーのあいさつやらの後で、いよいよライヴ。どういうコン

セプトで集まったのか、リッチー・ヘヴンス、オフラ・ハザ、グレース・ジョーンズ、ソウルIIソウルが次々にステージへ。このディスコは、一年間だけ運営して解体されるが、こんなぜいたくな企画に、どんな会社が資金を出しているのかと思ったら、案の定、不動産会社だとか。

ロックの伝説的なプロデューサー、フィル・スペクターの伝記『甦る伝説』(白夜書房)を読みはじめる。去年ロサンゼルスに行ったときに買って、そのうち読もうと思ってそのままになっていた本が、もう翻訳されたのだ。奇人と言われる人の伝記だけに、並のタレント本にはないおもしろさだ。

1990 JULY

13 fri.

キャピトル東急でディック・リーの取材。先週の東京公演で『マッド・チャイナマン』に入っている「リトル・ホワイト・ポート」を韓国の民謡と説明していたので、中国民謡とあったオリジナル・ライナー・ノーツとちがうじゃないかと言うと、実はどこの民謡かはっきりわからなくて、たぶん中国だろうと思ってそう書いたが、今年の春にプロモーションで韓国に行ったときに、このメロディは韓国にあると言われたんだ、とのこと。アバウトさが不思議な魅力になっている彼らしい発言ではある。

このクラブの公演ではめずらしくダフ屋まで出る盛況ぶりだった7月6日の渋谷クアトロでのディック・リーの一回目の公演のとき、忘れられないような出来事が起こった。

何かの曲のまえふりで、彼が「シンガポールはアジアの中心だから」と発言したら、客席から「おーっ！」というどよめきとも抗議ともつかない声があがった。そして彼がすぐに「わかったわかった。日本がアジアの中心だ。シンガポールは東南アジアの中心」と言い直すと、客席があらためてワッと沸いたのだ。

いまや東京では毎日何組もの外国のミュージシャンが公演している。ときには英米のクラブかと見まごうほど盛り上がりをみせるライヴもある。ただしそれはあくまでも演奏中だけ。おしゃべりで舞台と客席の間に充分なコミュニケーションが成立することは、「イェーッ！」とか「ウォーッ！」とかの椋鳥の合唱的かけ声の応酬を除けば、いまだにきわめて少ない。演奏と演奏のあいまの拍手が終わった後の沈黙は（必ずしもしらけているわけではないのだが）、たしかに日本的な光景で、初体験の場合、これで落ちこんで立ち直れない英米のミュージシャンもいるほどだ。

ところがディック・リーの公演は、なんだか日本のニュー・ミュージック系のポップスのコンサート会場にいるような親密な空気にみたされていた。歌謡曲的なものからジャズのアカペラ・コーラスやラップまでやるサービスたっぷりの陽気なステージは、アジアのポップ・スターが日本でデビュー

するときはなぜか演歌、というカビの生えた公式を打ち破るいいきっかけにもなりそうだった。

会場に親密さが生まれたのは、東洋と西洋の文化的ギャップを機知に富む音楽で表現したアルバム『マッド・チャイナマン』の世界が、日本人にもなじみやすいものであることや、彼のシンガポール風の英語が明快だったせいもあるだろう。「アジアの中心」発言をめぐるやりとりは、そんな親密な空気があったからこそ起きたのだ。後日取材したとき、彼はこんなふうに言っていた。

「あの発言は、日本をおとしめるつもりで言ったわけではないんだ。日本がアジアの頭脳とすれば、シンガポールはアジアの心臓だと思う。日本人は日本がアジアの中心と思っているだろうけど、ある意味では、シンガポールのほうがより中心的といえるところもある。というのは、周辺諸国を見ると、シンガポールは、日本にくらべると、ずっと多種多様な文化に囲まれているからね」

中心かどうかの議論は学者にでもおまかせするとして、日本という「天国」でナルシスティックに自閉する音楽をやっているミュージシャンの大半の作品にくらべ、多種多様な文化にさらされることで鍛えられたディック・リーの音楽が、はるかに開かれた国際感覚とスケールの大きさを持っていることはまちがいない。

八月末に出る彼のニュー・アルバムは『エイジア・メイジア』。坂本九の「上を向いて歩こう」や、インド映画『サラーム・ボンベイ』に使われた「チン・チン・チュー」から、広東オペラの音楽までを多彩に取りこんだこの汎アジア的なポップス・アルバム、地理的名称の「小アジア（エイジア・マイナー）」をもじったタイトルのきわどいユーモア（大アジア主義の再来?）も含めて、またまた波乱を呼びそうだ。

1990. 7

14 sat.

渋谷公会堂でフーターズのコンサート。きまじめで、シャープで、むだがなくて、ケチのつけようのないコンサート。ただ、あまりにもきまじめで端正なのが、かえってスケールを小さくしているようなところもあると感想をもらしたら、まじめなファンからしかられた。最後はステージに上げたファンにうたわせて、メンバーがいなくなってしまうというおもしろい演出。

18 wed.

この夏最高の暑さを記録。そのせいか、タクシーがぜんぜんつかまらず、元麻布の中山事務所でのグォ・フォンの取材に三〇分遅れてしまう。彼は中国の四川省出身のミュージシャンで、中国では国際平和年を記念した「譲世界充満愛」のヒットで知られ、シンセサイザー・ミュージックの先駆者でもある。彼は各地のイヴェントで何度も来日しており、現在、日本でアルバムをレコーディングしている。中国といえば、鄧小平が趙紫陽に公職復帰をすすめた、今年の6月4日の天安門の警備がきびしすぎたと李鵬らを批判した、などというニュースが新聞に出ていたが、なかなか一筋縄ではいかない国のようだ。

20 fri.

『ローリング・ストーン』誌のバック・ナンバーを整理していたら、ロックとファンの死を結びつけた記事がいくつか目についた。

4月5日号では、昨年の10月、ニュージャージーのメドウランドで行なわれたグレートフル・デッドのコンサートに来ていた大学生が、コンサートの途中で会場から抜け出して、近所の路上で死体で発見された事件が迷宮入りになったという五ページの記事。

7月12～26日号では、一九八五年にネヴァダ州のレノで猟銃自殺した若者の遺族が、自殺をそその

かしたとして、ジューダス・プリーストとそのレコード発売元のCBSを訴えている裁判の判決がまもなく下りるという四ページの記事（二六九ページ参照）。

メタル・グループはこのようなトラブルに巻きこまれることが多く、オジー・オズボーンが「スーサイド・ソリューション」という曲をめぐって、自殺したファンの遺族から訴えられそうになった例もあげられている。そのときは公聴会でCBS側が、シェイクスピアの『ハムレット』の「生きるべきか死ぬべきか」のせりふや、アーサー・ミラーの『セールスマンの死』を引用して反論につとめたそうだ。

ヴェルヴェット・アンダーグラウンドとウォーホル

七年ばかり前のことだが、ちょうどロンドンにいたとき、新聞でニコのコンサートの告知をみつけた。いまとはちがって、めずらしいミュージシャンの来日など少なかったころで、一緒にいた友人が、ニコのコンサートを体験する機会なんてめったにないんだから、これは行くしかないでしょうと強く主張して、その夜、われわれはロンドンの黒いタクシーの乗客となった。

どこに向かったのか地名は覚えていないが、かなり長い間タクシーに揺られていたので、ロンドンのはずれのあたりか、あるいは郊外の町だったのだろう。会場は大学の建物で、タクシーの運転手が苦労してみつけてくれたのを覚えている。

ところが、その建物までたどりついてみると、小さな張り紙がしてあって、ニコ急病のため今夜の

コンサートは中止と書いてあった。その張り紙の前には、われわれと同じように、どこからかやってきた若者が数名、当惑した顔で立ち話などしていた。友人とぼくは、こういうのもまたいかにもニコらしくていいいんじゃないかと自分たちをなぐさめながら、電車で帰途についた。

ダイアナ・クラプトンの『ルー・リード&ザ・ヴェルヴェット・アンダーグラウンド』によれば、ヴェルヴェット・アンダーグラウンドとアンディ・ウォーホルの出会いは、次のようだった。一九六五年、彼らがマクドゥーガル・ストリートのクラブ「カフェ・ビザール」で演奏していると、客席に詩人で映画作家のジェラード・マランガが現われた。

彼らの騒音のような演奏が気に入ったジェラードは、親交のあったアンディ・ウォーホルを連れて再びそのクラブに現われた。そのころ自分の表現活動にふさわしい音楽を探していたウォーホルは、ヴェルヴェット・アンダーグラウンドの攻撃的な演奏が気に入った。ウォーホルは、ドラッグや暴力や性倒錯をテーマにした彼らの歌に、当時自分が制作していた映画と共通するものを見出だしたのだという。

ファクトリーに出入りするようになったヴェルヴェット・アンダーグラウンドに、ウォーホルは、ニコを歌手としてグループに入れるように提案した。ドイツ生まれの美人モデルのニコは、フェリーニの『甘い生活』に出演したり、イギリスでジミー・ペイジのプロデュースでシングルを出したりした後、ローリング・ストーンズのブライアン・ジョーンズの紹介で、ファクトリーにやってきた。ヴェルヴェット・アンダーグラウンドは普通なら考えられないウォーホルの提案を受け入れ、ルー・リ

ードはニコのために「オール・トゥモロウズ・パーティーズ」「ファム・ファタール」「アイル・ビー・ユア・ミラー」の三曲を新しく作りさえした。

ニコを加えた彼らは、一九六六年の春にセント・マーク・プイスにオープンしたクラブ「ドム」のエクスプローディング・プラスティック・イネヴィタブルというイヴェントの音楽をまかされることになった。彼らの攻撃的な演奏の間、ジェラード・マランガが怪しげなダンスを踊り、そこらじゅうの壁にウォーホルの映画が映写された。ニコは歌がうまくなかったが、青いライトを浴びたブロンド美人に異を唱える人間はいなかった。辛辣なロック批評で知られたリチャード・メルツァーですら、ニコは並外れて美しかったので、彼女がうたえるかどうかというようなことは問題にならなかった、と書いている。そして「ドム」はサイケデリック文化のメッカとしてたちまちニューヨークの新しもの好き人間の注目の的になった。

しかしヴェルヴェット・アンダーグラウンドの攻撃的な音楽は、ニューヨーク以外では広範な理解を得られなかった。彼らのウェスト・コーストへのツアーは悪夢に終わった。レコード会社は、ウォーホルがデザインし、ジャケットにバナナのステッカーを貼ったいわゆる『バナナ』アルバムをどう扱っていいのかわからず、歌詞に問題があるとしてラジオからもそっぽを向かれた。

より多くのヴォーカルを取りたがったニコが、ルー・リードの反対で追い出されたのが、グループ解体の第一歩だった。ウォーホルとヴェルヴェット・アンダーグラウンドの蜜月もほどなく終わりを告げた。セカンド・アルバムにはもうウォーホルのクレジットはなかった。そして『ソングス・フォー・ドレラ』の「ワーク」によれば、ウォーホルとルー・リードの友好関係は、バンドの進路をめぐ

って口論したあげく、ウォーホルがルー・リードを「ねずみ」とののしって終わりを告げたという。

ウォーホルは一九五〇年代にはRCAのクラシック・アルバムのジャケット・デザインをやっていたことがあり、ヴェルヴェット・アンダーグラウンドのデビュー・アルバム以後も、ローリング・ストーンズやダイアナ・ロスなどいくつかのアルバムのジャケット・デザインを手がけてきた。作品としてエルヴィス・プレスリーの肖像を何度か描いたこともある。

しかし、彼が音楽に強い関心を示したのは、後にも先にもヴェルヴェット・アンダーグラウンドと関わった時期だけだったようだ。もちろん一九七〇年代には、彼自身が有名人になり、また『インタヴュー』誌をはじめた関係上、ミュージシャンとの交流も飛躍的に増えた。だが、彼が特定の音楽に心を動かされたという話は伝わってこなかった。

たとえばデイヴィッド・ボウイが『ハンキー・ドリー』で彼に捧げる歌を作ったときも、「ぼくをほめているのか、けなしているのかわからない」とコメントしただけだった。また一九七八年ごろのディスコ・フィーバーの時期に、彼は有名人の集まるニューヨークのディスコ「スタジオ54」の常連客の一人だった。しかし彼はディスコ・ミュージックやダンスが好きでそこに行ったというよりは、社交のためや、ファクトリーのスタッフや『インタビュー』の登場人物を探すためにそこにいることが多かったようだ。当時彼はこんなコメントを残している。「戸口では独裁的、フロアでは民主的だ。花入るのはむずかしいが、いったん中に入ってしまえば、ライザ・ミネリと踊ることだってできる。スタジオ54では、花嫁衣装で女装しスケートをはいて踊るディスコ・クィーンのロレリーナともね。ス

ターもただの人だ。だって誰もがスターなんだから」(カーター・ラトクリフ『アンディ・ウォーホル』)
ウォーホルはいったいヴェルヴェット・アンダーグラウンドのどこに心をひかれたのだろうか。マリリン・モンローやマーロン・ブランドやジャクリーン・ケネディなど有名人の肖像、もしくはキャンベル・スープの缶やコカコーラの瓶やディック・トレイシーのように、誰もが知っている人物や物を作品の対象にして当時の彼は名声を得つつあった。「有名人とは、有名なゆえに人によく知られた人のことである」というブーアスティンの同義語反復的な定義を証明するような作品を作り続け、プライベートにも有名人との社交を好んだといわれるウォーホルにとって、ヴィレッジのクラブに出演しはじめたばかりのアンダーグラウンドなグループに関心を示し、その演出にまで関わるというのは、かなり異例だったように思える。
「ドム」におけるエクスプローディング・プラスティック・イネヴィタブルのマルチ・メディア・ショーは、彼が有名人の写真をシルクスクリーン化して作品を仕上げていった手法をイヴェントに適用したものともとれる。ウォーホルにとっては、「ドム」のサイケデリックな空間と時間もまた自分の作品の延長だったのだろう。さいわいその試みは評判を呼んだ。しかしもっと有名なミュージシャンを起用するほうがより効果的にそのイヴェントを演出できたのではないだろうか。ポップ・アーティストとして時の人だった彼なら、有名なミュージシャンを説得することだって難しくなかったはずだ。だが、彼はそうしなかった。
おことわりしておくが、ヴェルヴェット・アンダーグラウンドがつまらないグループだったといお

うとしているわけではない。彼らの音楽は、たとえウォーホルと出会っていなかったとしても、いつかは世に出ていたにちがいない。そしてその出方も、メンバーのその後の運命も、きっともっとちがったものになっていたにちがいない。

彼らの起用は、ウォーホルの冒険だったのだろうか。彼は美術とはべつの方法論をこのイヴェントに対して持っていたのだろうか。あるいは、原則にあえて例外を設けるほどヴェルヴェット・アンダーグラウンドの音楽に魅力を感じたのだろうか。交通事故や暴動の写真を素材にした作品を作ったこともあり、ファクトリーに自己主張の強い「変人」を集めていた彼にとって、彼らの音楽に共感するところがあったのはまちがいないだろう。だが、彼らでなくてもよかったのではないかという思いもまた依然として大きい。

ファクトリーができる前、一九五〇年代の彼はアパートでロックンロールのラジオをかけながら仕事をしていたという。それはどんな曲だったのだろうか。ときどきぼくは、彼は音楽にはあまり興味がなかったのではないかと思うことさえあるのだが。

21 sat.

神奈川県民ホールでかながわ国際交流フェスティバル90国際音楽舞踊祭を見る。最初に出てきたのがカナダのバンクーバーから来た市警のバグパイプ・バンド。バグパイプといえばスコットランドのイメージが強いが、バンクーバーにはスコットランドからの移民が多く、一九一〇年代にこのバンドが誕生したそうだ。衣装もスコットランド風で、チェックのスカートをはいている。ブーツからひざにかけて白いスパッツをつけているが、これはスコットランドの荒れ地に

デティ・クルニア『ラユンガン』

多いヘビよけのプロテクターだとか。うーむ、ヘビねえ……と最後まで気になりながら、お目あてのデティ・クルニアを見て会場を出ようとすると、若い美人からごくろうさまでしたと声をかけられて、はて？　とまごついているうちに、手提げの紙袋をちょうだいした。中には証券会社のパンフレットが入っていた。

帰り道、横浜中華街のレコード屋に寄って、中国の人気ロック歌手崔健のカセットなどを探す。店のおじさんが笑顔を浮かべて親切に気持ちよく応対、香港プリントの『一無所有』を奥から出してくれる。カセット三本買って一万五百円。なるほど、笑顔が浮かぶはずだ。

1990 AUGUST

3 fri.

沖縄市のクラブGAIAで喜納昌吉&チャンプルーズのライヴ。ぼくにとっては、彼らが一九七八年に全国デビューして以来十二年ぶりのステージ。三〇人も入ると超満員になる小さなクラブだったが、目と鼻の先で体験する演奏は実に心地よかった。七年ぶりのアルバム『ニライカナイ』も出て、彼らが第一線に復帰してきたのはうれしいかぎり。ニライカナイ・セレブレーションというグループでロック色を強めていた時期より、ぼくはチャンプルーズで民謡的にやっている彼のほうがずっと好きだ。昌吉の父の喜納昌永が何曲かグループを見守るように三線（三味線）を弾く。

喜納昌吉の活躍

沖縄の喜納昌吉がチャンプルーズを再結成して、七年ぶりにアルバム『ニライカナイ』を発表、精力的な活動をはじめている。

彼がアルバム『喜納昌吉&チャンプルーズ』で全国デビューしたのは一九七八年のことだった。当時はフォーク系ニューミュージックの勢いが一段落し、矢沢永吉が「ロックをメジャーにする」と叫んでいた。ロック系ミュージシャンの多くがまだ、いかにして英米のロックに近づくかという「脱亜入欧」コンプレックスに悩んでいたころだ。

ところが「亜」を象徴するような三線を使う喜納の沖縄音楽が、並のロックよりはるかにスイングするではないか。それを発見して、必死こいて脱亜しようとしていたミュージシャンは大きな衝撃を受けた。

時間はかかったが、沖縄音楽は八〇年代を通じて世界に広がり続けた。沖縄音楽のリズムを取り入れたYMOやサンディー&ザ・サンセッツのアルバムは、海外で高い評価を得た。喜納と交流のあるライ・クーダーは、沖縄音楽を借りて米兵の歌「ゴーイン・バック・トゥ・オキナワ」を作った。坂本龍一は「安里屋ゆんた」など沖縄音楽を取り上げ、サザンオールスターズは沖縄旅行をきっかけに「ナチカサヌ恋歌」を作った。

沖縄の音楽家たちから見れば、それらは沖縄音楽の要素を便宜的に利用した「まがいもの」にしか

見えないかもしれない。

しかし見方を変えれば、それは沖縄音楽が世界各地で共通語としての普遍性を持ちはじめた結果ともいえる。英語やフランス語が、世界各地でピジン・イングリッシュやクレオール語を生んだように、沖縄の音楽のピジン化がはじまったのだ。

一九七八年の喜納昌吉は、好むと好まざるとにかかわらず、日本復帰後の沖縄の使節という役割を背負わざるをえなかった。彼は沖縄市で米軍基地勤めの民謡歌手を父に生まれ、若くして民謡クラブのスターになり、マリワナ事件で投獄され、復帰後の本土資本による乱開発に反対する海洋保護運動に参加してきた。そんな経歴が彼に沖縄の戦後史のスポークスマンという衿を着せたのは、むしろ当然のことだったかもしれない。

しかし、新作『ニライカナイ』を作った彼には、かつてのような過剰な気負いは感じられない。沖縄音楽をめぐる情勢が変わったこともあるし、彼が東京の音楽界から距離を置いて、落ち着いて音楽に取り組む術を身につけたことも大きいだろう。

時を同じくしてりんけんバンドのアルバム『ありがとう』もCD化されて話題を呼んでいる。戦後の日本のポップスには「別れの磯千鳥」「お富さん」など南島出身の作曲家たちが貢献した曲が少なくないが、最近の喜納たちの活躍は、そこにまったく新たなページを書き加えるにちがいない。

17 fri.

暑い日が続く。どこにも行かずに、ほとんど死んだふり。夜暑くて熟睡できない分を昼寝で補おうとするが、昼間はもっと暑い。ふだんあまり水分を摂取しないので、サ

ソリのようだといわれているぼくも、さすがに水分をひんぱんに取りたくなる。そしておなかをこわす。この暑さでボケたのか、5月にはうんともすんともだったウツギが突然咲く。去年はついに一度も咲かなかったから、何はともあれめでたい。

虫のいろいろ

わが家にはエアコンがない。クーラーを入れると、冷えて体調を崩すからで、夏場はもっぱら窓から入る風や扇風機のお世話になっている。

エアコンがなければ副次的効果もある。暑さのあまり、体が接近し過ぎないよう避け合って暮らすから、夫婦げんかの起こる確率が低下するのだ。

しかし狭い家で風通しのいい場所は少ないため、涼しい窓辺をめぐって領土争いが起こることもある。

領土争いは夫婦間にとどまらない。

夏には東京のはずれのわが家にも、いろんな昆虫や小動物が出てくる。例えば、蚊、ハエ、ウンカ、ヤスデ、クモ、ヤモリ、アオムシ、ドブネズミといった連中だ。

彼ら彼女らとの間に、ぼくは不可侵条約を結んでいる。家の中は主として人間の領土、庭は主として昆虫や小動物の領土というふうに分け、網戸を国境と定めたのだ。

たとえば家の中に不法入国してきた蚊は、蚊取り線香をたかれても、ぴしゃりとたたきつぶされて

も、ぼくに謝罪や補償金を要求することはできない。反対に、ぼくが庭に出て蚊に刺された場合も、単なる刺され損だ。

庭仕事中、腕や脚や首筋に止まった蚊をたたこうとして、種間戦争が起こることもあるが、たいていの場合、蚊のほうがすばしこいので、ぼくがほうほうのていで庭から退散して、争いはあっけなく終わる。

ツバキの木についたチャドクガの幼虫を大量殺戮したときなどは、肌がかぶれてえらい目に遭った。去年、ヤスデがぞろぞろと家の中に上がってきたのにも困った。家の前の空地に建て売り住宅ができたので、故郷を追われて集団移動してきたらしい。卵がかえるまで、ブロック塀を難民キャンプに提供していたら、いつの間にか家に上がり込んできた。ヤスデの場合、犯罪者扱いして指紋押捺というわけにもいかず、踏んづけないよう交通整理するのに神経を使った。

先日は、長い間放置しておいたぬかみそ漬けのぬかを処分しようとして、かめのふたを開けたら、ショウジョウバエの群れが渦巻星雲のように噴き出して、台所をにぎやかに乱舞した。薬をまくのが嫌なので、ハエ取り紙をつるしたら、数日であらかたいなくなったが、ときどきうっかりして、ぼくもハエ取り紙にひっついた。

紳士淑女的な外交関係が続いているのはヤモリとの関係だ。向こうはたいてい台所の窓にぴったり張り付いて、柔らかく膨らんだ腹でガラスのひんやりした感触を楽しんでいる。こちらが蛍光灯の光を提供する代わりに、ヤモリが蚊や蛾などを食べる。

一度、網戸のすきまから家の中に入ってきたのがいた。窓を開けて外に出てもらおうとしたら、向

ラス・チカス・デル・カン（写真・大西基，BOMBAレコード提供）

こうはびっくりして、部屋の隅に隠れてしまった。あのヤモリはどうしたのだろう。こちらが眠っている間に、顔の上でも這っているのだろうか。

20 mon.

ドミニカにラス・チカス・デル・カンという女性メレンゲ・グループがいて、『ファナ・ラ・クバーナ』というアルバムが日本でも発売される。このアルバムのタイトル曲をテレビの公開番組で演奏しているヴィデオを見たが、リード・ヴォーカルの超ブリっ子といい、全員超ミニな姿といい、超ぼく好み！　夢に見そう！　おニャン子がピンク・レディの格好でシーラ・Eしてるみたい。この割り切り方は中途半端じゃない。こんなグループが来日したら、鼻の下を超伸ばした男性ファンで会場が大混乱に陥るのではないだろうかと、来日が決まってもいないのに心配するのは、デートの約束もできてないのにホテルの心配をしてるような気もするが……。アルバムでは「ランバダ」もファンクなメレンゲ・アレンジでうたってくれてます。

21 tue.

キャピトル東急でポール・ヤングの取材。彼がワールド・ミュージックのファンで、よく聞いているというのをはじめて知った。好きなミュージシャンとしては、ユッスー・ンドゥールの名前を真っ先にあげていた。ユッスーといえば彼の新作『セット』は、早くも今年のぼくのベスト・アルバムに決まりそうな気配。

30 thu.

とり・みきさんから『ザ・ベリー・ベスト・オブ・るんるんカンパニー』を送っていただく。雑誌連載中に愛読していたコミックで、葵達郎というキャラクターは、山下達郎のパロディだろうか……とか想像して読んだことを思い出した（とりさんはビーチ・ボーイズのフ

ユッスー・ンドゥール『セット』

アンだ)。本の帯に「ハチャメチャ爆笑学園スラップスティックスポーツ根性SFメロドラマコメディコミック」とある。そういう本です。だじゃれの好きな人にはたまらない。

1990 SEPTEMBER

3 mon.

日本武道館でアニタ・ベイカーのライヴ。おしゃれというよりは、意外に気さくなステージ。会場は、OL、OL、OL……。

5 wed.

クロノス・クァルテットの『ブラック・エンジェル』を聴く。この中にマルタの「運命、嘆息」という曲が入っている。一九七三年、ブダペストの作曲家イシュトヴァン・マルタは、ルーマニアに住むハンガリー系住民の村を訪れて、民俗音楽を録音した。すると、ルーマニアの警察は、その村人をつきとめて、重税を課した。ルーマニア政府は、ハンガリー系住民の文化を好まず、同化政策をとっていたのである。翌年、発電所建設のために、村人たちは強制移住させられた。というような文章が添えられている。

これを読んで複雑な気分になった。マルタは村人たちによかれと思って民俗音楽の採集に出かけた。その結果、村人たちは弾圧された。そしてマルタは抗議の気持ちをこめて、採集した歌を使って「運命、嘆息」という作品を作った。

ここには不明瞭なことは何もない。しかし、それによって村人たちのことは記憶されるとしても、

ぼくはどこか割り切れないものを感じる。ぼくはべつにマルタを責めようとしているわけではない。村人たちが弾圧された責任をマルタに負わせるのは、おかどちがいであることはわかっている。マルタが訪れなくても、ルーマニア政府は村人たちを弾圧していた可能性が強い。しかし……。取材の仕事で、いろんなところに出かけるぼくには、考えさせられることの多い話だ。

19 wed.

この日記の7月20日のところで書いた、ネヴァダの少年に音楽で自殺をそそのかしたと、少年の家族からジューダス・プリーストが訴えられていた裁判の結果が出た。レコードを逆回転すると、自殺を促すメッセージが聞こえる、という少年の家族の訴えは退けられ、ジューダス・プリーストは無罪となった。

22 sat.

新宿のスペース・ゼロで、沖縄から来た喜納昌吉&チャンプルーズのライヴ。会場を熱狂に引きずりこむ力は強力だが、カチャーシー・タイプの曲で、ドラムのビートが強調され、ゆったりとしたうねりがなくなるのは淋しい。シャウトし過ぎて、声もガラガラなのが心配。演奏中、客席の後ろの電動式の壁が上って、ロビーと会場がつながったのにびっくり。

夜中、ヴィデオで沖縄を舞台にした『ウンタマギルー』を見る。理髪師役で登場する照屋林助（りんけんバンドの照屋林賢の父）のユーモラスな歌と演奏がとても素晴らしい。CBS・ソニーさん、テルリンのワタブーショーのアルバムを、ぜひCDで復刻してください。

23 sun.

潮見のウッディランド東京で上々颱風祭り。終了後、渋谷クアトロでタジ・マハールとスティール・ドラムのロバート・グリーニッジのライヴを途中から。昼間の疲れが出て、端っこの方ですわって聞いていたら、通りがかりの人に足を踏まれる。

9月22日と23日の二日間、東京湾の埋立地に「上々颱風祭り」を見に行った。ウッディランド東京という会場に、大鯨艦が丸太を組み上げて大きな屋形ステージを作り、まわりに屋台や大道芸人やチンドン屋を出し、神殿のない縁日のような雰囲気で、アルバム・デビュー記念のライヴをやるのだという。

上々颱風は、商店街の祭り、寄席、神社、政治的な運動の集会、大道芸大会など、いろんな場所で演奏する機会を多く持ってきたバンドだ。ぼくはまだ東京のライヴ・ハウスやホールでしか彼らを見たことがなかったから、野外のお祭り的なライヴを体験できるのが楽しみだった。

ウッディランド東京は、今年開通したJR京葉線の潮見駅前にある木材展示施設だ。木材の集散地「新木場」からもさほど遠くないこの施設には、小さな木材資料館や各種木造建築住宅の展示場がある。ぼくの住む地域から都心をはさんでちょうど反対側に位置するので、地下鉄を乗り継いで都心の地下をもぐらのように横切り、潮見駅にたどり着くころには、すでにちょっとした遠足気分だ。

会場に足を踏み入れると、ゲストの桜川唯丸ウィズ・スピリチュアル・ユニティの演奏がはじまったところだった。ステージ前に集まっている客は二千人ぐらいだろうか。丸太を組んだ大きなステージに旗やのぼりが飾られ、その布をはためかせながら海風が勢いよく吹き抜けていく。

桜川唯丸は、上々颱風のデビュー・アルバムの「仏の顔もIt's All Right」で音頭を取っている江

州音頭の人気スターだ。スピリチュアル・ユニティのエレクトリックなリズム・セクションは、河内音頭の河内家菊水丸&エスノ・リズム・オールスターズが横すべりした顔ぶれに近い。そのメンバーの一人、佐原一哉は、一九八〇年代のはじめに京都のスカ・バンドとして注目を集めたノー・コメンツのキーボード奏者である。

音頭ファンの間で騒がれている桜川唯丸のライヴに接するのは、ぼくは今回がはじめてだった。和服姿で舞台にすっくと立ってうたう彼の艶があってノリのいいヴォーカルは、評判どおりの素晴らしさで、ぼくは大いに楽しんだ。

約一時間のステージは、音頭取りが代わったり、踊り子が出たり、般若心経を唱える坊主姿の人が出たり、ドイツ人の芸人が出たりのレヴュー的な構成だ。何でもありのおおらかさだが、見せる芸としての洗練度では物足りないところもある。それは、スピリチュアル・ユニティの演奏の煮詰め方からもいくぶん感じられたが、ある程度ルーズさを保つのが彼らの姿勢なのかもしれない。

それでもドイツ人の脚長おじさんが客席を回ったりして、演奏が終わるころには、会場はほどよくなごんだ。普通のロック・コンサートとちがって、客席には家族連れも多い。ヒッピー風の父親が、入場券がわりの木のお札をなくして、小学生ぐらいの娘に「父親なんだから、しっかりしてよ」と叱られていたりする。白人の記者や観客もけっこういる。

顔見知りの人たちにあいさつして、会場をぶらぶら見物する。サブ・ステージでは、といっても、グラウンドの一角にテーブルとマイクを置いただけだが、客を集めて紙切りを実演している。客席をチンドン屋が練り歩く。管楽器を吹いているのは、元JAGATARAのメンバーだと、「ミュージッ

ク・マガジン」編集部の加藤彰さんが教えてくれる。

演奏中から風に乗って運ばれていた醬油やソースの焦げる匂いに誘われ、行列の後ろに並んでイカの丸焼きが焼き上がるのを待つ。匂いほどにはおいしくないのが屋台の食べ物と知りつつ、もしかしたらこの屋台は例外かもしれないと淡い夢を抱いて食べてしまうのが屋台の食べ物だ。上々颱風が登場するころには日が落ちて、あたりは薄闇に包まれる。演奏がはじまると、客席はたちまち総立ちである。


まず、上々颱風のメンバーを紹介しておこう。西川郷子（ヴォーカル、鳴物）、白崎映美（ヴォーカル、鳴物）、紅龍（三弦、ヴォーカル）、猪野陽子（キーボード）、安田尚哉（ベース）、渡野辺マント（ドラム）、後藤まさる（パーカッション）の七人。前身バンド、紅龍&ひまわりシスターズのころから数えると活動歴は約十年。改名したのが四年前である。この二日間は、ゲストでジャズ畑のベテラン古澤良治郎（パーカッション）が加わっていた。

上々颱風の演奏に定型はないが、たとえばアップ・テンポのダンス・ナンバーの基本になるのは、紅龍が弾く三弦（バンジョーに三味線の弦を張ったもの）のリズムだ。そのリズムは、沖縄民謡や阿波踊りの音楽を連想させるが、三味線の場合は単音弾きが多いのに対して、紅龍は単音だけでなく、ギターでコードを弾くようにダイナミックにリズムを刻んでいく。デビュー・アルバムを持っている人は「ハイ・ハイ・ハイ」のイントロを聞くと、三弦のリズムにベースその他の楽器が徐々に加わって、複合的なリズムが作られていくところがよくわかるだろう。

だがそれは一例にすぎず、ぼくが知っているだけでも、三十数曲ある彼らの演奏は、曲ごとにちがった複数の音楽の要素（ロック、レゲエ、ラテン、ジャズ、ソウル、歌謡曲、中国歌曲など）から組み立てられている。しかも曲によっては、演奏されるたびにアレンジが変わっていたりする。彼らのライヴに接したことがない人は、CDとライヴでは、演奏がかなりちがうと思ったほうがいい。CDとライヴのちがいは、白崎映美のユーモアたっぷりのおしゃべりや、エキゾチックな非日常的衣装によって、さらに強く印象づけられる。いわゆるロックのライヴでもなく、かといって、民謡のライヴでもなく、かしまし娘とクレイジー・キャッツが合体して最新のテクノロジーに出会ったような雰囲気だ。

演奏曲目は日替りで、両日とも重複したのは約半分。アルバムの収録曲以外にたくさんあるオリジナルや、ステージでおなじみ、どこの国の音楽とも不明なほど変化したビートルズの「レット・イット・ビー」やビーチ・ボーイズのもじり「サーフィンUSSR」などもやっていた。二日間とも、ライヴ・ハウスでやるときよりは、おしゃべりをやや少なくしたステージ進行だった。

ライヴ・ハウスで客をのせるのに長けていても、ホールでは映えないバンドも少なくない。しかし大会場にありがちな力みもなく、彼らは客を軽々と熱狂させていた。ぼくの隣では孫を連れたお婆さんが、リズムに合わせて体を動かしていた。飴細工を食べ終わって退屈顔の孫が、そのお婆さんを困ったもんだという顔で見上げている。

ぼくがはじめて上々颱風のライヴを体験したのは、一年ほど前だ。彼らの音楽は人の口から口へ評判を呼んでいたが、アルバムを出してないので、演奏を聞こうと思うと、ライヴに足を運ぶしかなかった。いくつものレコード会社が契約しようとしている、しかしすぐにアルバムを出さないのはバン

ドの方針だ、というわさも耳にした。一度だけよと許したら、限度知らない調子者、というのは「仏の顔も It's All Right」に出てくる歌詞だが、ぼくはそのライヴでたちまち彼らのファンになった。

ぼくは子供のころから、ラジオやテレビや若干のライヴを通じて、民謡や浪曲や純邦楽に接する機会があったが、それよりは圧倒的に英米のポップスやクラシックあるいは日本のポップスに親しんで育ってきた。その好みは、単純にアメリカかぶれとか、エキゾチックなものへのあこがれとは片づけられないように思う。かつての民謡や純邦楽の素晴らしさを賛美するときは、それを生み育てた村落や家元制度が、同時に差別を作り出し異端者を排除してきた負の制度でもあったことを忘れがちである。そんな矛盾に対する反発も大きかった。それでいてぼくは、盆踊りの音頭や神社の祭礼のお囃子を耳にすると、屋台の食べ物の反射的連想も手伝って、胸騒ぎを感じたりもしていた。

民謡や純邦楽に対するこのねじれた感覚は、国立劇場で純邦楽を鑑賞したり、お稽古事をしたりするだけでは解消できない。ぼくは謡曲や浄瑠璃や浪曲や説教節を聞きに出かけて、音楽は日常性からの飛躍であり、過去も未来もないと実感することもある。だが、民謡や純邦楽を育ててきた環境は、二〇世紀の日本社会の急速な変貌と共に、あらかた滅んでしまった。その結果、民謡や純邦楽の型だけが、兜蟹のように細々と生き延びて、全盛時をしのばせているわけだ。

それを継承するのは、本来は現在の社会から生まれる音楽のはずだ。しかし、困ったことには、主に欧米のクラシック音楽やポップスもしくはその影響下にある音楽によって形成された二〇世紀の日本人の音感は、ミュージシャンが環境に忠実に自然であろうとすればするほど、過去の継承より断絶を強く感じさせる音楽を生む。

上々颱風（EPIC・ソニー提供）

これは日本にかぎらず、東・南アジアのかなり広範な地域の都市のポップスに共通して見られる現象で、ディック・リーが快作『マッド・チャイナマン』でユーモアたっぷりに指摘して共感を誘ったのも、そのパラドックスだった。

もちろんいくら日常生活と断絶しているといっても、かつて民謡や純邦楽を生んだ言葉や身振りや社会習慣は、身の回りのグッズほどには変わっていない。そのかぎりにおいて、個人の無意識のレベルでは、民謡や純邦楽に接続できる感覚も蓄積されている。ただ、それを取り出そうとするときのフィルターが、かぎりなく洋楽に近い形をしているので、作品からは、その感覚がほぼ自動的に排除されてしまうのだ。

沖縄の喜納昌吉やりんけんバンドの音楽はどうか。沖縄民謡に直結する彼らの音楽はたしかに素晴らしい。しかし民謡の大家の子供として生まれ育った彼らと、ギターやキーボードを手にすることから音楽をはじめた日本の都市のミュージシャンの卵とでは、環境がちがいすぎる。七〇年代の末に喜納昌吉を聞いて目を見開かされた横浜のフォーク少年、紅龍の目には、その立脚点のちがいがはっきり見えていたはずだ。

喜納昌吉の登場以前の東京で、外国音楽として民謡や純邦楽をとらえるという窮余の策を発見したのが大瀧詠一と細野晴臣だった。大瀧は「ナイアガラ音頭」などいくつかの超絶的作品を残してこの路線から遠のくが、細野は『トロピカル・ダンディ』『泰安洋行』『はらいそ』と続くソロ・アルバムや初期のYMOでその実験を続けた。彼はロック・リズムの定型からスタートし、ラテン系のリズムと沖縄的なリズムを結びつける時期を経て、ついにはリズムの定型の破壊へとたどり着く。そこから

リズム再構築を模索しはじめたのが、昨年の『オムニ・サイトシーイング』と見ることもできるだろう。

彼はワールド・ミュージックのワの字もなかった時期に、民謡や純邦楽が仮死状態にあること、自分の立つ足場が宙に浮いていることを正確に認識したうえで、英米の音楽の影響をひっくり返す方法を提示した。この価値観の転換には「帝国主義の戦略家」というような一面的な批評では、とうていとらえきれない部分が含まれている。

上々颱風の音楽をはじめて聞いたとき、ぼくは彼らが細野の継承者のような印象を持ったのだが、必ずしもそう単純には言えないようだ。『トロピカル・ダンディ』の時点で、すでに洋楽の膨大な知識を前提としていた細野にくらべれば、前提がはるかに少ないところから音楽をはじめているぶん、紅龍には洋楽の呪縛が少ない。ソロ志向の強い細野に対して、バンド志向の紅龍というちがいもある。

9月に取材したとき、彼は要約するとこんな意味のことを語っていた。

「CDを出してから、ワールド・ミュージックの文脈とか、サウンドで何々を取り入れてるという次元で語られることが多いけど、歌の文脈でわかってくれる人は少ない。サウンドも重要だけど、上々颱風は、まず歌ありきというところでやっている。いま、どういう歌があるのか、おれたちにどういう歌が必要なのか、お風呂で鼻唄でもうたってもらえるような歌を作りたい」

「練習する段階では何々風にならないようにと気をつけている。沖縄ぽくやるときも、ぜんぶ沖縄ぽくやるんじゃなくて、どういうふうにまったくちがう要素を結びつけられるかと試してみる。歌やメロディを解説するような演奏はなるべく避ける。何かおもしろい音楽の要素があるから持ってきて取

り入れるというより、まず肉体的になるまで体を動かしてみるところからはじめる。血となり肉となるみたいな部分で、もしかしたら接点があるんじゃないかと思っている」

上々颱風がやっているのは、無意識のレベルに蓄積されている感覚を、洋楽優先ではないフィルターで組織して形にする方法の模索といえるだろう。完成度の高い細野晴臣の職人芸などにくらべると、上々颱風の音楽はずいぶん未完成に感じられる。彼らの音楽は子供のころかしまし娘の歌を違和感なしに聞けなかったぼくには、趣味的になじみにくいところもある。だが、ぼくには彼らがやろうとしている試みは、すでに兜蟹化しつつあるロックの定型をなぞっているだけのバンドなどよりは、ずっと興味深く、また魅力的なもののように思える。

25 tue.

昭和女子大人見記念講堂で、サリフ・ケイタのコンサート。ギターとベースが変わって、演奏のまとまりは、昨年のステージ以上だが、さすがに昨年のようなショックは受けない。ヴォーカルの強烈さで耳が痛くなるコンサートというのもめずらしい。次のアルバムは、ジョー・ザヴィヌルがプロデュースして、マイルス・デイヴィスなども参加するのではないか、というウワサをロビーで聞いたが、へんてこなフュージョンにならないように、ヴードゥーのおまじないでもしたい気分。

26 wed.

渋谷オーチャード・ホールでポーランド出身のバーシアのコンサート。「オーディナリー・ピープル」という曲があるが、ラテンやサンバ的なアレンジの多い演奏の「普通の人」向けの明るくさっぱりとしたマイルドなポップス。こういうのもワールド・ミュージックの

ひとつの形ということになるのだろうか。

1990 OCTOBER

9 tue.

『リッスンビュー』に連載されている高橋達史氏の「音楽家のイコノロジー」を興味深く読ませてもらっているが、第7号で、リストの肖像画の目はなぜしばしば上を向いているのか、という話がとてもおもしろかった。それは、リストがふざけるのが好きだったからとか、三白眼のクセがあったからではなく、神様が奏でる天上の音楽を聞きとろう、霊感をさずかろう、としている目線だという。

これを読んでぼくは積年の疑問のひとつが氷解する思いだった。疑問とは、メタル系のミュージシャンの正面写真には、どうして目線が上を向いているものが多いのか、というもの。その視線をぼくはこれまで、スゴ味をきかせるためかもしれないとか、ばかでかい音量を聞き続けていると目がそうなりやすいのかもしれないとか想像してきたが、それだけではいまひとつ釈然としないものがあった。それよりは、ミューズの声を聞こうとしている、という説明のほうがずっと納得しやすい。メタル系の歌に、天国や地獄という言葉がひんぱんに使われるのは、周知のことだ。

ぼくが、この視線を気にしはじめたのは、ジョーン・ジェットの『アイ・ラヴ・ロックンロール』のジャケットの写真を見たあたりからだが、グラフの多いロックの音楽雑誌が手元にある人は、ため

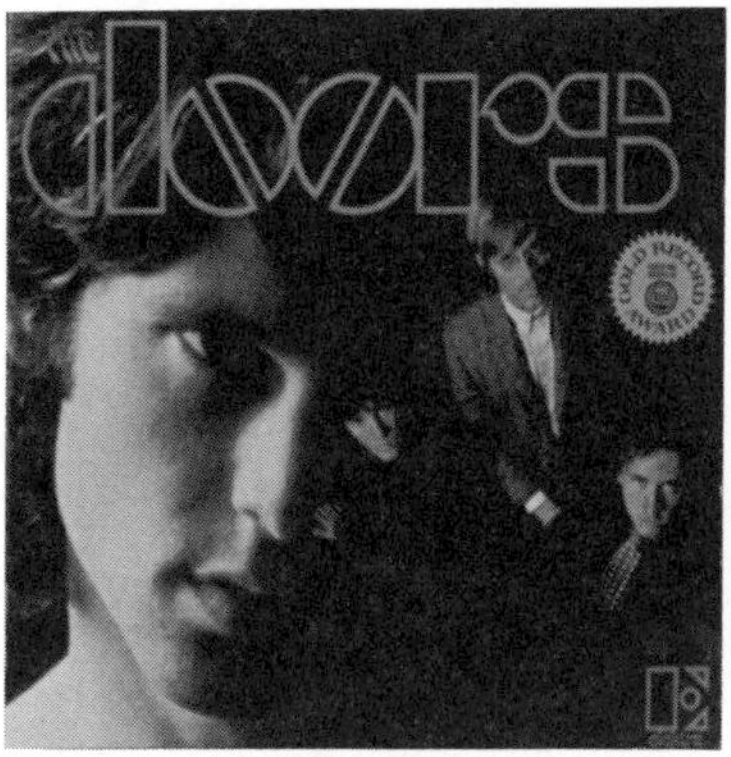

目線が上のアルバム……

しにごらんになるといい。メタル系のミュージシャンの正面写真の三分の一ぐらいは、目線が上に行っているはずである。

メタル系だけでなく、ドアーズの衝撃のデビュー・アルバム、ジェームス・テイラーの『JT』、ルー・リードの『トランスフォーマー』、デイヴィッド・ボウイの『ダイアモンドの犬』、バーシアの『ロンドン・ワルシャワ・ニューヨーク』などのジャケットも、目線が上に向いている。

1990 NOVEMBER

1 thu.

川崎クラブ・チッタでデジタル・アンダーグラウンドとクイーン・ラティファのライヴ。言葉がわからないのでラップのライヴには足が遠のきがちだったが、ひさしぶりに出かけたこのライヴはおもしろかった。

ファンの意識はちがうのかもしれないが、会場は日本のロックのコンサートでコブシをふりあげるのに近いのりがあるように思え、そうか、そういうことなのかと、ラップの人気について自己流に納得した。そういえばクイーン・ラティファの「わたしはナンバー・ワンだからクイーンと名乗ってるんじゃないの。アフリカからアメリカに来た黒人女性としての誇りを示すためにクイーンと名乗ってるの」というMCは、日本風に翻案すれば、渡辺美里あたりが言いそうな言葉だ。貫禄たっぷりのクイーン・ラティファがまだ二十一才と聞いてびっくり。

「ハンプティ・ダンス」が大ヒットしたデジタル・アンダーグラウンドは、徹底したパーティ・パンド。ダッチ・ワイフ（セックス・パケット）など小道具を使ったステージを見て、同じベイエリア出身のいまは解散してないロック・グループ、チューブスのステージとの共通性を感じたりした。両手をあげたダンスは、ダイナミックな阿波踊りのようでもある？

4mon.

『CDジャーナル』のために六本木WAVEで、沖縄のりんけんバンドの照屋林賢と上原知子の取材。WAVEからCDを出したら、東京の「六本木」にあるレコード会社だからというので沖縄の若い人たちがバンドを見る目が変わったと、照屋林賢は苦笑しながら話していた。

ウチナーグチへの愛／りんけんバンド・インタヴュー

九〇年は沖縄のポップスがいろんな意味で脚光を浴びた年だった。中でもめだっていたグループのひとつが、WAVEレーベルからアルバム・デビューし、数度にわたって東京でライヴを行なったりんけんバンドだ。幸運にもライヴを観た人たちやCDを聴いた人たち以外には、まだそれほど知られていないかもしれないが、彼らは沖縄では長年にわたって活動を続けてきたトップ・グループ。セカンド・アルバム『なんくる』の発売にあたって東京を訪れたりんけんバンドのリーダー照屋林賢と彼の夫人でヴォーカルの上原知子に話を聞いた。

『なんくる』を聴いてまず印象に残るのは、三線のリズミカルな演奏と、ウチナーグチ（沖縄の言葉）

りんけんバンド（ソニーレコード提供）

による優美な歌だろう。沖縄でもウチナーグチをしゃべれる人は減っていると聞いたが、照屋林賢はウチナーグチに深い愛情を持っているようだ。

照屋　若い人は、ウチナーグチを聞けても、しゃべれない人が多いですね。だいたい、子供たちの親がしゃべれないですからね。最近は沖縄の人間にも危機感が出てきたのか、ウチナーグチを使う弁論大会をやったりしてますけど、ぼくらのころは、学校でウチナーグチをしゃべると叱られたんです。ぼくは〝ふまじめに〟学校に通ってましたし（笑）、家ではウチナーグチだったからよかったんですけど……。だからぼくにとってはウチナーグチの歌詞のほうが自然だし、日本語にない言葉のニュアンスも出せる。CDでは対訳をつけてますが、ほんとうは対訳がないほうが、想像力が広がっていいと思うんですけどね。

『なんくる』の音楽はかぎりなく沖縄民謡のようでもあり、同時にポップスのようでもある。民謡とポップスがあまりにもかけ離れた本土の音楽とは何かが根本的にちがうようにも思える。

照屋　ぼくらがやってるのは沖縄の音楽です。沖縄の民謡の世界は狭いから、喜納昌吉のお父さんの昌永さんとか、ぼくの父の林助とか、みんな交流があって、みんなで進んでいて、その中のひとりとしてやっているという感じですね。だから親の世代との断絶というのはないんです。親の世代からは、最近は、若い人たちには勝てん、という言葉が出たりしますけど（笑）、こちらは親のやってること

に関心がある。ちがいがあるとすれば、親の世代が、おもしろがって西洋楽器を取り入れたのにくらべると、ぼくらの場合は必要だからその音を入れる、ということでしょうか。というのは、親の世代は、民謡で育った後に西洋の音楽と出会ってる人が多いんですが、ぼくの家は親が民謡をやりながらレコード屋でもあったので、子供のころから両方を耳にして育ってきたんです。最近は若いミュージシャンの中にも、りんけんバンドみたいなサウンドでやる人が出てきたりしてるから、多少は影響が出てきたのかな、と思ってるんですけどね。それでもりんけんバンドでもロックをやりたいとやめていった人が多くて、いまのドラムが十三人目ぐらいですからね。

それとは逆にヴォーカルの上原知子は、糸満ヤカラーズという民謡畑のグループの出身だから、最初はドラムやベースと一緒にやるのが大変だったという。

上原　民謡ではコード楽器がなくて、三線が歌をなぞるようなメロディを弾くんです。ところがりんけんバンドでは、キーボードやベースが歌のメロディとは別のフレーズを弾くでしょ。それが最初はうたいにくかったんです。で、とにかく、親から習った自分のペースでうたうようにしているんですけどね。

『なんくる』の音楽の不思議な魅力は、この異質な音楽のぶつかりあいの緊張から生まれてくるのだろう。彼らのライヴは衣装もカラフルだし、おしゃべりや踊りもとにかく楽しい。機会があれば、ぜ

ひライヴに足を運ばれるようにおすすめしたい。

10 sat.

渋谷クアトロでスーダンから来たアブデル・アジズ・エル・ムバラクとアブデル・ガディル・サリムのライヴ。アブデル・アジズ・エル・ムバラクは、CDのジャケットの写真から想像していたよりずっとスリムなやさ男という感じだが、大きなうねりのある歌と演奏でグイグイのせる。彼らの音楽のリズムや節まわしは、日本の河内音頭や江州音頭によく似ている。アンコールでは江州音頭の桜川唯丸がゲストで登場してもちろん日本語でうたったが、ぜんぜん違和感がなかった。

『ローリング・ストーン』の八〇年代特集

アメリカの音楽雑誌の老舗『ローリング・ストーン』誌が一一月一五日付の五九一号で、八〇年代ロックの大特集を組んでいる。

トム・ウルフが七〇年代をミー・ディケイドと名づけたのにならって、金ピカの八〇年代をギミ・ディケイド（いただき時代とでも訳す?）と名づけた総論にはじまり、ライヴ・エイドなどに見られるロックの良心をめぐる記事、コンピューター時代の音楽「ロポポップ」についての記事、様式化された反逆の音楽としてのヘビー・メタルの記事、ラップのメッセージや革新性についての記事など、八〇年代のロックを特徴づけた出来事や潮流にふれた記事が並んでいる。

個々のミュージシャンではブルース・スプリングスティーンとマドンナとR.E.M.の三組が詳しく論じられている。そのほかには、シンニード・オコナーやデイヴィッド・バーンやチャック・D（パブリック・エネミー）らが、好きな八〇年代の音楽をあげたアンケートと、ビジネス記事として、新興のヴァージン・アメリカ社長のインタヴューがある。

八〇年代のロックについて、ここまで包括的な特集を組んだ音楽雑誌は、ぼくの知るかぎりこれがはじめてだ。たんねんに取材・調査された記事も多く、その姿勢には老舗の責任感というか、意地のようなものさえ感じられる。

一方で、物足りないところも少なくない。全体に白人優遇ではないか。U2でなくてR.E.M.をとりあげたのは、アメリカびいきに過ぎるのではないか。コンピューター音楽の記事の突っこみが足りなくないか。アンダーグラウンドの動きに鈍感で、ワールド・ミュージックには冷淡だ……などなど。

『ローリング・ストーン』は、もともと六〇年代サンフランシスコのカウンター・カルチャーの渦中から生まれた雑誌だ。七〇年代にはニューヨークに進出して急成長をとげ、いまや音楽雑誌の『ニューズウイーク』的な存在。取り上げる音楽はメジャーどころが増え、気の利いた記事がある半面、大味な「正論」にも事欠かない。その性格が今回の特集方針にも色濃く出ているようだ。

美術界でも問題になっていることだが、アメリカでは、ロックの歌詞の検閲と表現の自由をめぐって、保守派とロック界の白熱した論争が続いている。

この一〇月には「わいせつ性」が議論を呼んだラップ・グループ、2ライヴ・クルーのアルバムを売ったフロリダのレコード店主が地裁で有罪判決を受ける、という未曾有の事件も起こっている。

この特集では、そうした点にも触れ、エリック・クラプトンがボブ・マーリーの「アイ・ショット・ザ・シェリフ」をカヴァーしてヒットしたときは誰も問題にしなかったのに、ラップ・グループのNWAが警官との衝突を取り上げると問題になるのは人種差別ではないかと、バランス感覚のある指摘を行っている。

時の流れをしみじみと感じたのは、特集ページの真ん中に、人工頭髪の全面広告を見つけたときだ。長髪の流行した時代に生まれたロック雑誌に、こんなハゲ直しの広告が載るときが来るとは！ そういえば「フォーエヴァー・ヤング」というのは、ロックのいやしがたいオブセッションではありましたね。

22 thu.

午後、渋谷のCBS・ソニーのフィッツビート・レーベルのオフィスで、アルバム『ラヴ・アンド・ロウ』でデビューした新人シンガー・ソングライター五島良子の取材。夕方、渋谷西武百貨店のギャラリーで、矢吹申彦のイラストレーション展覧会。101の地下にできたHMVのレコード・ショップをのぞいて帰る。先月は新宿にヴァージン・メガストアができたし、ちょっとした大型輸入盤店ラッシュだ。

23 fri.

『ミュージシャン』10月号でルー・リードがチェコの大統領ハベルにインタヴューしている。劇作家時代のハベルは六八年のプラハの春の時期にニューヨークを訪れて、

ヴェルヴェット・アンダーグラウンドのアルバム『ホワイト・ライト／ホワイト・ヒート』を買って帰り、それがチェコのミュージシャンたちに影響を与えた……と、そんな話をしている。ハベルは九〇年にニューヨークを訪れたときもロック・クラブのCBGBに足を運んだという。そんなことをする大統領は、世界中で彼ぐらいのものだろう。ちなみにチェコの革命は、ヴェルヴェット・リヴォリューションと呼ばれた。

25 sun.

大阪飛田の百番で、スピリチュアル・ユニティの佐原一哉から、河内屋菊水丸と一緒に、国会議員の猪木にひきいられて、イラクのバクダッドに行くという話を聞く。その夜は知人が予約しておいてくれた釜が崎の九階建ホテル「ウエスト・ポイント」に泊る。一泊一五〇〇円。部屋は冷蔵庫と流しと衛星放送も入るテレビつきの約四畳。

27 tue.

松下がアメリカのMCAを買収の新聞記事。買収コストは五八億ドルと発表されている。ソニーによるCBSレコード買収が二〇億ドル、コロンビア映画買収が三四億ドルだから、その大きさがわかる。

29 thu.

溜池の東芝EMIで十年ぶりにソロ・アルバム『マースィー』を発表したサンディー&ザ・サンセッツのサンディーの取材。

30 fri.

JSB（日本衛星放送）放送開始。プログラム・ガイド『WOWOW』に原稿を書くが、ぼくは受信装置を持っていない。

1 sat.

ラフォーレ・ミュージアム赤坂でメアリー・ブラックのコンサート。アイルランド系の人が東京にこんなにいるとは思わなかったとびっくりするほど、客席にアイルランド系の人が多かった。CDで予想していた以上にフォークぽいコンサート。歌はうまいが演奏にもう少し厚みがほしいような気がした。

3 mon.

アンディ・ウォーホルの生活をプライベート・フィルム風に収めた『ナイト・ウィズ・アンディ・ウォーホル』を見る。一九六七年にニューヨークのドムで行なわれたイヴェント「エクスプローディング・プラスティック・イネヴィタブル」でヴェルヴェット・アンダーグラウンドが演奏するシーンが少しだけ出てくる。画面はボケボケだが、こんな映像があるとは知らなかった。ミュージシャンでは、他にジョン・レノンと小野洋子などもちらりと出てくる。

4 tue.

青山のスペース・ユイで鈴木康司さんの個展。会場に居合わせた河村要助さん、高頭祥八さんらと雑談。その後、渋谷クアトロでテキサスのオースティンを拠点にするポイ・ドッグ・ポンダリングのライヴ。最初のうちはPAの調子が悪くて演奏もルーズ。これならエリック・クラプトンのコンサートに行けばよかったと後悔する。でも後半はどんどんよくなって楽しかった。

ワールド・ミュージック・ブーム

『「楽園」の音楽』という本をまとめたとき、「ロックとワールド・ミュージック」という副題をつけたからというわけではないだろうが、九〇年には音楽に直接関係のない雑誌からワールド・ミュージックについての原稿をよく依頼された。先物買的な部分も含めて、一般的にそれだけワールド・ミュージックがブームとみなされ関心を持たれていたということだろう。そのたびにぼくは、ジプシー・キングスやモリ・カンテがヨーロッパでうけた話からはじめて、アフリカ、アラブ、アジア、中近東、そして欧米の一部の音楽がワールド・ミュージックと呼ばれている現状の説明をくりかえしてきた。

実際、最近はレコード店にもワールド・ミュージックの棚のある店が増え、グローブスタイル・レーベルなどがマーケティング戦略でワールド・ミュージックという言葉を使いはじめたもくろみは、地球の裏側のここ日本でもしっかりかなえられつつある。かつては地味な男のファンがほとんどだったワールド・ミュージックのコーナーに、目のさめるような女性客を見かけることもめずらしくなくなり、ぼくも輸入盤店に行く楽しみがふえたような気がする。

ただ、このブームは、ぼくがワールド・ミュージックが好きというような次元とは明らかにちがうレベルに達しており、ランバダでつまらないアルバムが出過ぎたことで反動が起こったようなことが、これから増えるかもしれない。しかしそれはあらゆるブームの宿命でもあり、この世の中は、たとえ厳しい統制のもとでも魑魅魍魎がはびこるものだ、まして日本のような社会では……というのがぼく

の認識。その中にも良質の仕事をしている人たちは必ずいるから、結局はひとりひとりの聞き手が他人まかせにせず自分の必要とする音楽を選ぶしかない。いくらかでもその参考になればさいわいと思ってぼくは原稿を書いているが、なにぶん個人の嗜好が入りこむ領域だけに、ご迷惑をおかけすることも。

もうひとつ困ったのは、ワールド・ミュージックという言葉がジャンル名であるかのようにして定着した結果、この言葉がほんらい持っていた世界の音楽文化を総称するという意味のほうはどこかに蒸発してしまったことだ。本の中でも書いたように、ぼくはロックもワールド・ミュージックのひとつと考えている。ロス・ロボスの『ザ・ネイバーフッド』などその好サンプルだと思うが、世間ではこの意見が通用しにくいのもたしかで、当面は自分の意見は意見として主張しつつ現状に添って対応していくしかないのかもしれない。しかし大事なのは名前よりも音楽であり、ワールド・ミュージック・ブームのおかげで多くの素晴らしい音楽と出会えたよろこびは、他のものにはかえられない。

音楽だけを取り出してこういうことを言うと、すかさず帝国主義者と批判されそうだ。たしかに、外国の埋もれた素晴らしい音楽と出会うために商業主義や消費生活を窓口にしなければならないというパラドックス、うたわれているさまざまな言葉、音楽の生まれた背景などなど……紹介にあたって留意しなければならないことはあまりにも多い。

6 thu.

渋谷パルコ劇場でフリッパーズ・ギターのコンサート。女の子ばかりのバンドがバックにつく。フリッパーズもバンドも下手だが、雰囲気はかわいい。ファンがむやみや

たらに立ったり騒いだりしないのもいい。二〇年以上前のフォーク・ソングやカレッジ・ポップスのコンサートを思い出す。

12 wed.

忘年会で東上野二丁目の焼肉屋へ。この一角は韓国料理や食料品店が立ち並び、路上に焼肉の香りたなびく非日常的な光景。料理も安くておいしい。年末進行の原稿の締切を気にしながら、濁り酒のマッカリでショウチュウの真露を割るという技を教わって、すいすい飲んでるうちに二日酔に。

17 mon.

新大久保のグローブ座で「ピアフの再来」といわれるパトリシア・カースのコンサート。「ピアフの再来」かどうかはともかく、細い体に似合わないたくましい声。「ふるぼけた人形」のはじめのところなど、男の人がうたっているのかと思ってしまった。「マドモアゼル・シャントゥ・ブルース」のように、ロック・リズムが強調されない歌はいいが、ブルースなどでのバック・バンドの中途半端にロック的な演奏は、彼女の歌にうまく合っているとは思えない。ロック風のサウンドを使った日本のポップスも、日本語がわからない人が見れば、こんなふうに感じるのではないだろうか。アンコールでアコースティック・ギターだけを伴奏にうたった歌などのほうがよほど印象的だった。

吹き替えという問題

ミュージカル映画では、昔から歌の吹き替えは珍しくなかった。映画『ウエスト・サイド物語』の

ナタリー・ウッドの歌をマーニ・ニクスンがうたっていたことは知っている人が多いだろう。『雨に唄えば』のように、女優と吹き替え歌手の関係が大きな役割を果たす名作もあった。

その『雨に唄えば』にも似て、最近、吹き替えをめぐる珍事件が発生した。デビュー・アルバムが別の歌手にうたわれたものであることがわかって、ミリ・バニリがグラミー賞の最優秀新人賞を取り消されたのだ。

これに対する世間の一般的な反応は、芸能界って洋の東西を問わずやらせが流行しやすいところなんだね、アハハ……のような不信と義憤のこもった納得、というところかもしれない。しかしこの事件は、モラルの欠如という面からだけでは片づかない問題をはらんでいる。というのは、この事件は音楽の成り立ちの構造的な変化に深くかかわるところで起こっているからだ。

現在のレコーディングでは、三二や四八に細分化されたテープレコーダーのトラックに演奏と歌を個別に録音して、それをミキシングしてひとつにすることが多い。これなら楽器ごとに何度でも演奏をやりなおせるし、失敗した部分をつぎはぎすることもできる。

つまり、カルーソーがロウ管に向かってオーケストラに負けじと大声を張り上げていた時代とはちがって、いまのレコーディングでは演奏や歌は必ずしも主役ではなく素材であり、その素材をコラージュしてはじめて音楽が完成するのだ。音楽の構造のこの転倒は、録音にマルチ・トラック・テープレコーダーが使われるようになった五〇年代以降、特にポップスの世界で著しく進んできた。

しかもいまやハウスやラップのようなダンス・ミュージックでは、演奏の大部分が人間の手を離れ、ドラム・マシンの匿名的なリズムに置き換えられている。過去のヒット曲からの数小節単位の演奏の

引用（サンプリング）もひんぱんに行われ、どこまでがそのミュージシャンのオリジナルの演奏なのかを判別するのはきわめて難しい。

この変化はライヴにも及び、最近はロパクでステージをつとめる人が増えている。これは歌唱力よりもアイドル性を重視したり、ライヴで激しいダンスを売り物にしたりする傾向があるからで、ニューヨークでは、テープを使うコンサートには、入場券にその旨の表示を義務づけようとする議論も出ているほどだ。

極端なことをいえば、ミリ・バニリのアルバムの場合は、歌をまるごとサンプリングしてしまったようなもの。たしかにモラルの問題はあるので、最初から自分たちはダンサーであって、ヴォーカルは別というふうにクレジットしておけばよかったのだ。あの程度に特徴の乏しい歌なら、誰がうたっていようが、誰も気にしなかったにちがいない、というところまで状況はきている。この事件でモラルだけをふりかざしても、いまの日本で女性は男性に従わなければならない、と説教するのに近いところがあるような気がする。

POPS DIARY

POPS DIARY——1991

5 sat.

今年の初仕事は御茶ノ水の山の上ホテルで筑摩書房の編集者を交えて、夕方から深夜まで細野晴臣にインタヴュー。取材の前に細野さんが少年時代によく遊んだという港区の自然教育園を訪れ、都心とは思えない閑静な林の中のカラスの大合唱におどろく。裏通りを歩いているときに上野耕路の運転する車とすれちがったのも、何かの偶然か。取材では、これまであまり活字化されていなかった事実が山のように出てくる。作品についての詳細な取材をくりかえし、夏ごろには本にまとめる予定（編集部注・91年秋、「THE ENDLESS TALKING」として刊行）。

10 thu.

渋谷公会堂でロバート・クレイのコンサート。公会堂に向かって駅の方から公園通りの坂道を上っていたら、高校生ぐらいの女の子たちがわあきゃあ声をあげながら同じ方向に駆けていく。ロバート・クレイって、こんなに人気があるんだっけと思ったら、公会堂の先のNHKホールで大江千里のコンサートが行われていた。同行のメンフィス・ホーンズが二人しか来ないのは淋しかったが、メンフィス・ソウルっぽい曲もたっぷりで、演奏は楽しかった。

カヴァー・アルバムの流行

ここ一、二年、都内の輸入盤店では、ロック・ミュージシャンによるカヴァー・アルバムをよく見かける。

エルヴィス・プレスリー、ローリング・ストーンズ、ジョン・レノン、ザ・バーズ、ニール・ヤング、レッド・ツェッペリンなど、おなじみのスターの曲をとりあげたものだけでなく、サーティーンス・フロア・エレベーターズのロッキー・エリクソンに捧げたものとか、少年ナイフという日本のグループの曲をカヴァーしたものとか、いったい何人が知ってるのだろうと心配したくなるほどマニアックなものもある。

エレクトラ・レーベル四〇周年記念の『ルバイヤート』もそうだし、ブレヒト＝ワイルの曲やディズニー映画の音楽、コール・ポーターのスタンダードをカヴァーしたものなども出ている。もともとロックはリズム&ブルースのコンセプチュアルなカヴァー・ヴァージョンだという説まであるくらいだから、これくらいのことで驚いている場合ではないのかもしれないが、それにしては黒人ミュージシャンをカヴァーしたアルバムが少ないのはどういうわけだという思いもある。

輸入盤店でもうひとつ、目につくのは、往年のスターのCDボックス・セットだ。ロバート・ジョンソン、ハンク・ウィリアムス、クインシー・ジョーンズ、デレク&ザ・ドミノス、ビー・ジーズ、ザ・バーズ、マーヴィン・ゲイ、ジミ・ヘンドリックス、ジョン・レノン、ロイ・オービソン、エル

トン・ジョン、レッド・ツェッペリン、ケイト・ブッシュ……などなど、何枚組ものCDセットがにぎにぎしく棚を飾っている。

いずれも、未発表曲が入っていたり、デジタル・リミックスしてあったり、手のこんだ豪華ブックレットがついていたりして、ファン心理をくすぐる釣り餌に事欠かない。値段もけっこうなものだが、こうしたボックス・セットは、ふところが豊かになって、CDでもう一度、なつかしのあの音楽を聞いてみたいという中年のファンを狙って作られているのだろう。

カヴァー・アルバムやボックス・セットの流行を、ロックの成熟のあらわれと見るか、老化と停滞のきざしと見るか、人によって意見は異なるかもしれない。しかし少なくとも、六〇年代から七〇年代にかけて確立したロックのスタイルがひとつのサイクルを終え、みずからの尻尾を呑みはじめたことはたしかだ。棚に並ぶ商品の表情のけだるさが、それを問わず語りに語っている。

最近、ぼくは輸入盤店に行っても、ロックのコーナーをそそくさと切り上げて、ワールド・ミュージックのコーナーで時間をつぶすことが増えた。そして、そのコーナーのベストセラーであるユッスー・ンドゥールの『セット』、トーマス・マプフーモの『コラプション』といった素晴らしいアルバムが、広くロックのファンにも聴かれる日がくることを信じているのだが、世間の風はまだ少し冷たい。

13 sun.

渋谷シアター・コクーンで小川美潮とキリング・タイムのコンサート。昨年映画『つぐみ』の主題歌「おかしな午後」をうたって久し振りにレコーディング活動に戻った

トーマス・マプフーモ『コラプション』

小川美潮のステージはのびのびとして気持ちがいい。技巧をこらした曲よりも、「デンキ」のような簡潔な曲のほうに魅力を感じたのは、ぼくが単純な人間だから？　歌を聞きながら、由紀さおり、太田裕美、矢野顕子、小川美潮、遊佐美森、さねよしいさことといった女性歌手の音楽的相関関係を頭の中で整理しようとしてこんがらがる。

14 mon.
京橋のシネセゾン試写室でブルキナファソのイドリッサ・ウエドラオゴ監督の映画『掟』を見る。構成のとてもしっかりした神話的な映画。昨年のカンヌ映画祭グランプリ作品。音楽はアブドゥーラ・イブラヒム。雑誌『翻訳の世界』2月号アンケートで、昨年サアーダット・ハサン・マントーの短編集『グルムク・スィングの遺言』が出版されていたことを知る。この本は市販されず、公共図書館に寄贈されているだけだから気がつかなかった。非常におもしろい本なので、機会があれば、ぜひご一読を。

18 fri.
東芝EMIの打ち合わせで洋楽のスタッフや、中川五郎さん、大伴良則さんと会う。昨日はじまった湾岸戦争のニュースと新人のヴィデオを交互に見ながら、海外出張が中止になったと中川さん。東芝EMIも、出張や海外録音を見合わせる方針だそう。

21 mon.
毎日のように海外出張中止の話を聞く。三日前の打ち合わせでカセットを借りてきた3月発売予定のロクセットの新作アルバム『ジョイライド』も、湾岸戦争でワールド・ツアーやプロモーションに支障をきたすおそれがあるからという理由で、しばらく発売を見合わせるとの連絡。

25 fri.

赤坂一新で『レコード・コレクターズ』のヴァン・モリスン特集のためにピーター・バラカンさんにインタヴュー。朝までヴァン・モリスンのアルバムをまとめて聞いていたので、頭がもうろうとしてアルバムの区別もつかないような状態だったが、日本で聞いているだけではわかりにくい話をたくさん教わった。家に帰って猫のように眠る。

31 thu.

東京ドームでアメリカのアイドル、ニュー・キッズ・オン・ザ・ブロックのコンサート。ファンは洋楽のコンサートにあまり来ない女子高校生や中学生が多そう。会場で起こることは何一つ見逃すまいと、外国人客が通るたびに大きく喚声をあげたり、どよめいたりして、開演前から異常な興奮状態。ま、そんな席で本なんか広げて読んでるぼくなどのほうがずっと異常かもしれないが……。コンサートの間、隣の席の元気のいい女の子が踊ってふりまわす腕に何度もこづかれる。楽屋口殺到のパニック防止のためか、終了後のアナウンスは、いまだかつて聞いたことがないものだった。「メンバーはすでにこの会場を後にしています。会場の外では、友だちのいいかげんなウワサにまどわされないようにして下さい」

1991 FEBRUAY

11 mon.

暖かい。近所の本屋で目加田誠の『詩経』、陳舜臣の『天竺への道』、『章炳麟集』などの文庫本を購入。結城昌治の『炎の終り』を読む。夜中に軽い地震。にわか雨が降

って雷鳴。

12 tue.

麻布のオフィス・インテンツィオで『ア・デイ・イン・ザ・ネクスト・ライフ』という充実したアルバムを製作した高橋幸宏の取材。ミサイルや戦車の出てくる歌が入っていて、湾岸戦争のおり、聴いてどきりとするアルバム。しかしそれは偶然で、作品は昨年の7月ごろにはすでにできていたそう。結城昌治の『暗い落日』を読む。

A DAY IN THE NEXT LIFE

高橋幸宏のアルバム『A DAY IN THE NEXT LIFE』のタイトルはビートルズの「ア・デイ・イン・ザ・ライフ」をもとにしている。

ジョン・レノンがうたう「ア・デイ・イン・ザ・ライフ」の一行目は、今日ぼくはニュースを読んだ、というもので、そのニュースは新聞のニュースだった。高橋幸宏のアルバムにもそのイメージを引き継いで、歌の主人公がニュースに目を止める歌がある。ただし主人公が見るのは新聞ではなく、テレビのニュースだ。

その歌「EVERYDAY LIFE」の主人公は、深夜にひとり部屋で恋人が来るのを待っている。彼は恋人の心がすでに自分のもとにないことに気づいている。たぶん彼女は来ないだろうと思っている。しかしあきらめきれずに彼は待っている。やがて彼は空腹を感じてハムエッグを作りはじめる。卵が焼ける間、つけっぱなしのテレビの画面が目に入る。ちょうどニュース・ショーの時間らしい。画面

に静かにミサイルが映し出される。それがどんなミサイルなのか、歌の中では何も語られない。何も語られないことでかえって想像力が刺激される。「普通」の生活にも世界中の出来事の影響が勝手にしのびこんでくるいまの「日常」の気分を強く感じさせる歌だ。

　この歌にかぎらずテレビのニュースに関わりのある歌に最近よく出会う。きっかけは、昨年の井上陽水の「最後のニュース」あたりだろうか。この曲は、テレビの深夜ニュース・ショウのクロージング・テーマに作られたもの。歌の中ではさまざまな出来事とその行方への疑問を列挙したあとに、おやすみとさよならのあいさつがくりかえされる。ただそれだけの歌だが、番組の終りで流れると、いま見たニュースがフラッシュバックしてくるような印象を受ける。

　この歌のおもしろさは、聞き手がどんなふうにでも想像力を羽ばたかせられるところだろう。さまざまな出来事のあとでくりかえされるおやすみのあいさつを聞いていると、不幸なニュースでさえ「ショウ」として楽しんで眠りにつこうとしている自分の感覚が問われているような気さえしてくる。陽水にたずねると、彼はそんなことを意図して作ったわけではないと否定していたが……。

　ユーミンの「ミス・ブロードキャスト」もそんな歌のひとつ。この歌のヒロインは、テレビのニュース・ショウのスタッフだ。世界中から二十四時間体制で飛び込んでくるニュースに追われて、彼女はファッションや化粧にゆっくり時間をかけている暇もない。ユーミンの歌にはめずらしくロマンスもおあずけだ。クリスマスやバレンタイン・デイを寄り添って過ごす相手もいないかもしれない。でも緊迫感あふれるスタジオで、世界史の現場を目撃しているという気持ちが彼女を生き生きとさせる。働く女性の歌はたくさんあるが、テレビのニュース・ショウの現場にいる女性の歌はこれがはじめて

だろう。

ただしこの歌の焦点は、あくまでもヒロインの気持ちにある。皮肉な見方をすれば「世界が消滅する」ほどの緊張も、ヒロインにとっては自分を充実させるスパイスのひとつでしかないのかもしれないという意味でこれは究極のナルシシズムについての歌でもあるような気がする。

18 mon.

ヘラルド・エースでユーゴのエミール・クストリッツァの『ジプシーのとき』の試写。

試写会場でばったり会った松村洋さんと一緒に渋谷に出て、讃岐うどんを食べてから、オン・エアでディック・リーのライヴ。昨年とはコーラス陣ががらっと変わって、バンドにもインド系のパカッション奏者が加わった編成。ディックのアルバムに参加していた香港の人気歌手サンディ・ラムが、一曲だけゲストでうたう。

オン・エアは円山町のラヴ・ホテル街の真ん中に今月オープンした約千人収容のライヴ・スペース。夜中の人通りを多くすることでラヴ・ホテルへの客足を遠のかせ、この街一帯を改造しようという遠大な計画があるのだとか。昨年末には不動産関係者が経営していた有明のエムザと汐留のサイカが不動産不況のあおりであえなくつぶれたが、いずれにせよ東京ではライヴ・スペースと不動産投資は切り離せない関係にあるということか。

『ジプシーのとき』

フラメンコとジプシー・キングスとジプシーに関する一冊の本を読んだ程度の知識しかないぼくの日常生活では、ジプシーといってもロマンティシズムをかきたててくれる遥か遠くの人々でしかない。その本にしても友人から借りたもので、十年以上前に借りたまま返してないというあたりがわずかにジプシーに連帯の意を表わしたつもり、などと思うのは現代のジプシーに対する偏見をいたずらに助長するだけだから戒めるようにとその本には書いてあった。ただし、フィクションであるとはいえ、この映画のジプシーたちが、そのようないけない行為にまったく及ばないというわけではない。

『パパは出張中!』で知られるエミール・クストリッツァ監督が『ジプシーのとき』で描くのは、ユーゴスラヴィアに定住しているジプシーたちの生活だ。彼らは一旗上げようと思ったら、隣国イタリアに出稼ぎに行かなければならない。石灰石を焼いて貧しいながらも幸せな日々を送っていた主人公の青年ペルハンも、札ビラを切るくわせ者のボスに誘われてイタリアに向かう。しかしイタリアで待っていたのは、もちろん牧歌的な生活などではなかった。高速道路下のバスの廃車を寝床にきびしい生活がはじまる。クストリッツァ監督は、この悲劇を手堅い映像の積み重ねで描いていく。

主にジプシーたちを使った登場人物たちの顔がいい。顔を見ているだけでも飽きない。川にいかだを流して火をたくジプシーの聖ジョルジュ祭の場面は夢幻のようだし（ここで流れる曲も女性歌手の歌声も素晴らしい）、ペルハンの恋人の乳房はたわわだし、彼が超能力でスプーンを踊らせるかわいい場

エミール・クストリッツァ『ジプシーのとき』(川喜田映画記念文化財団提供)

面もある。個人的に印象が強かったのは、隣人たちの奏でる音楽に送られてペルハン兄妹が車で町を出る場面だ。この映画はある意味ではペルハンの成長物語だが、彼の少年時代の終わりと祖母の家というユートピアからの追放を、監督は映像と音楽だけでみごとに描いている。

民族問題で国が分裂するかどうかの瀬戸際にあるユーゴスラヴィア。いまやジプシーどころではないという状態かもしれないが、二年前に作られたこの映画では、ユーゴの人々とジプシーの関わりなど、ややこしくなりそうな問題は注意深く避けられている。

20 wed.

キャピトル東急でサンディ・ラム（林憶蓮）の取材。香港の人の漢字の名前と英語名の関係のなさについて教わる。マイク・リフリーの『名ばかりの天使』（ハヤカワ・ミステリ文庫）を読む。ロンドンを舞台にしたこの軽口のミステリは、主人公がジャズ・トランペッター。ダイア・ストレイツ、スティング、アン・レノックス、フランキー・ゴーズ・トゥ・ハリウッド、ジェリー・ラファティ、ジェネシスなどミュージシャンの名前や、音楽にゆかりのある街の話題がごっそり出てくる。

チャイニーズ・オリエンタル・ソウル／サンディ・ラム・インタヴュー

シンガポールやジャカルタや香港の音楽が、マニアの愛玩物ではなく、同時代のポップスであることを告げたのがディック・リーだったとすれば、日本デビューした香港の人気歌手サンディ・ラムの

『フェイス・アンド・プレイス』は、その傾向をますます加速するアルバムかもしれない。

サンデイ・ラムは、これまで、日本でまったく知られていなかったわけではない。音楽祭などの来日経験もあるし、ディック・リーの『エイジア・メイジア』の「ラヴァーズ・ティアーズ」もうたっている。輸入盤専門店では、香港盤のアルバムがここ数年隠れたベストセラーだった。

『フェイス・アンド・プレイス』の約半分は、ベビーフェイスらの洋楽メロディに広東語の歌詞をつけたもの。残り半分がディック・リーなどによる書き下ろしだ。ニュー・ジャック・スイング風からグラウンド・ビートまでいろいろあるのは、日本の女性ポップスにかぎりなく近い感覚だが、決定的にちがうのは、香港映画などでもおなじみの、キュートでリズミカルな広東語の歌声だろう。

サンディ どの中国方言でうたうのも好きですよ。カントニーズ（広東語）が自分のひびきという感じだけど、マンダリン（北京語）の歌もチャレンジしがいがある。マンダリンのほうがよりメロディックですね。

家族が上海出身なので、彼女は子供のころから広東、上海、北京の言葉をしゃべり、学校では英語も身につけた。イタリア語も少しできる。子供のころはテレサ・テンの歌を、少女時代はカーペンターズ、ロバータ・フラック、バーブラ・ストライサンドなどの洋楽を聞いてきた。彼女の音楽に感じられるスケールの大きい開放感は、そんな育ちにもよるのだろう。

デビューは、一九八五年。ラジオのDJをやっていたときに、スカウトされて松田聖子の「天使の

ウィンク」をカヴァーしたのが最初だった。

サンディ　当時は日本ブームで、会社がCBSということもありました。でも本気で歌手になろうと思ったのは、セカンド・アルバムを出してから（笑）。香港のアイドルは契約して、ヒット曲が出て、ライヴをやることになってから、あわてて歌のレッスンをはじめるといわれるんですよ（笑）。

しかしそこで眠れる才能が目覚め、アルバムを重ねるごとに彼女はアーティストとして脱皮していく。WEAに移籍して『フェイス・アンド・プレイス』で完結した「シティ・プロジェクト」三部作では、彼女自身プロデュースにも参加。香港に暮らす若い女性の新しい像を描いて評価を得た。

サンディ　最近の香港の若い女性は、自立志向が強いですね。だからお金よりも理解のある男性、気遣ってくれる男性のほうが人気があります（笑）。わたしのアルバムの主人公は、キャリア・ウーマン。働いている女性は、自分を守るために強がってるところがあるでしょ。でもタフなだけじゃなくて、女性らしさも失っていない。そんなバランス感覚のある女性の物語なんです。わたしですか？　うーん。わたし自身はアルバムの主人公よりもっとエモーショナルかもしれない（笑）。

ディック・リーがプレゼントした曲「パラダイス・イン・マイ・ハート」には、中国琴や胡弓など、伝統的な楽器も使われている。

サンディ・ラム『フェイス・アンド・プレイス』

サンディ　ディックは、アイデンティティを音楽を通して表現するのがうまいですね。わたしも、父が伝統的な音楽の演奏家だったので、胡弓のひびきはなじみ深いんです。これからも伝統的な楽器は使うつもりですが、それ以前に声自体にオリエンタル・フレイバーがあるわけだし、ルーツは自然に出てくるものだと思うんです。ワールド・ミュージックにも興味がありますけど、そこにカテゴライズはされたくない。R&Bやジャズを誰もワールド・ミュージックとは呼ばないけど、黒人の伝統が生きてるでしょう。わたしがやってる音楽もそういうものだと思います。香港スタイルのポップ・ミュージック。あるいはチャイニーズ・オリエンタル・ソウルとでもいえばいいのかしら。

伝統の問題とからんで、香港の人たちがこれから直面しなければならないのは、一九九七年に迫った中国への返還だろう。それについてどう思うかと質問したとき、彼女はきっぱりとこう言った。

サンディ　心配している人が多いですね。わたしも心配だけど、同時にポジティブにも考えてるんです。わたしは香港が好きだし、発展しつつある香港の音楽シーンも好きだし、自分はその一部だと思ってる。それを捨てて外国に行くのは悲しい。香港を去る人は、収入とか治安のことを、短い目で見てるからでしょうね。でもわたしは一九九七年の先を見たい。どんな社会も音楽が必要でしょ。わたしたちみんなが出ていったら、誰が香港の人のために残るの、って思うの。

23 sat.

池袋スタジオ200でウィチット・クナーウットの『東北タイの子』と、ユッタナー・ムクダーサニットの『バー21の天使』の二本のタイ映画。タイ北東部イーサン地方を舞台にした前者は映像も音楽も素晴らしい。会場もほぼ満員の盛況。ゲイのマスターが経営する社会派ミュージカルの後者は、意欲と映像のギャップが大きく、途中で出ようと思ったが、真ん中の出にくい席にすわったため、最後まで見るはめに。

26 tue.

近所の図書館で笹倉明の『遠い国からの殺人者』、佐々木譲の『エトロフ発緊急電』を借りる。夕方渋谷に出て、旭屋で藤井省三の『中国文学この百年』、劉抗の『チョプスイ』などを購入。『チョプスイ』は第二次世界大戦中に日本軍がマレーやシンガポールで行なった拷問・虐殺などを描いた絵本。そういえば一九六一年のマレーシアの喜劇映画『アリババ』では、四〇人の盗賊団がキオツケ、ヤスメなどの日本語で号令をかけるところがあったことや、その一人が桃太郎という日本人で、休日には腰に軍刀をつるした軍服姿になることなどを思い出す。オン・エアで、りんけんバンドのライヴ。矢作俊彦の『スズキさんの休息と遍歴』を読む。

28 thu.

南風が強く、午後から曇ってきて、昨日までとうってかわって暖かくなる。電話で新星堂の菊地愛敬さんに香港のプリシラ・チャン（陳慧嫻）の国内盤発売のいきさつを聞く。夕刊の第一面にイラクが一方的に押しまくられていた湾岸戦争終結の大見出しに目を走らせて都心へ。有楽町マリオンの談話室で『朝日ジャーナル』コラムの打ち合わせ。その後銀座SOMIDOホールでハンク・ロバーツ＆バーズ・オブ・プレイのライヴを途中まで。明け方雨が降りはじめる。

「悪魔」とか「独裁者」という言葉は長い間ヘヴィ・メタル・グループが一手に独占して使うことになっているものだとばかり思っていたら、最近あちらこちらでこの言葉を見かける。

まず一九九〇年のイラクのクウェート侵略以後、アメリカの政府関係者やマスコミがこぞって使いはじめた。しかも今年の一月に湾岸戦争がはじまってからは、使用頻度に加速度がついてきた。使っている人たちがウケねらいなのはヘヴィ・メタルの場合と同じだが、ヘヴィ・メタルのミュージシャンとちがって、目が少しも笑っていないのがこわい。

二匹の象が争うと迷惑するのは草だという。湾岸戦争ではまさにそのとおりのことが起こっている。この号が出るころ戦争のゆくえがどうなっているのかわからないが、湾岸戦争に関していえば、アラブのことはアラブにまかせよ、というのがぼくの基本的な考え方だ。

もうひとつ『ローリング・ストーン』誌のバック・ナンバー（90年の5月31日号）を読んでいたら、思いがけないところで「悪魔」という言葉がざっくざく出てきた。けっこう笑えるので紹介したい。ブルース・スプリングスティーンの『ボーン・イン・ザ・USA』の「ダンシング・イン・ザ・ダーク」の「ユー・キャント・スタート・ア・ファイア・ウィズアウト・ア・スパーク」という歌詞を逆回転して聞けば「ロード・サタン」つまり「悪魔閣下」に聞こえるというのだ。

こんなことをいっているのは、ミズーリ・プロジェクト・ロックという団体の音楽リサーチ部門デ

ィレクターのシェーン・ウェストヘルター師。この団体は、少年少女に「有害」な歌の入ったレコードにはラベルを貼って未成年が勝手に買えないようにしようという運動を進めている。

U2やスティーヴィー・ワンダーが歌にしている黒人公民権運動の指導者マーティン・ルーサー・キングは、実はマーティン・ルシファー（悪魔）・キングだという「研究」をしたりしているウェストヘルター師は、このほかにもエルヴィス・プレスリーの「ハートブレイク・ホテル」を逆回転すると（逆回転の好きな人だ）「わたしは悪魔に仕える」と聞こえる部分があるとも主張している。

また、「有害」なレコードを燃やす運動を全米各地でくりひろげている某団体は、その理論書『ホワイ・ノック・ロック？』（なぜロックをやっつけるのか）の中で「ロック・ミュージックは悪魔の巨大な計画の一部であることがわかった」と述べている（どこが理論書だ）。

一九五〇年代の朝鮮戦争直後にアメリカでは狂信的な赤狩り運動が起こり、リベラルな人々が「悪魔」と呼ばれて弾圧された。その一九五〇年代に登場したエルヴィス・プレスリーが、ステージでセクシーに腰を振ったために、「悪魔」呼ばわりされたことは知っている人も多いだろう。

最近CD全集の出たロバート・ジョンソンは、ローリング・ストーンズや、エリック・クラプトンらの世代のロック・ミュージシャンに大きな影響を与えた戦前の天才的なブルースマンだが、今朝早く悪魔がおれの扉をノックしたと不吉な口調でうたっていた彼は、いま草葉の陰でどんなことを思っているのだろうか。

5 tue.

渋谷クアトロでブレイヴ・コンボのライヴ。各種ポルカから日本語の「青い山脈」まで快適なテンポに、昨年青山のCAYで見たときよりずっと楽しめた。香港で発売されているプリシラ・チャンの堂々とした引退コンサートのヴィデオを見て、日本のアイドルのコンサートよりはるかに完成度が高いことに気づく。なるほど香港のポップスが売れるわけだ。

悪魔のノックII

アメリカでは一九八〇年代の中頃からPMRC（ペアレンツ・ミュージック・リソース・センター）がロックの歌詞やヴィデオの規制を要求する運動を続けてきた。

PMRCは六年前に上院議員アルバート・ゴア夫人ティッパー・ゴア、ベイカー財務長官夫人スーザン・ベイカーらの提唱で生まれた団体。「性、暴力、ドラッグ」などをめぐって未成年者に「有害」な表現のあるロックのアルバムは、親が買い与えるときの参考になるよう、歌詞をジャケットに印刷し、PG（親の指導が望ましい）というラベルを貼らせる運動をはじめた。

上院の委員会で「いかがわしいロック」についての公聴会を開くことに成功したPMRCは、以後、要求をエスカレートさせ、ジャケットやヴィデオやコンサートの内容も「子供たちのいたいけな心が

汚染されないよう」に規制すべきだと主張、未成年者を「いかがわしいロックの害毒」から「安全に隔離」できる法律の制定運動に乗り出した。

その呼び掛けが功を奏したのか、「有害」な歌を含むアルバムは、未成年者が買えなくなるラベルの貼付を義務づけ、違反した業者には懲役や罰金を科す、という法案の審議に入る州が増えてきた。そして昨年六月フロリダでラップ・グループ、2・ライヴ・クルーのアルバム『アズ・ナスティ・アズ・ゼイ・ウォナ・ビー』がわいせつ罪の判決を受けた。アルバムがこのような判決を受けたのは史上はじめてのことだ。判決の直後、フロリダ州内でそのアルバムを売ったレコード店主とそのアルバムの曲をライヴでやった2・ライヴ・クルーのメンバーが逮捕される事件も起きた。

こうした保守派の攻勢に対して、売り上げに影響が及ばないよう気をもむことに忙しいレコード業界は、とりあえず自主的にラベルを貼ることで圧力をかわそうとしてきた。しかしルイジアナ州が先頭を切ってラベリング法案を可決すると、全米レコード協会もようやく重い腰を上げ、法案が表現の自由を侵すと提訴に踏み切った。それが昨年の七月。

2・ライヴ・クルーのルーク・スカイウォーカーはすかさず、ブルース・スプリングスティーンの『ボーン・イン・ザ・USA』を借りて『バンド・イン・ザ・USA』(アメリカで禁止)というラップ・アルバムを発表して応戦。一〇月にメンバーは無罪判決を受けた。しかし、レコード店主は懲役一年、罰金千ドルという実刑判決を受け、一二月に投獄されている(控訴中とも報道されている)。

最近は、性表現に対する攻撃が、音楽だけでなく、映画や美術にも及んでいる。これは東欧の社会主義諸国の変化が進むにつれて、仮想敵を失った保守派が国内の文化を標的にしはじめたからだとの

声もある。そういえば「悪の帝国」ソ連にかわってフセインが新しい「悪魔」に仕立て上げられはじめたのも、ほぼ同時期。一九五〇年代のマッカーシーのヒステリックな赤狩り旋風は、朝鮮戦争の直後にはじまったのだった。

12 tue.

渋谷クアトロでフランスから来たTSFのライヴを途中から。おしゃれなジャズ・コーラス・グループとして紹介されているが、一曲ずつ小劇場のコミカルなお芝居を見ているような演出が凝らされていて楽しい。夜、シャッフル・レーベルから出たアリヨズ・シャッフルのCD『シャッフル』を聴く。ホトケやシカゴから来た女性歌手ヴァレリー・ウェリントンをゲストにフィーチャーしたアルバムで、日本のブルース・バンドの演奏がいまや半端じゃない水準にあることがよくわかる。

22 fri.

四谷駅前の主婦会館で行なわれた伊達政保の『ドゥ・ザ・レフト・シング』（批評社）出版記念会に顔を出し、会場で『BAD NEWS』編集長の藤田正さんから河内家菊水丸の『新聞詠み河内音頭　バッド・ニュース〜アントニオ猪木一代記』のCDのチラシを渡される。このCDには、タイトル曲の他、昨年12月のバグダッドの平和の祭典のライヴなども含まれていて、ホテルの部屋で盗聴を気にしながらひとりで吹き込んだという「イラク侵攻ドキュメント」のようなあやしげな口演もそれなりに笑える。チラシ裏の猪木のサイン『菊水丸さんへ　勇気を持って平和へ進め』の文字がまぶしい。家に帰ってから本をぱらぱらと見ていたら、イントロダクションの文章で、細野晴臣の評価をめぐってぼくもしっかり批判されていた。あいたたたーっと。現在ぼくが制作に加

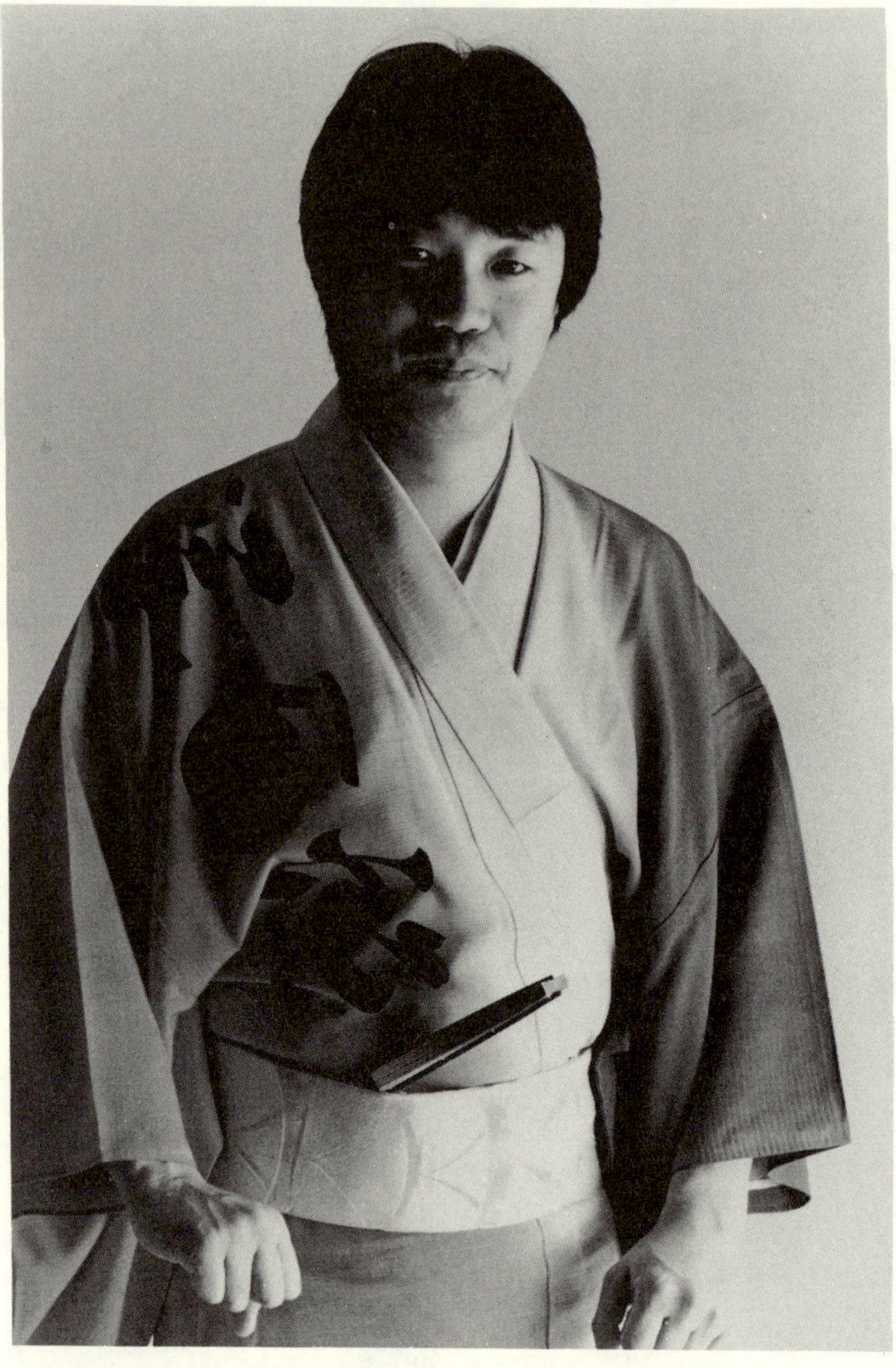

河内家菊水丸（ポニーキャニオン提供）

わっている細野晴臣のインタヴュー本には、伊達さんにもきっと興味深い部分があると思うので、機会があったら読んでくださいね。

26 tue.

東京ドームでM・C・ハマーのコンサート。バンドも入れて総勢約三〇名でラップに合わせてダンス。振り付けをひとつにまとめず、ダンサーそれぞれの多様な動きが全体としてダイナミズムを生み出すような演出が、マイケル・ジャクソンやジャネット・ジャクソンのポップなショーとのちがいか。デジタル・アンダーグラウンドのライヴでも感じたことだが、サンフランシスコ・ベイ・エリアから登場する人たちは、黒人白人を問わず、ロサンゼルスの人にくらべるとワイルドな雰囲気を持っているような気がする。それにしても、いやまあ、よく動くこと動くこと。

27 wed.

池袋のパモス青芸で知名定男、徳原清文、宮里康子のライヴ。三線と島太鼓だけの演奏とウチナーグチの歌だが、微妙なうねりのある響きに心地よく酔う。かつてキャニオンから発売されていた「バイバイ沖縄」の三線ヴァージョンまでサービスで飛び出した。知名定男の民謡のアルバムと、彼がプロデュースした女性グループ、ネーネーズのポップ色あるアルバムは、ディスク・アカバナーから発売されたばかり。どちらも素晴らしいので沖縄音楽のファンはお見逃しなく。

29 fri.

郵便物の山の中から鈴木博文の『九番目の夢』(新宿書房)を発見して読む。彼が音楽や映画について書いた文章をまとめたもの。どの文章もひとつひとつ折目正しくていねいに書かれている。読んでいるうちに、さて最近の自分の文章はどうかと落ち着かなくなってきたので、布団をかぶって眠る。

6 sat.

渋谷オン・エアで日本のラップのイヴェント「ホーム・ベース」。ソールド・アウトらしく、入口付近には、余り券ありませんかの黄色い声が飛び交っている。ダフ屋もまだこの方面の音楽までは詳しくチェックしていないようだ。高木完、ECD、SPDなどのパフォーマンスに、伸び盛りのタケノコのようなイキのよさを感じる。高木完が「ヒップ、ヒップ、フォーク」で言うように、ラップには六〇年代フォークの継承者という一部分もあるようだ。

9 tue.

赤坂東急ホテルのコーヒー・ハウスでレゲエDJ、ランキン・タクシーの取材。リズムやステージのサウンド・システムのちがいなどはあるが、自分のやっていることとラップには共通点があると思っているとのこと。彼のメジャー・デビュー・アルバム『ワイルドで行くぞ』のジャケットのイラストは、甲州街道の仙川付近を実際に描いたものと教わる。ぼくの家に近いからそのうち行ってみよう。

10 wed.

青山のEPIC・ソニーで『フルーツ・オブ・ザ・リズム』でメジャー・デビューした日本のラッパーの草分け、高木完の取材。彼の口からも、ラップとレゲエDJに共通点があるという認識を確認できた。彼自身はレゲエではラップしないが、やはり日本語がレゲエにノリやすいことに注目しているとのこと。

11 thu.
渋谷クアトロでサンディーのライヴ。サンセッツをバックに、黒人ラッパー二人を配したディスコ風のワイルドなパフォーマンス。未整理ながらも混沌としたパワーにあふれる演奏。その後新宿パワーステーションでムーンライダースのライヴ。休業前のコンサートを見てないので、彼らのステージに接するのは七、八年ぶり。メンバーがみんなオジサンになったのに驚く。ぼくもそれだけ歳をとったわけだから他人事ではない。「犬の帰宅」（だったと思うけど）の最後の轟音のような演奏に共感。

16 tue.
芝浦インクスティック・スズエ・ファクトリーで喜納昌吉&チャンプルーズのライヴ。駅の出口をまちがえて、東芝本社の方の出口に出たら、仕事を終えて家路に向かうおびただしいサラリーマンの群れに遭遇して、異邦人になったような錯覚に。「花」など何曲かで白人のバイオリン奏者が参加。会場のPAが悪く、ヴォーカルがあまりよく聞こえない。喜納昌吉も声が荒れていた。後半は奄美の民謡を含めて次のアルバムの収録予定曲をたくさんやったが、この夜聞いたかぎりでは、前作以上にエキサイティングな演奏の曲も何曲か入りそうだ。

20 sat.
川崎クラブ・チッタで「レニングラード＝東京コンサート」。ソ連から来たボイコットとルスキーエのメンバーに話を聞く。ボイコットのメンバーの話を聞いているうちに、ルスキーエの演奏が終わるという大チョンボをやらかす。ルスキーエのメンバーに演奏どうだったとたずねられて返答に困り「いいですね」とごまかす。こんなことで日ソ交流の前途はどうなるのであろうか。深く反省する。

政治・経済面の日ソ交流が牛歩・亀歩で進んでいるとすれば、ポピュラー音楽の世界でも蝸牛歩という感じながら、日ソ交流がはじまっている。特に最近はミュージシャンの来日が徐々に増えつつある。

といっても、昨年末の紅白歌合戦に出演したアレクサンドル・グラツキーのような人のことではない。四月に単独公演も行った彼は、ロック歌手というより、むしろロックもできる五十嵐喜芳か佐藤しのぶみたいな存在。

四月二〇日には、ゴルバチョフの来日を記念して、川崎のクラブ・チッタで「レニングラード＝東京」と題するライヴがあった。出演したのは日本からマーキームーンなど若手のバンド三組に、レニングラードからルスキーエとボイコットの二組。集まった聴衆こそ少なかったが、ソ連のバンドがはじめて欧米の普通のバンドと同じようなスタンスでステージに立ったことに注目したい。

ソ連のロックの開国元年は一九八九年だった。この年モスクワでボン・ジョヴィをはじめ英米独ソのバンドが競演するフェスティバルが開かれ、欧米の大手レコード会社経由でボリス・プレベンシコフやゴーリキー・パークのアルバムが発売された。しかしこれはいわば上からの交流。ソ連のロックが今後さらに日本で受け入れられるかどうかは、むしろ今回のような活動の持続にかかっているといえるだろう。

おおげさなハード・ロックやプログレが多く、サウンドの「遅れて」いたかつてのソ連のロックだが、様変わりは激しい。レニングラードのロックの編集盤（二年前の『ソビエト・ロック情報公開』と、夏に発売予定の『レニングラード＝東京』）を聴きくらべると、演奏の多様化が進み、テクノロジーも欧米のロックに急接近している。

ソ連についてのニュースが伝えるのは民族紛争や行列の長さばかり。日常生活の実感は、外からはなかなかわからない。しかし音楽の手ざわりから推測するかぎり、都市部ではかなり急速な変化が起こっているようだ。ルスキーエがソ連各地で年間三〇〇回もライヴをこなしているというようなものすごい事実も、彼らに会ってはじめてわかった（そんな彼らに、ぼくは、あなたがたはバンドで食えてるんですか、というようなまぬけな質問をしたのだった。ちなみに、日本のバンドでは最高でも年間二〇〇回ぐらい）。

洋書で出回っていたアルテーミー・トロイツキーのソ連のロック案内『バック・イン・ザ・USSR』も『ゴルバチョフはロックが好き？』（菅野彰子訳、晶文社）というタイトルで翻訳された。四年前に出版された本なので最新情報はないが、ソ連のロックや若者文化の歩みを知る基礎資料としては必須の文献。

21 sun.

ハバナエキゾチカのライヴにするかどうかと迷った末、渋谷オン・エアでユッスー・ンドゥールのライヴ。昨年とはアレンジが少し変わってロックぽいのが増えたが、演奏は相変わらずめちゃくちゃうまい。ロックぽいといっても、ニューオーリンズR&Bに通じるよう

なアレンジの「シェイキング・ザ・トゥリー」など前回よりずっとよかった。「シネバル」「トキシーク」など『セット』からの何曲かの演奏はほとんど神業の域。

23 tue.

朝、東京プリンスホテルでソニック・ユースの取材。とてもおとなしいまじめそうな人たちだった。夜、中野サンプラザでユッスー・ンドゥールのライヴ。会場のちがいを敏感にとらえて21日よりも全体にクールな進行。演奏の細部は21日とかなり変えていたところもあるが、神業に変わりはない。

24 wed.

渋谷公会堂でソニック・ユースのコンサート。前日のインタヴューの席での穏やかさがうそのように、メンバーが床に寝っ転がってガッシガシのギターを弾くのを見て、言葉を失う。深夜ハッピー・マンデーズのドキュメント風ヴィデオ『コール・ザ・コップス』。画面が落ち着きなく変わるので、目も頭もボーッとしてくる。

1991 MAY

4 sat.

ディスク・アカバナーの大須賀猛さんに紹介され渋谷ヒルポート・ホテルで沖縄から来た知名定男の取材。島唄を蘇生させようという情熱の塊のような話し方が印象に残る。「三線を弾く人は増えたが、お金のある下手が育つだけで、島唄はかえって危機に瀕している」「昔は、中国の床の間には書物があり、日本の床の間には刀剣があり、琉球の床の間には三線がある

と言われたものだが、新しい家には三線を置く床の間もないからなあ」といった話から、沖縄の民謡界の世話役のような立場にいる彼のジレンマが伝わってくる。一三年前に出した『赤花』も、最近プロデュースしたネーネーズのポップなアルバムも、彼の中では島唄の延長線上にあるとのこと。ネーネーズの『IKAWU』や彼の『島うた』で聞ける琴は、父定繁が考案して民謡に導入したものだそうだが、豊かな共鳴音がなんとも魅力的。

5 sun.

新宿の東長寺でインドネシアから来たヘティ・クース・エンダンのライヴ。客席に留学生など言葉がわかる人が多いせいか、くだけた雰囲気の中、CDで聞く以上に魅力的な歌を聞かせ、したたかなエンターテイナーぶりを発揮。一時間たらずだったが、「ブンガワン・ソロ」などに悶絶。思い切りぜいたくをさせてもらった感じ。帰りに伊達政保さん、松村洋さんとラーメンなど食べる。

7 tue.

表参道のミスター・ドーナツでシンコー・ミュージックの小野良造さんと待ち合わせたら、休店でもないのに小野さんが店の前に立っている。客が若い女の子ばかりなので足がすくんで店に入れなかったとのこと。単行本『ロックが聴こえる本105』の校正ゲラを渡す。小説に出てくる音楽のコラムをまとめたもので、楽しく読んでいただける本になった……つもり。その後、CAYでネーネーズと知名定男のライヴ。沖縄ブームも手伝ってか、客席は異様なほどの熱気。スピリチャル・ユニティをバックにしたネーネーズのコーラスは強力だし、知名の三線と歌も渋い。「これからホンモノの島唄をやります」というような彼のおしゃべりが受けていたが、いちいちそんなこと言わなくてもわかってるのに、という気がしないでもない。

ネーネーズ『IKAWŪ』

9 thu.
渋谷野川で天辰保文さん、伊藤あゆみさん、『WOWOW』編集部渡辺真典さんらと打ち合わせをかねて食事。初対面の伊藤さんを鈴木さんとまちがえて呼んで老化のきざしを実感。

筑摩書房の編集者来訪。本書の編集作業追いこみに入る。

17 fri.
21日にマドラスでラジブ・ガンジー元インド首相暗殺のニュースを聞く。『真夜中の子供たち』を本棚から取り出し、ジャグジート&チトラーの『サムワン・サムホェア』を聞いて原稿を書く。庭に置いたリンゴの皮をオナガがうるさく鳴いて食べにくる。冬場はムクドリが食べていたが、最近はオナガに追われて近づけないみたい。

23 thu.
渋谷オン・エアでジンバブエから来たトーマス・マプフーモのライヴ。ひょうたんを共鳴体に使った親指ピアノ、ムビラの柔らかい響きを中心にしてリズムでじわじわっと盛り上がっていく演奏には形容しがたい魅力がある。ジンバブエといえば、二日前にエチオピアのメンギスツ大統領がこの国に亡命したばかり。

29 wed.
六年間続けた朝日新聞視聴室のレギュラー執筆今月で終了。東郷かおる子さんにバトン・タッチ。担当記者の篠崎弘さんの人事異動もあり、六本木の新北海園でごくろうさまの食事会。何はともあれ、重責から解放されてほっとした気持ち。

30 thu.
渋谷クアトロで南アフリカから来たマハラティーニ&マホテラ・クイーンズのライヴ。さして期待せずに足を運んだが、二時間以上手抜きのないステージは、音楽面でも視

POP KERONCONG
"Hati Yang Luka"
Hetty Koes Endang
COMPACT
disc
DIGITAL AUDIO
LIFE
HMCD
5003

ヘティ・クース・エンダン

覚面でも楽しいの一言。特にマホテラ・クイーンズの三人の重量感ならびにスピード感あふれるダンスとコーラスは、圧巻、圧巻、また圧巻。これで全盛期を過ぎたというなら、全盛期はどんなにすごかったんだろう。

あとがき

これまで本をまとめるときは、比較的長い文章を中心にしてきたが、この本は日記を中心にすえて、長い記事も短いコラムもわけへだてなく集めてできあがった。

以前から、長いものと短いものではずいぶん書き方がちがいますねと言われることがあった。文体のちがいが読者にそんな印象を与えたのだろうか。ただ、ぼくとしては長短や文体にかかわりなく、等距離のエネルギーを注いできたつもりだから、こういう形で両者を一緒にした本が作れたのは願ってもない喜びだった。短いコラムの中では断片的だった思考がまとまって、多少フォーカスがはっきりしてきたところもあると思う。

本のタイトルは『ポップス・ダイアリー』だが、音楽の記事だけでなく、映画や小説やマンガや日常生活のささいな記述も含まれている。含まれているどころか、音楽に直接関係のないものもかなり紛れ込んでいる。だから、ここでのポップスは、音楽にかぎらず、ポップなものの複数形と思ってほしい。とはいえ、何を書いても、結局、ぼくは音楽が好きなんだということばかり確認させられているような気もする。

東京の音楽関係者だからさぞかし華やかなナイト・ライフを送っているのだろうと期待してこの本

を読む人には気の毒なことになるかもしれない。でもそういう人たちには、他のもっと華やかな人の本がある。変わり者といわれても、ぼくはぼくなりに東京の音楽の世界にささやかな複合リズムを奏でようとしてきたつもりだ。

いろんな媒体で原稿を書く機会をぼくに与えて下さった皆様、どうもありがとう。この本を形にして下さった筑摩書房の郷雅之さん、どうもお疲れさまでした。

北中正和

初出一覧　日記部分は『CDジャーナル』1987年8月号から91年7月号まで連載された「北中正和のえいVしいD日記」に加筆訂正を行なったものである。各エッセイの初出は以下の通り（ただし初出タイトルを変更したものもある）。

・1987年　マドンナ／「朝日新聞」6月17日夕刊・『ポップ・ギア』6月号　夏の音楽／『ポップ・ギア』7月号　ボーイズ・オブ・サマー／『ポップ・ギア』8月号　林権澤インタヴュー／『L'E』11月号　松任谷由実インタヴュー／『ORE』88年1月号　ノーザン・スタイルのクリスマス／『ポップ・ギア』12月号

・1988年　冬の日には／『ポップ・ギア』1月号　風景を採集する男／『Mr.ハイファッション』9月号　ジェシ・デイヴィスの死／『Par Avion』5号　イギリスの中のインド／『ポップ・ギア』7月号　大友克洋を読む／『ユリイカ』臨時増刊「大友克洋」　ダブリン／「J-WAVE」放送用構成台本原稿　ナザレの男／『Mr.ハイファッション』89年1月号　デイヴィッド・リー・ロス／「朝日新聞」10月24日夕刊

・1989年　歴史は夜作られる／『ポップ・ギア』3月号　ホットハウス・フラワーズ／「朝日新聞」2月17日夕刊　アジアの小説の面白味／『週刊文春』3月11・16・23・30日号　くじら／『ポップ・ギア』4月号　スティーヴ・ウィンウッド／「朝日新聞」4月21日夕刊　ハーニフ叔父さん／『Par Avion』終刊号　ライク・ア・ローリング・ストーン／『Mr.ハイファッション』5月号　村上春樹と音楽／『ユリイカ』臨時増刊「村上春樹の世界」　奇妙な果実／『ポップ・ギア』6月号　サリフ・ケイタ／「朝日新聞」7月3日夕刊　美空ひばりを追悼する／『FMレコパル』7月号　痩せる男／『ポップ・ギア』7月号　『ラバーソウルの弾みかた』

／『中央公論』10月号　ルベーン・ブレイズ／「朝日新聞」8月10日夕刊　ATAMI／『ポップ・ギア』8月号　彼女がタクシー・ドライバーと結婚したら／『ポップ・ギア』9月号　中島みゆき／『FMレコパル』12月号　ニール・ヤング『フリーダム』／『エスクァイア』90年1月号

・1990年　シンニード・オコナー／『ポップ・ギア』1月号　読書日記／『中央公論』3月号　ディック・リー・インタヴュー／『ミュージック・マガジン』4月号　JAGATARA以後／『03』5月号　ユッスー・ンドゥール／『朝日ジャーナル』5月25日号　都はるみ復帰コンサート／『ミュージック・マガジン』7月号　ジャネット・ジャクソン／「朝日新聞」5月18日夕刊　ワールド・ミュージックの時代／「産経新聞」5月30日夕刊　土に帰る／『ポップ・ギア』6月号　エイジア・メイジア／『朝日ジャーナル』8月24日号　ヴェルヴェット・アンダーグラウンドとウォーホル／『ユリイカ』5月号　喜納昌吉の活躍／『朝日ジャーナル』9月14日号　虫のいろいろ／「京都新聞」6月28日　上々颱風／『ミュージック・マガジン』11月号　りんけんバンド・インタヴュー／『CDジャーナル』91年1月号『ローリング・ストーン』の八〇年代特集／『朝日ジャーナル』11月30日号　ワールド・ミュージック・ブーム／『ミュージック・マガジン』91年1月号　吹き替えという問題／『朝日ジャーナル』12月28日号

・1991年　カヴァー・アルバムの流行／『朝日ジャーナル』1月4・11日号　A DAY IN THE NEXT LIFE／『カルディエ』創刊号『ジプシーのとき』／『03』5月号　サンディ・ラム・インタヴュー／『エスクァイア』6月号　悪魔のノックI／『ポップ・ギア』3月号　同II／『朝日ジャーナル』3月1日号　ソ連ロック事情／『朝日ジャーナル』5月24日号

ん

ま

や

ら

た

索　引

本文中に登場する主なアーティスト名を掲げた

北中正和　きたなか・まさかず

1946年，奈良市生まれ。京都大学理学部卒業。『ニューミュージック・マガジン』編集部をへて、音楽評論を始める。著書に『アローン・トゥゲザー』『サッド・カフェでコーヒーを』『ロック』『「楽園」の音楽』『ロックが聴こえる本105』ほか。訳書に『イマジン／ジョン・レノン』。音楽執筆者協議会会員。

ポップス・ダイアリー　1987-91

一九九一年十月二十五日　初版第一刷

著者　北中正和

発行者　関根栄郷

発行所　株式会社筑摩書房

東京都台東区蔵前二-六-四
電話　〇三-五六八七-二六八〇（営業）
　　　五六八七-二六七〇（編集）
郵便番号　一一一
振替　東京六-四一二三
印刷所　三松堂
製本所　矢嶋製本

ISBN 4-480-87191-8 C0073

北中正和

「楽園」の音楽

ロックとワールド・ミュージック

ロックは今、どこへ行こうとしているのか？　〝ワールド・ミュージック・ブーム〟が示す、僕たちの音楽のゆくえは？　ライ・クーダーからＹＭＯまでを軽快に論じる。